Les grands fauves

Christophe Labarde

Les grands fauves

L'histoire secrète d'Entreprise et Cité

Dessins d'Alain Bouldouyre

PLON
www.plon.fr

Il a par ailleurs été tiré à 200 exemplaires
une édition luxe hors commerce de ce titre.
Chaque exemplaire de cette édition est accompagné
d'une lithographie originale signée par Alain Bouldouyre.

92, avenue de France
75013 Paris
Tél. : 01 44 16 09 00
Fax : 01 44 16 09 01
www.plon.fr
www.lisez.com

Dépôt légal : mars 2021
ISBN : 978-2-259-30525-9
Mise en pages : Facompo (Rouen)

À Jean Huteau

« Sans la liberté de blâmer, il n'est point d'éloge flatteur. »

Beaumarchais,
Le Mariage de Figaro

Introduction

Le contact et la distance

L'histoire dont il est ici question est racontée pour la première fois.

C'est d'abord celle d'un homme, Claude Bébéar, le fondateur d'AXA, qui, à partir d'une modeste mutuelle de province, va bâtir le leader mondial de l'assurance. Et s'affirmer en même temps, bien qu'il n'aime pas ce terme, comme le vrai parrain du capitalisme français de l'entre-deux-siècles.

C'est aussi l'histoire de ses amis.

Leurs noms ? Vincent Bolloré, Bernard Arnault, David de Rothschild, Serge Kampf, Michel Pébereau, Henri Lachmann, Didier Pineau-Valencienne, Jean-René Fourtou, Thierry Breton...

Tous les journalistes les appellent « les grands fauves ».

Leur histoire rime avec « conquête ».

Elle rime aussi avec « amitié ».

C'est une histoire truculente et succulente.

Âge d'or

À y regarder de plus près, à la fin du XXe siècle, tous ces futurs grands patrons partagent déjà une caractéristique un peu étonnante : il sont membres d'une même petite association au nom anodin, presque désuet : Entreprise et Cité.

Une ou deux fois par mois, Claude Bébéar, son fondateur, y rassemble de façon informelle une bonne partie du CAC 40 et des plus grands décideurs français. On s'y retrouve entre soi, autour d'un invité, d'une virée en province, d'un match de rugby… mais toujours devant un bon gueuleton !

Pendant vingt-cinq ans, ce petit club amical de patrons fera la pluie et le beau temps sur un capitalisme d'un genre nouveau, qui commence à peine à s'émanciper de l'encombrante tutelle de l'État et à s'ouvrir aux vents de ce qui n'est pas encore la mondialisation : on parle encore de « l'international »…

Souvenons-nous.

Dans les années 1980, le pays ne verse pas encore dans la haine du pouvoir, de l'argent ou des patrons. Au contraire. L'arrivée de la gauche aux affaires se traduit même par un engouement inédit pour « l'entreprise » et « les entrepreneurs ».

Les nouveaux patrons sont les nouveaux héros. Les amis de Bébéar les premiers.

C'est à cette époque que se construisent des groupes prestigieux qui s'imposeront très vite comme des leaders mondiaux : AXA, LVMH, Sodexo, Vivendi, Capgemini, BNP Paribas... Sans le savoir, la « bande à Bébéar » marquera ainsi l'histoire économique.

La génération précédente faisait un peu trop de politique ? La suivante fera un peu trop de finance ? La leur incarnera, à sa manière, une forme d'âge d'or d'un capitalisme *made in France*. Une façon très française d'être très international. Un mélange improbable de capitalisme gaulois et gaullien.

J'en serai un témoin privilégié.

Aux premières loges.

Soif de comprendre

Nous sommes en 1986, et je suis un journaliste heureux. Journaliste ? À l'époque, pour un jeune diplômé d'HEC, c'est un choix atypique, presque iconoclaste. C'est le mien, en tout cas. Il marquera ma vie et, pour moi qui déteste tant le mot de « carrière », toute mon « aventure professionnelle ».

L'homme qui vient de m'embaucher s'appelle Philippe Villin. On le retrouvera dans les pages qui suivent. Il est énarque et inspecteur des finances. Jeune et ambitieux. Très jeune et très ambitieux, même : 32 ans à peine et déjà à la tête du *Figaro*. J'ignore alors qu'il rejoindra lui aussi les rangs d'Entreprise et Cité. (Comme j'ignore qu'il s'en fera exclure…)

Lui aussi, ce matin-là, est surpris par mon choix et m'interroge avec insistance. Pourquoi ne pas faire comme tous mes petits camarades ? À 25 ans à peine, pourquoi ne pas choisir de me tourner plutôt vers « les affaires » ? Ses questions auraient dû m'embarrasser. Je me souviens au contraire d'avoir insisté à mon tour.

Je préfère, lui ai-je expliqué, être du côté de ceux qui observent le monde plutôt que du côté de ceux qui le font. J'avais d'abord « soif de comprendre ».

J'étais passionné, curieux « des autres et de l'ailleurs ».

Je le suis toujours.

Le Figaro rythme alors, depuis peu, la vie économique française. Il vient de lancer son cahier « saumon », aux couleurs du *Financial Times* et dans l'esprit des cahiers thématiques de la presse anglo-saxonne. C'est une vraie nouveauté en France et une belle aventure. J'y prendrai part aussi en tant que grand reporter à la section économie internationale du journal, joliment intitulée « Chances et risques du monde ». Tout un programme.

Tout un métier aussi, que nous serons quelques-uns à inventer de toutes pièces. Car le monde, depuis le milieu des années 1980, est en pleine « guerre économique ». Un concept théorisé dès les années 1970 par Bernard Ésambert, le conseiller industriel du président Pompidou.

La guerre en question est à la fois macroéconomique (au niveau des États) et microéconomique (au niveau des entreprises).

C'est aussi, comme elle l'a toujours été, une guerre entre hommes… Guerre de caractères et guerre d'ambitions.

Ainsi, aux quatre coins de la planète, on croise désormais, aux côtés des grands reporters de guerre, des grands reporters de guerre… économique !

Jamais je ne me lasserai du monde, de tous ceux qui le font, qui l'abîment ou qui l'enchantent.

Bien sûr, à l'époque, je voyage énormément. Il n'y a ni Internet ni téléphones portables. Il faut donc se rendre sur place, « sur le terrain », comme disent alors tous les journalistes, pour récupérer la moindre information, le moindre témoignage, la moindre interview. Partir « en reportage », même pour quelques jours, est encore une petite expédition. Nous sommes à une époque où ailleurs est encore loin.

Je me plonge avec bonheur et enthousiasme dans cette période à la fois effrayante et stimulante : effondrement financier de ce que l'on appelle encore le « tiers-monde », chute du mur de Berlin en novembre 1989, effondrement des économies de l'ex- « bloc de l'Est », embrasement du Golfe dès l'été 1990…

Référence

Dès lors, je ne cesserai d'observer. Le monde depuis la France. La France depuis le monde.

Je suis aussi très « curieux du *Monde* », le vénérable concurrent qui est encore le journal de « référence ».

Une référence austère.

Dans la profession, chacun connaît la phrase de son fondateur, Hubert Beuve-Méry. Ce dernier, s'adressant à ses journalistes pour leur expliquer qu'il ne fallait faire aucune concession à la vérité, quitte à ne pas être très attrayants, leur répétait : « Faites chiant ! »

Beaucoup réussiront.

Je n'ai jamais partagé cette vision, persuadé au contraire qu'il faut « intéresser » les lecteurs et savoir leur « raconter une histoire » sans pour autant trahir les faits.

Du fondateur du *Monde*, j'ai en revanche retenu une autre phrase, bien moins connue. Quand on lui demandait ce qu'était, à ses yeux, un bon journaliste, Beuve-Méry répondait : « Être un bon journaliste, c'est avoir à la fois le contact et la distance. »

Le contact et la distance ! La formule me fascinait.

Elle me fascine toujours.

Scoop toujours

Comme tous les récits, celui-ci contient sa part d'anecdotes. On y verra comment, au milieu des batailles les plus terribles, les fauves savaient quand même déposer les armes et rire ensemble le temps d'un dîner.

Comment Ambroise Roux et Vincent Bolloré partageaient la même passion pour… la pêche à la crevette !

Comment Valéry Giscard d'Estaing est devenu sourd à la chasse.

Comment Jean-René Fourtou a vraiment sauvé Vivendi, géant mondial de la communication, grâce à... un fax !

On y trouvera aussi quelques révélations.

Comment Daniel Bouton, le patron de la Société Générale, a trahi le « pacte secret » qu'il avait passé avec Michel Pébereau, celui de BNP, pour ne pas toucher à Paribas.

Comment Claude Bébéar a poussé Henry Racamier dans les bras de Bernard Arnault au moment de la conquête de LVMH.

Comment AXA n'a finalement pas « avalé » Generali comme Claude Bébéar et Antoine Bernheim l'avaient secrètement planifié en vue de construire un « titan » de l'assurance.

Couloir de nage

Mais, au-delà de ces révélations et de beaucoup d'autres, la thèse centrale de ce livre est que beaucoup des destins de ces grands entrepreneurs ne sont pas seulement des destins individuels. Leurs réussites ne sont pas uniquement des réussites « en solo ». Les fauves, même les plus solitaires, même les plus connus, même les plus redoutables, ont aussi énormément chassé en meute.

Chacun excellait dans son « couloir de nage », mais la natation était aussi, parfois, synchronisée… par Claude Bébéar lui-même. Et s'il ne fallait retenir qu'une seule de ses confidences des pages qui suivent, ce serait probablement celle-ci : « Nous avons fait beaucoup chacun de son côté. Mais nous avons aussi fait énormément ensemble. »

N'en déplaise aux complotistes, l'avenir économique de la France ne se décidait pas au CNPF (qui ne s'appelait pas encore le Medef), à Davos, à Bilderberg, au Siècle, chez les francs-maçons ou au Club des Cent. Il se décidait surtout, très largement… à Entreprise et Cité !

Là, à l'abri des regards, la meute se tenait chaud.

Avec une force de frappe impressionnante.

Vincent Bolloré me le répétera à plusieurs reprises : « On peut dire sans exagérer que, pendant vingt-cinq ans, le capitalisme français se faisait et se défaisait autour de cette table. »

On verra qu'il n'exagère pas.

Admiration

Pierre Dauzier, ancien patron d'Havas, avait, lui, inventé une formule bien spécifique. À ses yeux,

Entreprise et Cité était avant tout un « club d'admiration mutuelle ». L'expression est restée, même si « admirer » est aujourd'hui chaque jour un peu plus suspect.

La Bruyère, en son temps, l'avait déjà compris : « L'on doit se taire sur les puissants : il y a presque toujours de la flatterie à en dire du bien ; il y a du péril à en dire du mal pendant qu'ils vivent, et de la lâcheté quand ils sont morts. »

En France, contrairement à ce que l'on observe aux États-Unis et dans la plupart des pays du monde, nos grands patrons sont ainsi, désormais, le plus souvent portraiturés « à charge ».

Souvenons-nous de la une de *Libération* le jour où Bernard Arnault fut accusé (à tort) de vouloir quitter l'Hexagone avec armes et bagages : « Casse-toi riche con ! »

À la une de *Libération* ou ailleurs, pas un mot, en revanche, le jour où ce même Bernard Arnault deviendra, quelques années plus tard, l'homme le plus riche du monde en imposant un savoir-faire et une excellence *made in France*.

Que n'aurait-on entendu, pourtant, si LVMH était passé sous contrôle chinois, AXA sous contrôle allemand ou BNP Paribas sous contrôle anglais ? Mais c'est ainsi. La France est fière et schizophrène. Elle exècre l'argent, rejette le pouvoir, déteste la réussite.

Elle vomit aussi ses patrons et n'aime rien tant que les crucifier, surtout lorsqu'elle les prend en flagrant délit de réussite. Elle n'a pas son pareil pour cacher ses fiertés comme des hontes.

N'en déplaise aux procureurs et aux adeptes de la pensée scrongneugneu, il m'a toujours semblé, il me semble encore, que, entre la voie du journalisme d'acharnement et celle d'une écriture aux ordres, il y a aussi la place pour un récit d'admiration.

Je l'assume.

Je ne suis pas dupe pour autant. Le monde des grands fauves n'est pas celui des Bisounours. On comprendra dans les pages qui suivent que la guerre économique porte bien son nom et que les batailles ne sont pas que boursières. Le « viril mais correct » si cher à Bébéar et à ses amis rugbymen s'efface parfois derrière le « C'est du brutal ! », réplique culte des *Tontons flingueurs* que pourraient facilement reprendre à leur compte certains de nos « Papys flingueurs ».

Il est facile de rappeler que toutes les médailles ont leur revers, et que les plus belles statues sont souvent érigées sur de la boue.

Je laisse la boue aux autres.

La clé de la cage

Un vieil atavisme pyrénéen m'a toujours poussé à me méfier du pouvoir sous toutes ses formes.

Pendant presque quarante ans, je me suis frayé, à ma manière, mon propre chemin dans la jungle des affaires. Je l'ai observée elle aussi sous toutes les coutures, au « macroscope » et au « microscope », à découvert ou en tenue de camouflage : cravate au cou.

Je n'ai jamais cessé de filmer, de photographier, d'enregistrer, de noter, dans une multitude de carnets, l'ordinaire et l'extraordinaire dans la jouissance, souvent, de voir les deux se rejoindre. Il m'est même arrivé, je l'avoue ici, de me sentir parfois comme avec ces animaux que l'on dit « imprégnés » et que l'on utilise dans les documentaires pédagogiques : vaguement sauvages et vaguement apprivoisés, ils tolèrent une présence étrangère et finissent même parfois par l'oublier…

Ainsi, je les aurai vus chasser, se nourrir, grandir, haïr, aimer et vivre.

Pendant toutes ces années, j'ai tourné autour de la « cage aux fauves ». Jusqu'à ce que Claude Bébéar, à la fin de ce printemps 2019, accepte de m'en prêter la clé. C'était une invitation qui ne disait pas son nom. Je n'ai pas hésité un instant.

L'occasion était unique de pousser un peu le contact, de raccourcir un peu la distance.

C'est maintenant ou jamais.

J'ouvre la porte…

On y va ?

Paris, juin 2019.

Un Gascon qui assure

Ça a débuté comme ça. Par une histoire à la fois triste et heureuse comme on en raconte parfois : une histoire d'enfant trouvé.

Nous sommes au XIXe siècle, à Chancelade, un charmant petit village du Périgord, surtout connu pour sa campagne riante, ses vestiges préhistoriques et son abbaye.

Un soir, quelqu'un frappe à la porte de la mairie. Insiste lourdement. On finit par lui ouvrir. Mais, derrière la porte, il n'y a déjà plus personne. Si ce n'est un tout petit bébé, fragile, posé bien en vue.

Abandonné.

« Ce petit bébé, c'était mon arrière-grand-père ! m'explique Claude Bébéar. Il devait faire "areuh, areuh"... En tout cas, pour les généalogistes, c'est le mélange de ces deux mots, "bébé" et "areuh", qui aurait donné ce nom un peu farfelu : Bébéar. Voilà comment tout a commencé... »

Ça a continué pas très loin. Toujours dans le Sud-Ouest.

À l'époque, la méritocratie est en marche. Elle galope presque. Le bébé abandonné devient ouvrier agricole. Il se marie. Son fils, devenu facteur, a un fils à son tour, qui devient instituteur et militant socialiste à la SFIO, l'ancêtre du parti socialiste. L'instituteur épouse une fille de paysans, elle aussi institutrice, originaire d'Issac, en Dordogne.

Issac ? Même pas cinq cents habitants. Au cœur de la « France éternelle » qui l'était encore. C'est là qu'est né Claude Bébéar, le 29 juillet 1935 très exactement.

Au moment où je rédige ces premières lignes, c'était il y a quatre-vingt-quatre ans.

Rigueur et bonheur

Si l'on veut comprendre l'homme et son parcours, retenons l'essentiel : Claude Bébéar est d'origine modeste et enraciné dans le Sud-Ouest, où il ne revient plus guère aujourd'hui, si ce n'est parfois dans sa maison du cap Ferret, mais qui l'a marqué à jamais. Il est gascon jusqu'au bout des ongles. On comprendra vite que c'est capital.

L'enfance, pour lui, sent bon la terre lourde, le foin coupé, le confit de canard et les parties de rugby. Il en parle peu. Si ce n'est pour rappeler qu'elle a été à la fois « heureuse et disciplinée ». Un mélange d'horaires stricts et d'échappées belles.

La rigueur et le bonheur.

Le petit Claude, son frère et sa sœur sont élevés « comme il faut », comme on disait à l'époque. C'est-à-dire que l'on se soucie avant tout que le « petit » mange correctement et, surtout, qu'il travaille bien. « C'était difficile de faire autrement : j'ai eu à la fois mon père et ma mère comme instituteurs », précise-t-il.

À l'école maternelle de Saint-Astier, comme partout en France, les hussards noirs de la République sont tout près, mais l'église n'est jamais très loin. Ne parlons pas du stade de rugby…

Ah, le rugby ! Toutes les occasions sont bonnes pour une partie. Même pendant les récréations dans la cour de l'école. Souvent avec les moyens du bord. Rien que de le raconter, son œil pétille : « Il suffisait d'enlever nos bérets. Avec trois bérets de feutre noués ensemble, on faisait un ballon ! »

À l'époque, déjà, on distinguait les « footeux » (ces voyous qui pratiquent un sport de gentlemen) et les « rugbymen » (ces gentlemen qui pratiquent un sport de voyous). Lui n'a jamais hésité : rugby, rugby et rugby. « Le foot, c'est individualiste. Le rugby, c'est collectif… Je jouais troisième ligne aile, ou trois-quarts centre. Toujours " au touché", sans violence. Chacun son rôle et tous ensemble. »

Toute sa vie, les « équipes » le passionneront. Au rugby et ailleurs.

C'est donc ainsi que se construit, intimement, le jeune Bébéar : entre l'école, l'église et le stade. Une trilogie qui en vaut d'autres.

Tous les enfants participent à la vie du village. Bien entendu, tous parlent « patois première langue ». Aujourd'hui encore, Bébéar s'en amuse : « J'ai été élevé bilingue ! »

« Du côté de ma mère, c'étaient des paysans. On travaillait beaucoup à les aider », se souvient-il en maudissant encore ces vaches qu'il fallait garder pendant des heures et « qui ne pensaient qu'à foutre le camp ».

« On faisait aussi le “réglage” du tabac. Lequel tabac collait aux mains, au corps... On était gluants, poisseux, dégueulasses... Et là, un seule solution : tous à la rivière ! »

L'ombre de la guerre

Très vite, une ombre aurait pu ternir ce tableau idyllique : celle de la guerre. « Le jour de la déclaration de guerre, je n'avais que 4 ans, mais je me souviens parfaitement que mes parents étaient partis en promenade. À leur retour, ma mère pleurait... »

Son père et une partie de sa famille s'engageront vite dans la Résistance. Quand la France est envahie, les Bébéar sont chassés par les Allemands de l'école où toute la famille habitait. On les reloge quand même dans une « belle maison » qui tient lieu aussi de mairie. Une nuit, le village est réveillé par les annonces de « quelqu'un qui traverse le patelin » en annonçant que des « terroristes » ont attaqué les troupes allemandes et que celles-ci, en représailles, ont pris des « otages » dans la population. Les otages en question seront fusillés. Non sans que le maire d'un village voisin, héros vite retombé dans l'anonymat, ait insisté pour être échangé contre dix villageois. Le maire aussi a été fusillé.

Bébéar ne l'oubliera jamais.

Pas plus qu'il n'oubliera cet autre jour où un officier allemand « très séduisant » et parlant parfaitement le français est venu discuter avec lui et sa sœur aînée : « Nous étions très jeunes. Ma sœur avait 11 ans et moi 8 ans, mais nous avons tout de suite compris qu'il essayait de nous tirer les vers du nez. Alors nous avons inventé des histoires. Nous l'avons mené en bateau... Voilà ma maigre contribution à la Résistance ! »

Heureusement, les années lourdes cèdent finalement la place à des années plus légères sans que l'ombre de la guerre vienne complètement ternir le soleil de l'enfance.

À la Libération, la vie reprend son cours dans le petit village de Saint-Astier où grandit toujours la famille.

Très vite, le père de Claude a conscience des qualités de son fils et surtout de son potentiel. Il a de hautes ambitions pour lui. Très hautes, même. « Son rêve était que je sois polytechnicien ! »

Va donc pour Polytechnique.

Claude prépare le concours avec le même sérieux et la même bonne humeur dont il fera toujours preuve dans le travail. À Périgueux d'abord, à Limoges ensuite, au lycée Gay-Lussac, puis à Paris, au lycée Saint-Louis. « L'enseignement de l'époque était simple, il était aussi très efficace. » Tellement efficace qu'il est reçu parmi les premiers au fameux concours de l'X (Polytechnique pour les initiés), l'un des plus difficiles de France.

C'est le premier tournant de sa vie.

X et Y

L'école, à l'époque, est encore au cœur de la capitale, rue de la Montagne-Sainte-Geneviève, dans son jus « très XIXe siècle ».

Belle gueule, bonne humeur, sain, sportif, enthousiaste et entraînant, Claude Bébéar a surtout une qualité rare : il s'intéresse aux autres... qui le lui rendent bien ! Quelques jours après son arrivée à l'X, il est déjà très populaire. Il faut dire que, pendant la « campagne de caisse », il a réussi à faire venir Boris Vian et Georges Brassens à l'école. Excusez du peu.

Le Gascon « assure » déjà.

Sans surprise, le voici « caissier » de sa promotion. Les caissiers, élus pendant les premières semaines de cours, ont pour rôle d'animer les promotions pendant toute la scolarité. Les délégués de promotion, eux, ne sont éventuellement élus après la scolarité qu'en cas de défaillance des caissiers. L'affaire est on ne peut plus sérieuse. Elle donne même lieu – sans rire – à un article du *Journal officiel* de la République.

On le sait, on surnomme les polytechniciens les « X ». On le sait moins, mais on surnomme les caissiers les « Y ». Rien à voir avec les chromosomes, mais Claude Bébéar réussit donc l'exploit d'être « en même temps » X et Y !

Aux non-initiés, on rappellera aussi que, à Polytechnique, les cours n'étaient que très mollement obligatoires. Eh oui…

Il y a donc, depuis des générations, deux catégories d'étudiants. Ceux qui brillent pendant les cours et ceux qui brillent en dehors. On imagine dans laquelle de ces catégories brillera Claude Bébéar. D'autant que pour lui le problème ne se pose pas : élu caissier, il est très officiellement dispensé de cours !

Entré brillamment quatrième au concours, il en sortira très logiquement… deux cent soixante-cinquième. En queue de classement. Adieu les grands corps – les Mines ou les Ponts – que choisissent ceux qui sortent en tête, « dans la botte », comme on dit dans le jargon.

Bien des années plus tard, l'École polytechnique s'installera dans un campus ultra-moderne posé sur les immensités venteuses, isolées et un peu déprimantes du plateau de Saclay, en banlieue parisienne. Elle proposera à Claude Bébéar, devenu riche, de financer des amphithéâtres ou des nouveaux bâtiments d'études, comme c'est aujourd'hui la mode dans toutes les universités américaines et, désormais, dans la plupart des écoles françaises.

Mais le choix de Bébéar sera vite fait : pas une salle, pas un amphithéâtre ne porte aujourd'hui son nom. Le magnifique stade de l'X, en revanche, a été baptisé « Stade Claude-Bébéar » !

Un double clin d'œil à son enfance dans le Sud-Ouest et à son amour de l'école… du rugby.

Assureur par hasard

Voici donc le jeune Claude, 23 ans à peine, à sa sortie de Polytechnique.

Lui qui a consacré tout son temps, en tant que caissier, à l'orientation de ses camarades, se pose maintenant de vraies questions sur l'impulsion à donner à son propre parcours.

La voie des « grands corps », on l'a vu, lui est définitivement fermée. Il s'en moque. Par caractère, il n'a aucune envie d'entrer dans une administration, « même prestigieuse, même privée ». Il hésite donc entre une carrière « classique » (une proposition dans l'industrie, chez Schlumberger) et une autre proposition pour le moins étonnante : l'un de ses copains de promotion, Philippe Sahut d'Izarn, vient de refuser de succéder à son père, ancien polytechnicien lui-même, à la tête d'une obscure mutuelle de province, en Normandie. Dépité, son père l'a quand même chargé d'une mission de confiance : lui trouver « le meilleur élève sur le campus de l'X » qui puisse faire « le meilleur successeur possible ». Philippe propose donc à son ami Claude d'accepter cette proposition à sa place.

Bébéar est encore loin de s'en douter, mais ce coup de pouce du destin sera la chance de sa vie.

L'assurance ? Sur le papier, rien de bien glorieux. L'Ancienne Mutuelle, qui porte bien son nom, n'est qu'une petite mutuelle de province. Elle est dirigée, depuis la fin des années 1950, par André Sahut d'Izarn, père géniteur de Philippe et considéré comme le père fondateur du groupe.

Si, par comparaison avec ses camarades de promotion, le choix est peu reluisant, il est aussi peu risqué : soit le courant passe avec le père de Philippe, et Claude peut espérer doubler rapidement ses petits camarades qui auront choisi d'aller s'enkyster dans les états-majors étouffants des grands groupes industriels, soit rien ne se passe comme prévu et il sera toujours temps de revenir à un choix plus conventionnel.

Va donc pour l'assurance.

Cinquante ans plus tard, il le reconnaît toujours avec une franchise désarmante : « C'est vrai que je suis devenu assureur un peu par hasard... Et même complètement par hasard ! »

Quand on le pousse un peu, il ajoute même : « Pour être très honnête, à certains moments, j'en avais même un peu honte... »

Il faut dire que, s'il y a bien des polytechniciens dans le monde de la banque et de l'assurance, ils vivent souvent... bien cachés. Au point que, le jour de son mariage, lorsqu'on explique à des amis que le jeune marié travaille dans l'assurance, son beau-père se voit répondre : « Assureur ? Ah bon ? On pensait qu'il était polytechnicien ! »

Circonstance aggravante : Bébéar, comme on l'imagine, ne connaît strictement rien à l'assurance. Ce sera aussi sa chance. Comme le théorisera un jour le malicieux Jean d'Ormesson : « Dans la vie, c'est un gros avantage de ne rien y connaître. L'important est de ne pas en abuser. »

Bébéar n'en abusera pas. Au contraire, il reprendra même, quelques années plus tard, le chemin des études. Et passera avec succès, en 1958, son diplôme d'actuariat. Histoire de montrer l'exemple, comme il l'aurait fait sur un terrain de rugby.

Je vous ai compris !

Polytechnique, on l'oublie souvent, est d'abord une école militaire. On en sort « avec une arme ». Pour Bébéar, ce sera la cavalerie. Après une période de formation dans le cadre prestigieux de Saumur, on l'envoie passer six mois en Algérie.

Le voici donc à Bouira, charmant petit patelin au pied de la chaîne du Djurdjura, dans l'Atlas tellien. On lui confie la responsabilité d'un secteur militaire. Son escadron est là « pour les opérations » dans le cadre des « événements ». Personne ne parle encore de « guerre »...

Les hasards de la vie font que Robert Lacoste, qui fut gouverneur général et ministre de l'Algérie de 1956 à 1958, est gascon lui aussi, député de Dordogne et... ami de son père. Pendant qu'il était à Polytechnique, Bébéar se souvient de l'avoir rencontré. « Un brave type de Dordogne... », se souvient-il.

La vie en bande, on s'en doute, n'est pas pour lui déplaire. La période avait tout pour être terrible, mais il en garde paradoxalement un bon souvenir. « On couchait par terre, avec la Légion, les paras... On se déplaçait en chars, en véhicules blindés, on s'entraînait même à tirer, mais nous n'avons jamais été accrochés par l'ennemi. Je suis rentré d'Algérie sans avoir blessé ni tué personne. »

Psychologiquement, en revanche, Bébéar en reviendra blessé. Secoué, en tout cas.

Il est en effet sur place le 4 juin 1958, au moment – historique ! – du retour de Gaulle et de son fameux : « Je vous ai compris ! »

Même aujourd'hui, il ne peut évoquer la question sans un mélange d'enthousiasme et d'affection, aux deux sens du terme. « J'ai passé six mois au quotidien avec des harkis que j'aimais énormément et qui ont été massacrés ! Comment voulez-vous que je l'oublie ? »

D'une façon générale, comme beaucoup d'« anciens » d'Algérie, il garde la même affection pour ces harkis « à qui nous avons réservé un traitement épouvantable en les parquant comme du bétail dans des camps comme celui de Rivesaltes à leur arrivée en France ».

Symétriquement, il s'offusque du traitement réservé à des hommes comme Hélie Denoix de Saint Marc « et à tous ces chefs attachés à leurs valeurs militaires et humaines, qui refusaient de laisser tomber leurs troupes et que l'on a jetés, eux, en prison »...

Plus tard, à son retour en France, il ne cessera de s'intéresser à la cause des Algériens. Il en embauchera beaucoup chez AXA, au grand dam, parfois, de son entourage. Jamais il ne reniera son attachement à cette terre d'Algérie et à ses habitants. Pour eux, il proposera notamment le CV anonyme pour lutter contre la discrimination à l'embauche. Le succès sera mitigé, mais ce ne sera pas faute d'avoir essayé.

À titre personnel, il s'engagera également : « Dès mon retour en France, avec quelques amis, à Rouen, nous avons créé des centres d'accueil pour pieds-noirs et harkis. Au départ, nous étions partis pour deux ans, ça a duré quarante ans… »

Et il fera aussi mettre le pied à l'étrier à de nombreux membres de la communauté harki, telle Jeannette Bougrab, qui fut présidente de la Haute Autorité de lutte contre les discriminations et pour l'égalité (HALDE), en 2010 avant d'être nommée secrétaire d'État à la Jeunesse et à la Vie associative dans le troisième gouvernement Fillon.

Du bled au bocage

Pour l'instant, après six mois en Algérie, Claude Bébéar passe donc de l'armée active à la vie professionnelle active. Sans transition du bled au bocage.

Nous sommes à la fin des années 1950.

À Rouen, c'est peu dire que la rencontre avec son nouveau patron se passe bien. Très vite, Sahut d'Izarn devient pour lui une sorte de mentor. Il faut dire que l'homme est un personnage de roman. Monarchiste, catholique, très « tradition et modernité », comme on ne dit pas encore, il est radin et généreux, conservateur et visionnaire, énervant et fascinant.

« Il est surtout très attachant », résume Bébéar.

À peine arrivé, le voici pourtant déjà reparti : le jeune Claude quitte le siège du groupe pour le grand large. En 1964, il se lance ainsi dans sa première expérience internationale. Il n'a pas 30 ans, et le voici expatrié au Canada pour deux ans. Là, il crée de toutes pièces la branche « assurance vie » de Provinces-Unies, la filiale canadienne du groupe. De cette expérience fondatrice, il retiendra la conviction qu'une entreprise, si elle veut vraiment se développer, n'a pas d'autre choix que de grossir et, surtout, de s'internationaliser pour mieux répartir les risques. C'est la base de son métier.

Toute sa vie, il s'en souviendra.

À son retour en France, en 1966, c'est une autre leçon du continent nord-américain qu'il appliquera en France en travaillant avec son patron sur la qualité des locaux et des conditions de travail. À l'opposé de la vision française, encore très traditionnelle.

Sur ce point, Sahut d'Izarn n'a même pas à être convaincu. Dès la fin des années 1950, il n'a eu de cesse, lui aussi, de moderniser ses locaux. Sans succès.

Les « ploucs » de province

Au début des années 1960, le siège historique de l'Ancienne Mutuelle est encore au cœur du cœur du Rouen historique. Place de la cathédrale. Mais les deux immeubles (qui ne communiquent pas entre eux...) ne se sont jamais vraiment remis des bombardements de la Seconde Guerre mondiale. Impossible de réparer quoi que ce soit sans tout refaire. Y travailler est un cauchemar. On y transpire en été, on y gèle en hiver.

Sans parler de la question du statut, de l'image... À Paris, les compagnies d'assurance sont toutes solidement installées dans des immeubles cossus. Pas question de continuer à passer pour les petits « ploucs » de province ! Problème : entre la cathédrale à quelques mètres, classée monument historique, et les caprices des architectes des bâtiments de France, on ne plaisante pas vraiment. L'ambiance est même carrément plombée.

Pendant près de vingt ans, des esquisses, des plans, des dessins, des maquettes sont ainsi présentées officiellement ou officieusement. Plusieurs architectes se relaient. La mairie de Rouen intervient. On discute à n'en plus finir sur le gabarit, sur la hauteur de étages, sur la majesté d'un porche. Sans succès. La commission des sites refusera tous les plans successifs de modernisation. Il y en aura plus d'une dizaine.

Pendant près de vingt ans, Sahut d'Izarn éructe. Un jour, il finit par trancher avec un « ras le bol ! » sonore dont tout le monde, dans son entourage, se souvient encore.

Hors de lui, il décide ce jour-là de quitter le centre-ville pour Belbeuf, à dix kilomètres à vol d'oiseau de la maudite cathédrale, dans une petite commune plus accueillante de deux mille habitants. Là, il rachète le magnifique domaine de Jean Pierre Prosper Godart, troisième marquis de Belbeuf et grand panetier de Normandie.

C'est ainsi que la seconde plus vieille société mutuelle d'assurance française déménage et aménage un nouveau siège étonnant et détonnant pour l'époque : un château que l'on rénove au passage de fond en comble et que l'on complète par un bâtiment ultra-moderne percé d'une tour de verre de quatorze étages, entre parc et forêt, avec cafétéria, climatisation, insonorisation, moquette, mobilier design, musique d'ambiance, aires de jeu, de repos…

La petite mutuelle de province a enfin tout d'une grande.

En 1967, pour célébrer les cent cinquante ans de l'Ancienne Mutuelle, un livre luxueux, très richement documenté et illustré, est édité. Le hasard – en est-ce vraiment un ? – me fait en dénicher un exemplaire, bien en évidence, lors d'une foire aux vieux livres, alors même que je suis en train de rédiger ce premier chapitre !

Bien sûr, je l'ai acheté, à la stupéfaction du vendeur, qui pensait l'avoir « éternellement » sur les bras : « Mais qui donc peut s'intéresser à un livre intitulé *Ancienne mutuelle 1817-1967* ? » Je lui ai répondu : « Beaucoup plus de gens que vous ne l'imaginez ! » La preuve.

L'ouvrage en question n'a rien de ces hagiographies d'entreprise que l'on édite souvent aux moments cruciaux de la vie d'une société. À l'intérieur, très curieusement, aucune photo de Sahut d'Izarn. Son nom n'y est même pas mentionné. C'est un autre « grand Normand » qui en signe la préface : André Maurois, de l'Académie française, qui, rappelons-le, est né à Elbeuf, ce qui le rend « naturellement » proche de Belbeuf...

Il écrit : « Rouen évoque pour moi des idées de stabilité, de sagesse et de prudence. À mieux connaître les Rouennais, je les trouvais si intelligemment raisonnables. La France compte quelques provinces rebelles, toujours en lutte, sourde ou déclarée, avec le pouvoir. La Normandie a eu, elle aussi, ses émeutes, mais elle est revenue très vite à sa position d'équilibre. Les Normands ont toujours pratiqué le respect de la légalité. »

Sur près d'une centaine de pages, on découvre de magnifiques documents historiques, les plans des différentes hypothèses (avortées) du réaménagement de l'ancien siège. Et tous les détails du nouveau : luxe, calme et volupté. Le domaine de Belbeuf tient toutes ses promesses.

Sahut d'Izarn, en ce début d'année 1968, est persuadé d'avoir réussi son coup. Il pense avoir gagné la paix. Il se trompe.

Très vite, en effet, le malentendu s'installe. Le personnel, formé depuis des années à fonctionner chichement et à économiser le moindre centime, découvre brusquement que la vieille mutuelle... est riche ! Peut-être même très riche... L'idée germe et circule maintenant dans tous les esprits : après avoir tant dépensé d'un seul coup dans les locaux, pourquoi ne pas augmenter les salaires ? La bulle des rancœurs et des revendications non exprimées jusqu'alors ne cesse de gonfler. Elle éclatera tout naturellement, quelques mois plus tard, en mai... 1968 !

Ce sera une première expérience, désagréable mais fondatrice, pour le tout jeune Claude Bébéar. Pour lui, c'est le baptême de la grève. Le premier avertissement. Il s'en souvient parfaitement : « D'une façon générale, dans la foulée de Mai 68, les syndicats avaient la conviction que les patrons gardaient pour eux l'essentiel du fromage. Qu'ils avaient les moyens de payer. À Belbeuf, tout ce que nous venions de "lâcher" en termes de conditions de travail n'arrangeait rien. Au contraire. C'est comme si nous étions les premières victimes de notre générosité ! »

Comme le laissait entendre André Maurois dans sa préface, le calme finit par revenir. Mais Bébéar sait que ce n'est qu'un répit. La suite lui donnera raison.

Un nouvel événement marquera profondément le jeune assureur : une nouvelle grève, en 1971. Bien plus violente que les événements de Mai 68. Comme si la réplique du tremblement de terre était plus violente que le tremblement de terre lui-même.

Car, en dépit du nouveau siège social spectaculaire, Sahut d'Izarn incarne toujours, au fond, un mélange un peu détonnant de « patronat de droit divin » et de « paternalisme bienveillant » sur fond de « Je t'aime, moi non plus ». Comme beaucoup de chefs d'entreprise de sa génération, il se comporte toujours en patron du XIXe siècle.

Les rapports avec les syndicats se tendent. Cette fois, l'affaire est sérieuse. Elle renforcera un peu plus la matrice dans laquelle se forgera le tempérament professionnel de Claude Bébéar : la bagarre. Impossible, une nouvelle fois, de ne pas penser au rugby, où les équipes se soudent et se toisent pour mieux s'affronter. Parfois avec brutalité. « Viril, mais correct », comme on dit sur le terrain. Mais pas toujours très correct en dehors du terrain...

Dépassé, Sahut d'Izarn laisse la « patate chaude » à son adjoint de toujours, Lucien Aubert. Lequel, paniqué, est prêt à tout lâcher face aux syndicats. À la grande fureur de Bébéar, qui prône au contraire une « ligne dure » : surtout ne rien céder pour éviter de faire monter les enchères. C'est pourtant la ligne Aubert qui l'emporte. « Ce qui devait arriver est arrivé, les syndicats ne se sont pas contentés de ce qu'ils ont obtenu et sont revenus à la charge », commente Bébéar.

C'est dans ce contexte tendu, un peu délétère même, que l'on retrouve un beau matin Sahut d'Izarn.

Immobile au milieu de son lit.

Raide mort.

Le premier putsch

Passé le moment de stupeur et de douleur, Lucien Aubert pense que son heure est venue. Lui aussi se trompe. Car, sous ses allures vieille France, très vieille France, même, Sahut d'Izarn était, ici encore, un visionnaire : depuis longtemps, il avait compris que son successeur « naturel » ne ferait pas l'affaire. À 51 ans à peine, il avait donc fait ce choix radical de recruter lui-même le « successeur de son successeur ». Ce serait bien sûr Claude Bébéar, puisque son propre fils avait décliné son offre « et qu'il fallait bien rentabiliser la scolarité à Polytechnique », s'amuse rétrospectivement Bébéar en insistant affectueusement sur le côté radin de ce personnage hors normes qu'il admire toujours.

Dans un premier temps, le jeune dauphin joue le jeu. Officiellement, il obéit au nouveau patron. Mais il sait que le navire tanguera bientôt et coulera à la moindre tempête. Très vite, il comprend que Aubert, au lieu de prendre la suite, prend la fuite…

Bébéar recrute alors Pierre Gardes, un directeur du personnel expérimenté (on ne disait pas encore directeur des ressources humaines…) pour affronter les nouveaux mouvements sociaux qui ne manqueront pas, il en est persuadé, de se réveiller.

Bien vu. Car en 1974 éclate un autre conflit, encore plus radical que le précédent. Cette fois, plus de la moitié des quatre cents employés sont en grève illimitée. Ils occupent les locaux, encerclent le château avec leurs voitures et « emprisonnent » de fait une partie des administrateurs, dont Aubert, Gardes et Bébéar.

Un temps conforté par son conseil d'administration, Aubert craque et se décharge finalement de la gestion de cette crise sur Bébéar et Gardes. Lesquels campent, cette fois, sur la ligne dure.

« Là, nous savions qu'il ne fallait rien lâcher. Alors nous n'avons rien lâché », se souvient Bébéar, qui se frotte au passage aux « fondamentaux », non plus du rugby mais de la négociation : « Gardes m'a appris que, dans ces cas-là, il faut surtout… se taire. Le premier qui parle ou qui annonce un chiffre a perdu. » On imagine le cauchemar pour Bébéar, volontiers bavard comme on sait l'être dans le Sud-Ouest… Il ronge pourtant son frein.

La période est pénible, voire violente. Au fond de lui, il doute. Avec le recul, il avoue même qu'il a alors songé à quitter l'entreprise. Seul le souvenir encore vivace de son mentor, Sahut d'Izarn, l'en empêche. « C'était vraiment quelqu'un d'épatant. Je savais tout ce que je lui devais. Je savais qu'il comptait vraiment sur moi pour prendre sa suite. Même s'il était mort, je ne pouvais pas le trahir… »

La fidélité. Le mot accompagnera Bébéar toute sa vie.

Sa décision est prise : plutôt que de quitter le navire, il va prendre le pouvoir. Il fait alors le tour des directeurs sur le thème « Vous avez le choix : Aubert ou moi ». Les directeurs sont unanimes : c'est lui. Dans la foulée, son conseil d'administration le conforte : c'est bien lui. Bébéar se rend alors dans le bureau d'Aubert pour le lui annoncer en personne.

Lucien Aubert fera bonne figure pendant quelques mois. Il quittera finalement le groupe en janvier 1975.

Claude Bébéar vient de réussir son premier putsch.

Imagine-t-il, à l'époque, que ce sera le premier d'une longue série ?

Les mains libres

Même si c'est dans la douleur, le schéma imaginé par le vieux Sahut d'Izarn a donc fini par se concrétiser. Le dauphin a succédé à son mentor. Voici Claude Bébéar officiellement directeur général de l'Ancienne Mutuelle. Il a les mains libres, une énergie hors du commun et des projets à foison.

L'Ancienne Mutuelle, en 1975, n'est que la vingt-quatrième société d'assurance française, avec à peine 1 % de parts de marché. Mais, à bientôt 40 ans, Bébéar est bien le plus jeune patron de toute l'assurance française.

Dans les mois qui suivent, il peut enfin concrétiser la théorie qui est désormais la sienne et dont il ne déviera pas d'un pouce toute sa vie : l'entreprise n'est pas seulement un lieu de création de valeur économique, elle est aussi (surtout ?) un lieu de développement humain. Les deux sont indissociables, mais il y a, insiste-t-il, un ordre à respecter, sans lequel les meilleures volontés du monde finissent toujours par s'écraser sur le réel.

En clair, pas de progrès social sans progrès économique préalable. Il faut avoir les moyens de sa générosité. Tout autre chemin serait irresponsable. Autrement dit, pas d'hésitation entre la poule et l'œuf : c'est la poule d'abord et l'œuf ensuite.

Son directeur du personnel partage les convictions de son patron : « On ne va pas faire comme le manager de Lip qui a voulu faire du social sans avoir l'argent en caisse pour le financer. On ne voulait pas que, chez nous, le social découle d'une relation de maître à esclave avec, de temps en temps, un don du fort vers le faible… Nous cherchions au contraire l'occasion de permettre aux gens de gagner mieux leur vie tout en progressant. »

Très vite, tous les deux multiplient les expérimentations sociales : horaires variables, travail à domicile, groupes d'expression, diminution du temps de travail jusqu'à 37 heures (en 1983 !) ou encore « télétravail » (déjà !) qui n'est encore que du travail à distance.

Bébéar le répète à l'envi : « Traitez les gens en adultes et ils se comporteront en adultes. »

Dans le monde très feutré et conservateur de l'assurance, c'est une vraie révolution. Tout le monde sent bien que l'« Ancienne » Mutuelle ne le restera pas très longtemps…

Sur le plan stratégique aussi, il affiche la couleur. Il veut doubler ses concurrents et ses bénéfices. Pour cela, il sait bien qu'il devra dépoussiérer le métier à marche forcée en même temps qu'internationaliser son groupe.

Bref, moderniser, innover, croître…

Le président a toujours raison

En France, Bébéar n'a, à ce moment-là, qu'un seul modèle : le groupe Drouot. Et son P-DG, Georges Tattevin, lequel passe pour le « grand visionnaire » de l'assurance française. Tattevin aussi est allé chercher l'inspiration outre-Atlantique. Comme on le verra, Bébéar devra donc patienter plusieurs années pour l'absorber. Pour l'instant, Tattevin a encore un coup d'avance sur son jeune rival polytechnicien. Si ce n'est plusieurs.

L'informatique, tout d'abord. Il est l'un des premiers en Europe à avoir doté son siège, dès 1957, d'un ordinateur IBM 704 de la deuxième génération. Bien sûr, les machines de l'époque (qui chauffent parfois et occupent toujours une immense pièce...) sont encore poussives. Il n'empêche. Dans la profession, on visite « l'IBM » de Drouot comme une curiosité.

Beaucoup de ses confrères sont persuadés qu'il ne s'agit que d'un gadget. « Ça ne marchera jamais » est la formule qui, alors, résume le mieux la vision de la vieille génération sur les innovations techniques de la révolution suivante. Bébéar, lui, pense le contraire : « Ça marchera un jour ! » Un ordinateur IBM fera d'ailleurs son entrée au nouveau siège de Belbeuf en 1968, tout un symbole, même s'il faudra attendre 1980 pour que l'informatisation se généralise.

La révolution technologique ne sera pas la seule à passionner le nouveau patron. Il introduira la vente des assurances par correspondance dès les années 1970. Là encore en s'inspirant de techniques importées des États-Unis.

Nouveaux locaux, nouvelles relations sociales, nouvelles technologies, nouvelles méthodes de vente... Il ne reste plus, alors, qu'à rénover l'image de l'entreprise.

Dans le contexte de l'après-68, chacun, même les non-grévistes, partage des rêves de « nouveau monde ». Le nom « Ancienne Mutuelle » est définitivement disqualifié. Entre-temps, Bébéar a commencé ses emplettes, racheté bon nombre de petites mutuelles, et c'est finalement le nom « Mutuelles Unies » qui remporte le maximum de suffrages pour fédérer les huit sociétés du groupe, qui adoptent au passage comme logo commun une mouette blanche stylisée sur fond vert.

Simple. Basique.

Les caisses sont pleines. Bébéar, enthousiaste, ne compte pas en rester là. Il repart à la chasse. Sa cible ? La Compagnie Parisienne de Garantie (CPG), spécialisée dans l'assurance automobile, présidée par un certain Félix Potier, aussi connu que méprisé dans le milieu.

Une simple anecdote résume le personnage et l'état d'esprit qui règne à la CPG. En 1977, alors que les deux adjoints de Potier s'étaient mis d'accord pour pousser leur patron vers la sortie, ce dernier avait obligé l'un d'entre eux, qui s'était imprudemment démasqué, à se lever devant tout le conseil d'administration et à répéter après lui : « Le président a toujours raison, le président a toujours raison, le président a toujours raison… » Le traître n'avait eu d'autre choix que de s'exécuter.

Ambiance.

Par chance pour Bébéar, quelques mauvais résultats font de la CPG une proie plus facile que prévu. Le mariage (forcé) est finalement scellé, consommé… et réussi.

Il a eu raison d'attaquer.

Le président a toujours raison.

Objectif monde

Dès 1975, Bébéar veut forcer sa croissance, mais cette fois-ci à l'international.

À nous l'Amérique ! Pour cela, il choisit une tactique inhabituelle. Puisqu'il est compliqué de s'implanter à travers des compagnies d'assurance, trop petites ou trop chères, il choisit de le faire à travers une compagnie… de réassurance.

Pour les novices, les réassureurs sont tout simplement les « assureurs des assureurs ». Il faut bien, en effet, assurer des risques qui dépassent les capacités des compagnies d'assurance elles-mêmes : séismes, incendies géants, catastrophes industrielles... Les sommes en jeu sont toujours considérables. Par nature, les compagnies de réassurance sont donc très internationales. Avantage : elles ne nécessitent pas de bureaux sur place. Au début tout du moins.

Va pour la réassurance !

Les débuts sont folkloriques. À l'époque, l'international est encore une aventure et largement une vue de l'esprit. Les standardistes normandes n'ont jamais appelé plus loin que Lille ou Marseille ? On leur demande désormais d'appeler Tokyo, Buenos Aires ou Djakarta... « Une fois sur deux, elles me font répéter le nom de ces capitales, qu'elles connaissent à peine », se plaint le nouveau responsable de la branche devant son conseil d'administration. Bien entendu, personne ne parle anglais... Quant aux appels téléphoniques, ils sont hors de prix, toujours de mauvaise qualité, souvent coupés...

Régulièrement, les nouvelles équipes sont donc obligées de se rendre sur place, aux quatre coins de la planète, pour rencontrer de très gros clients et négocier avec eux de nouveaux contrats. Là-bas, il faut donner le change. Descendre dans des hôtels de prestige. Ne pas hésiter à choisir de grands restaurants. Bref, « assurer » pour rassurer les assureurs que l'on veut réassurer...

« Toutes ces dépenses étaient d'abord des investissements, mais, en interne, c'était souvent mal compris », reconnaît Bébéar. Il sait bien que, à Belbeuf, on ne parle pas du pôle de réassurance mais du… « Club Méditerranée ».

Très vite pourtant, la patience paye. La stratégie du cheval de Troie fonctionne. L'activité de réassurance décolle.

Tout le personnel, à terme, bénéficiera de cette culture internationale. « Pour nous, c'est une position privilégiée pour digérer les cultures, les logiques propres de ces marchés et s'y acclimater », se réjouit Bébéar devant ses troupes.

Dès 1975, le jeune assureur a compris que plus de la moitié des contrats d'assurance souscrits dans le monde le sont aux États-Unis. S'il veut devenir un leader mondial, comme il en rêve déjà sans le dire encore, il sait qu'il doit donc prendre pied au plus vite sur le continent américain. Et pas seulement à travers la réassurance.

En 1978, il tente alors un nouveau coup de poker. Cette fois, ses rabatteurs lui proposent le dossier d'une société d'assurance vie du Tennessee : Appalachian National Corporation. Le gibier est de taille modeste. À sa portée.

Les « Bébéar boys » épluchent les statuts, les comptes, les études de marché… et signent finalement l'achat le 5 décembre 1978, avec la bénédiction des autorités françaises et américaines. Mais Bébéar déchantera très vite. Il la revendra moins de dix ans plus tard, en 1987, en faisant sienne au passage la fameuse phrase que Nelson Mandela n'a pas encore prononcée : « Je ne perds jamais. Soit je gagne, soit j'apprends. »

De cet échec, et des quelques autres qui ponctueront son parcours (car il y en aura d'autres), Bébéar apprendra beaucoup.

Chasser en meute

À 42 ans, Claude Bébéar, qui était, on l'a vu, assureur par hasard, l'est désormais par conviction. Son ambition est intacte. Elle est maintenant planétaire. Avec le recul, les « fondamentaux », comme on dit au rugby, sont déjà en place. Ils se résument à quelques idées clés qui sont autant d'idées-forces.

La méritocratie républicaine tout d'abord. Fils de hussards noirs de la République, qui l'ont amené de l'école maternelle d'Issac à la prestigieuse École polytechnique, il est la preuve éclatante que le meilleur est accessible à chacun, pour peu qu'il s'en donne les moyens. Toute sa vie, cette obsession de l'éducation ne le quittera jamais. Aujourd'hui encore, elle est au cœur de son engagement : grandir et faire grandir.

L'idée de l'international ensuite. Si elle peut paraître évidente de nos jours, dans un monde ouvert à tous les vents d'un côté, même s'il est claquemuré par les peurs de l'autre, elle est loin de faire l'unanimité à l'époque. Mais Bébéar est capitaliste jusqu'au bout des ongles. Avant beaucoup d'autres, il a compris que, dans une société capitaliste, on ne peut raisonner qu'au niveau mondial. Grandir ou mourir. Pour ne l'avoir pas compris, bien des entrepreneurs se casseront les dents. Pas lui. Il est de ces rares capitaines d'industrie (« capitaine de services », en l'occurrence) qui inventeront dès le début une façon « profondément française d'être profondément international ».

L'idée du social également. Si Bébéar est un capitaliste, il est surtout un capitaliste social. Pour lui, le travail n'a rien d'une souffrance, mais tout d'un épanouissement. Il y voit surtout une autre façon de grandir ensemble. Bien avant tout le monde, il aura imposé la semaine des quatre jours (qu'il s'appliquera à lui-même...), l'amélioration des conditions de travail, l'intégration des minorités... S'il sait se montrer dur, parfois intraitable avec ses collaborateurs, il ne se départira jamais d'une réputation d'enthousiasme, de générosité. Et d'une capacité d'entraînement hors du commun.

L'équipe, l'équipe, l'équipe...

Dernière idée, bien sûr, qui est une sorte de *modus operandi* du personnage : celle de bagarre, de lutte, de chasse...

Car Claude Bébéar est d'abord un grand chasseur, amoureux du gros gibier, au propre comme au figuré.

Sûr de lui et déterminé, il est tout sauf naïf. Il sait que la vie est une jungle, et la vie des affaires en particulier. Très vite, il comprend les limites des loups solitaires. S'il veut vraiment se renforcer en France et conquérir le monde, il sait qu'il devra se constituer un solide réseau d'amitiés et de relations. Il sait qu'il lui faudra désormais chasser en meute.

L'idée d'Entreprise et Cité est déjà en train de germer dans son esprit.

Nous n'y sommes pas encore.

Nous y sommes presque.

Les chars russes

« 5, 4, 3, 2, 1... François Mitterrand est élu président de la République. »

Il est 20 heures précises, ce 10 mai 1981. À la télévision, Jean-Pierre Elkabbach, livide, et Étienne Mougeotte annoncent tous les deux, en direct, le résultat du second tour de l'élection présidentielle. « Nous répétons. François Mitterrand est élu président de la République avec 51,7 % des suffrages. Valéry Giscard d'Estaing, lui, a obtenu 48,3 %. »

On connaît la suite.

Pour l'instant, en ce beau mois de mai 1981, la France est toujours coupée en deux, mais, cette fois, les deux moitiés se sont inversées. Après plus de vingt-cinq ans dans l'opposition, les socialistes reviennent au pouvoir. D'une courte tête, mais c'est la loi de la démocratie : *the winner takes all*. Le vainqueur rafle la mise. Tant pis pour tous les autres.

Dans les jours qui suivent, beaucoup de grands et moins grands patrons font le choix de rester en France. Beaucoup d'autres partent... N'annonce-t-on pas comme imminente la nomination de ministres communistes dans ce premier gouvernement socialiste ?

Avec le recul, la plupart d'entre eux devront beaucoup à la gauche. Il ne le savent pas encore.

« La décennie Mitterrand n'a pas seulement vu naître les nouveaux pauvres. Elle a aussi engendré une incroyable génération de nouveaux riches, écrira dix ans plus tard Christine Kerdellant, alors rédactrice en chef adjointe du magazine *L'Entreprise*. C'est le paradoxe des années socialistes : jamais, depuis le second Empire, la France n'avait connu une telle floraison de fortunes rapides en si peu de temps. L'homme qui prônait la "rupture avec le capitalisme" a été l'artisan de sa renaissance... au-delà de toute espérance. »

Tous aux abris

Nous n'en sommes pas encore là.

En ce début des années 1980, le monde n'a pas encore basculé. Le mur de Berlin est toujours debout. Depuis vingt ans, il partage la planète en deux. Les bons d'un côté, les méchants de l'autre. Le libéralisme à l'ouest et la communisme à l'est.

À ce moment-là, on ne sait encore penser l'avenir qu'en binaire. En noir ou en blanc. En bien ou en mal. C'est donc à la stupéfaction du reste du monde occidental que la France vient de choisir de basculer « du côté obscur ».

Toute la France ? Toute... sauf un petit village de Bretagne. Vincent Bolloré n'est à l'époque qu'un tout jeune patron dont la notoriété ne dépasse pas son pays natal. Lui jubile. Comme nous le verrons plus tard, le milliardaire breton, qui n'est encore que breton, mais déjà homme d'affaires avisé, déborde de projets et d'ambition. « Autour de moi, je voyais bien que tout le monde tremblait. On attendait les chars russes ! dit-il aujourd'hui. Moi, franchement, non seulement je n'étais pas du tout effrayé, mais j'ai tout de suite compris qu'il y avait peut-être un coup à jouer. »

Bref, même pas peur !

Il n'est pas le seul. À Paris, Claude Bébéar, lui aussi, est de ceux qui ont fait leur le fameux proverbe chinois selon lequel « Crise = opportunité ». Comme Bolloré, qu'il ne connaît pas encore, Bébéar garde la tête froide : « Il est clair que je ne suis pas de gauche, mais j'ai tout de suite senti que cela pouvait nous aider. »

Les socialistes ont pourtant averti : une partie importante de l'économie française sera nationalisée. Les assureurs, en particulier, savent que la question de leur nationalisation revient régulièrement sur les bancs de l'Assemblée.

Bref, tous aux abris !

La plupart des patrons du secteur n'en mènent pas large. À commencer par André Térren, le nouveau président de Drouot, qui a succédé au fameux Georges Tattevin qu'admirait tellement Bébéar. On peut le comprendre. Sous l'impulsion de Tattevin, Drouot a mené grand train, multiplié les fêtes, les congrès fastueux au Carlton à Cannes ou à l'Hôtel du Palais à Biarritz, les croisières débridées, démultiplié ses agents spécialisés dans l'assurance vie, les « seigneurs de l'assurance » par comparaison avec le bataillon traditionnel des « pisseurs d'incendie », comme on les appelle avec mépris dans la profession…

Tattevin, qui n'a jamais caché s'être inspiré de ses voyages aux États-Unis, a pris le risque d'être différent, et même flamboyant. Grâce à lui, Drouot, en empruntant un chemin diamétralement opposé à l'austérité de ses concurrents… a pourtant réussi avec insolence !

À cette époque, le groupe Drouot et son président fascinent et énervent à la fois. Pour tous ceux qui l'ont connu, Georges Tattevin reste un personnage de roman. Cheveux gominés, fine moustache, souriant, chaleureux, enthousiaste et culotté, le patron multiplie les conquêtes, y compris féminines.

« Il menait sa vie professionnelle à la baguette et sa vie personnelle à la braguette ! », résume un jeune assureur qui l'a bien connu.

Les anecdotes sur cette époque révolue ne manquent pas. « Chez nous, au siège, il y avait un petit bâtiment au milieu du parc, que Tattevin utilisait parfois pour travailler, et surtout pour des besoins… plus privés. C'est là, notamment, qu'il recevait celles que les chefs de service surnommaient, en interne, les "favorites". Un jour, croisant un chef de service, Tattevin lui demande de lui envoyer "Mlle B.". La "Mlle B." en question avait la réputation d'être "plus favorite que les autres", et ses absences répétées nuisaient à la productivité du service. Spontanément, le chef de service, mi-amusé, mi-énervé, demande alors à son patron, avec une naïveté à moitié feinte : "Bien sûr, Monsieur, je vous l'envoie tout de suite. Avec ou sans dossier ?" Le chef de service en question a été remercié dès le lendemain. »

Les témoignages de ce type sont nombreux. Jusqu'au jour de son enterrement, où la « dernière Mme Tattevin » répétait à qui voulait l'entendre : « Mon mari aura eu beaucoup de femmes, mais il nous aura toutes trompées avec Drouot ! »

Une autre époque.

Le cauchemar recommence

À la mort de Tattevin, en 1972, Drouot, septième groupe d'assurance français, est donc un groupe jalousé par toute la profession. Mais pour Térren, son successeur, l'heure n'est plus vraiment à la fête : avec l'arrivée des socialistes, c'est toute l'assurance vie qui est menacée de mort.

Bébéar montre alors l'exemple. Socialistes ou pas, il est bien décidé à ne pas se laisser faire. Et le fait savoir. Depuis la rue de Londres, à Paris, où il est installé depuis quelques mois, il organise la contre-attaque. En clin d'œil à de Gaulle, qu'il ne porte pourtant pas dans son cœur, il résistera lui aussi… « depuis Londres » !

Bébéar connaît bien Térren. Depuis son retour dans la capitale, il le fréquente régulièrement à la Fédération française des sociétés d'assurance (FFSA) dont il est lui-même vice-président depuis 1975. Il se souvient avec amusement du désarroi de son collègue et concurrent : « Succéder à Tattevin n'était déjà pas facile. Il était effondré à l'idée de voir des ministres communistes au gouvernement. Le spectre de la nationalisation, pour lui, c'était la goutte d'eau qui allait faire déborder le vase… »

Térren oublie au passage que les nationalisations, historiquement, n'ont pas que du mauvais. Son propre groupe, ironie de l'histoire, devait beaucoup à une nationalisation précédente, celle des Assurances Générales, en 1945, à la Libération. À l'époque, sa filiale, jugée peu digne du secteur public, avait été épargnée par la nationalisation brutale de sa maison mère et reprise par un certain… Georges Tattevin. Le début d'une belle aventure : celle de Drouot.

Mais voici pourtant que l'histoire bégaye. « Le cauchemar recommence ! », confie-t-il à longueur de réunion professionnelle à chacun de ses amis assureurs, tous à peu près aussi effrayés que lui. L'heure est grave. On se parle entre patrons. L'ambiance générale aidant, on se parle même « entre hommes », de façon plus personnelle. Les assureurs ont besoin d'être rassurés. Ils se tiennent chaud.

Très vite, germe chez Bébéar l'idée, évidente, de racheter puis de « mutualiser » Drouot, ce qui pouvait lui éviter la nationalisation annoncée et constituerait une solution « gagnant-gagnant » pour les deux compagnies. Symboliquement, qui plus est, ce projet de rapprochement serait dans la continuité de la réelle amitié de leurs deux fondateurs respectifs : André Sahut d'Izarn et Georges Tattevin, qui avaient même, de leur vivant, dans les années 1970, envisagé un rapprochement. L'argument achève de convaincre Térren.

Problème : sentant venir les vents mauvais du socialisme, les actionnaires de Drouot ont pris les devants. Ils ont même verrouillé les statuts de leur indépendance, obligeant à un accord unanime de l'actionnariat en préalable à une future vente.

Deuxième obstacle : Drouot est bien plus gros que Mutuelles Unies. L'idée du « petit » prenant le contrôle du « gros » ne déclenche jamais, on le sait, un enthousiasme spontané...

Une fois de plus, pourtant, Bébéar a de la chance. À la mort du fondateur, Térren, ancien directeur financier de Drouot, a bien repris les rênes, mais il n'est à ce moment-là qu'à quelques mois de la retraite... Surtout, il n'a ni les talents ni la personnalité de son prédécesseur. En 1980, le groupe Drouot, si moderne et si prestigieux soit-il, enregistre le premier déficit de son histoire : 56 millions de francs... Impensable !

Au fond de lui, Térren doute de sa capacité à mener sa barque. Bébéar, lui, ne doute pas un instant de sa capacité à mener deux barques à la fois. Pour des raisons opposées, les deux hommes poussent donc les feux. André Térren propose à son conseil d'administration d'entamer des négociations avec celui qu'il appelle désormais « notre ami Bébéar ». De son côté, l'ami Bébéar négocie en coulisses avec des proches du nouveau gouvernement Mitterrand la « non-nationalisation » des mutuelles d'assurance en même temps qu'il discute de son plan de fusion avec le groupe Drouot.

« N'ayez pas peur ! »

Bébéar, comme on dirait aujourd'hui, « fait le job ». Lui qui, à l'en croire, n'est pas – et ne sera jamais – franc-maçon, ne néglige aucun contact, aucun réseau pour faire avancer ses idées. Il va jusqu'à s'en ouvrir à Michel Baroin, le patron du Grand Orient de France et de la fameuse Garantie Mutuelle des Fonctionnaires (la GMF). Baroin le rassure et lui répète, en substance : « N'ayez pas peur ! » De fait, en cette année 1981, lorsque le nouveau Premier ministre, Pierre Mauroy, publie la liste des futurs nationalisés, c'est même tout le secteur de l'assurance, au-delà des seules mutuelles, qui est épargné.

Pour Bébéar, la victoire est réelle. Presque inespérée. Mais elle est à double tranchant. Car Térren, brusquement soulagé, en profite pour repousser le mariage… et même les fiançailles. Un comble : pour avoir trop bien réussi à maîtriser le jeu, Bébéar risque de se retrouver… hors jeu. Il ne le restera pas longtemps.

Le 4 février 1982, en effet, la nouvelle tombe, aussi inattendue que brutale : Drouot vient de se vendre en catimini… au groupe Bouygues ! Passé la stupéfaction, il s'avère que seuls Térren et Simon-Barboux, son successeur putatif, étaient au courant. Et s'étaient mis d'accord sur le dos de Bébéar. Mais aussi de leurs actionnaires.

Bébéar, lui, n'a pas renoncé à ses plans et discute toujours en direct avec certains actionnaires. Il leur conseille même de porter plainte. Ce qu'ils font.

Deuxième coup de théâtre : en juin 1982, la justice donne raison aux actionnaires.

La vente à Bouygues est « cassée ».

Entre-temps, les pressions de Bébéar ont porté leurs premiers fruits. La plupart des actionnaires ont compris qu'il valait mieux se rapprocher d'un assureur « pur sucre » plutôt que d'un groupe intéressé avant tout par… leur patrimoine immobilier. Pendant le procès, ils avaient même fait des démarches spontanées pour se rapprocher de lui. Une fois la vente avec Bouygues définitivement cassée, c'est tout naturellement qu'ils reviennent voir, eux aussi, « leur ami Bébéar ». Et Francis Bouygues, ayant entre-temps découvert le véritable bilan de Drouot, n'insiste pas…

Bingo !

La seconde vente, aux Mutuelles Unies cette fois, sera la bonne. Elle se concrétise le 9 août 1982. *Exit* Simon-Barboux et *exit* Térren, qui peut enfin profiter de sa retraite.

Pour Claude Bébéar, le triomphe est total. Le voici qui pénètre un jour par la grande porte au siège ultramoderne de Drouot, à Marly-le-Roi. Le voici surtout à la tête d'un petit empire. L'ensemble Mutuelles Unies-Drouot pèse 8 milliards de francs de chiffre d'affaires, compte plus de 4 000 salariés et 2 660 agents généraux.

« Pas question d'envisager une fusion entre nos différentes sociétés, explique alors le nouveau patron, rassurant, dans une note diffusée à tous ses salariés. Chaque entreprise a ses traditions, son identité, son esprit maison, et ce serait une erreur grave que d'essayer de les amalgamer. »

Il est désormais le premier assureur privé français.

Il a 47 ans.

Le vent du boulet

Très soucieux d'éviter de donner l'impression de se comporter en vainqueur, le nouveau patron prend alors une décision que personne n'anticipait : il quitte le siège des Mutuelles Unies et s'installe chez Drouot, à Marly, seul avec celle qui n'est encore que sa fidèle assistante, Françoise Colloc'h.

En Normandie, au sein de Mutuelles Unies, son groupe « historique », ce déménagement est vécu comme une trahison.

Chez Drouot, en revanche, au-delà de la gêne d'avoir été racheté par bien plus petit que soi, et par une mutuelle provinciale qui plus est, on y voit une manifestation d'intérêt et un signe positif. « On demandait à voir », se souvient un ancien du groupe.

Les premiers mois sont critiques. Bébéar sait qu'il joue gros. Il multiplie les précautions et, selon tous les témoignages de l'époque, il commence par marquer beaucoup de points. Avant, un jour, de se prendre spectaculairement les pieds dans le tapis…

Dans un grand discours stratégique devant ses nouvelles équipes et ses agents généraux les plus durs à cuire, afin d'expliquer de façon imagée que les tarifs ont trop baissé, il compare Drouot à une belle fille qui aurait « attrapé une maladie sexuellement transmissible », mais que l'on allait bien entendu guérir. Tollé général ! (On imagine le même discours aujourd'hui…) Bébéar comprend instantanément qu'il est allé trop loin et qu'il faut immédiatement éteindre l'incendie. Avec le recul, il reconnaît volontiers qu'il s'est laissé, lui aussi, griser par l'ambiance familière, presque grivoise, installée avec ses troupes par son antéprédécesseur, le flamboyant Georges Tattevin. Ce jour-là, Bébéar « retourne » finalement la salle et ressort sous les applaudissements. Il a senti le vent du boulet…

Le boulet ne passera pas non plus très loin lorsqu'il s'agira d'imposer à ses agents d'assurances, dans la foulée, une augmentation importante des tarifs, seule solution pour redresser l'entreprise, plombée par sa politique tarifaire. Avec son directeur commercial, Claude Tendil, il met pour cela au point un véritable numéro de duettiste. Les deux Claude passent leur temps sur le terrain. Ils labourent la France.

Un peu partout, Claude (Tendil) commence par annoncer des hausses de tarif de 15 à 35 %. Bronca assurée. Claude (Bébéar) entre alors en scène et explique qu'il s'engage à ne pas suivre toutes les recommandations de son directeur commercial. Et promet de limiter les hausses à 10 %. Applaudissements assurés. C'est la vieille tactique du : « La bonne nouvelle, c'est que la mauvaise nouvelle est fausse. »

Parfois, pourtant, les opérations tournent mal. Certaines salles se vident. D'autres ne se privent pas de continuer, à la fin de l'exposé, à huer Bébéar, plutôt habitué aux applaudissements, et qui le vit mal.

Mais le résultat ne se fera pas attendre : les performances de Drouot se redresseront aussi rapidement qu'elles s'étaient dégradées. Quelques mois seulement après l'arrivée de Bébéar, l'entreprise annonce un bénéfice de 50 millions de francs dès l'exercice 1984.

Dès lors, il en profite pour aller, comme à son habitude, plus loin et plus vite. Une nouvelle fois, il sait qu'il faut cajoler les deux groupes, et probablement les amener à se rapprocher jusqu'à une « fusion sans effusion », comme le théorisent à l'époque les consultants en communication. Dans son bureau, il affiche ostensiblement plusieurs photos de Georges Tattevin. Les « anciens » sont touchés par ce geste. La hache de guerre est définitivement enterrée entre le nouveau chef et ses troupes.

Avec Françoise Colloc'h à la manœuvre, le nouveau patron continue de travailler les esprits et le moral des troupes. Début 1983, ils avaient déjà monté un séminaire stratégique, à Deauville, sur le thème (sans rire) : « Comment vivre l'indépendance dans l'interdépendance ? » Un grand classique, lorsqu'il s'agit de rassurer les troupes tout en les préparant... au contraire !

Le séminaire est une réussite. Plutôt que de crisper les « Drouot » contre les « Mutuelles Unies », il permet de tirer toute l'équipe « vers le haut » avec l'énoncé d'un objectif commun sur le thème (toujours sans rire) : « Parvenir ensemble au leadership dans notre métier ». Tous les documents de l'époque sont là pour le rappeler : plus les ficelles sont grosses, plus elles sont efficaces.

Mais, une fois encore, le résultat est là. « À force de fréquenter Bébéar, les grognons sont devenus des grognards », résume un ancien de Drouot, sceptique lui aussi à son arrivée et, aujourd'hui encore, inconditionnel de son ancien nouveau patron.

Claude Bébéar a obtenu ce qu'il souhaitait. Il peut alors quitter le siège de Marly et revenir à Paris en mars 1984, où il s'installe cette fois rue Bayard avec

Françoise Colloc'h et… l'ancienne secrétaire de Térren, désormais la sienne.

Va pour AXA !

Dès lors, il sait que les esprits sont préparés pour que le groupe se dote d'un nom propre qui soit aussi un nom… commun.

À l'époque, les journalistes, mes collègues du *Figaro* les premiers, parlent déjà du « groupe Bébéar ». Françoise Colloc'h est la première à s'en agacer : « S'il y avait eu "Bébéar" dans le nom officiel du groupe, nous aurions vite été accusés de mégalomanie. Il nous fallait donc un nom neutre. »

Les recherches en interne ne donnent pas satisfaction. On fait donc appel à la fois à une agence spécialisée et – c'est une vraie nouveauté pour l'époque – à un ordinateur ! Le futur nom doit répondre à plusieurs critères. Il doit d'abord commencer par un « A » pour être en tête de toutes les listes. Il doit ensuite être compréhensible de tous et mémorisable. Il doit, enfin, « fonctionner » et produire du sens dans toutes les langues. Plus question, cette fois, de se limiter au marché français. Les esprits et les ordinateurs moulinent donc. Trois noms sortent finalement du chapeau. Dans la foulée, on programme une réunion de travail pour trancher entre les trois finalistes : Argos, AXA et Élan.

Dans un premier temps, le nom AXA fait l'unanimité… contre lui ! Trop banal et trop impersonnel. Il ferait même un peu « marque de lessive »… Élan l'emporte haut la main… mais est vite éliminé. « Nous avions des ambitions au Canada, et il se trouve que l'élan, au Canada, est considéré comme un animal particulièrement stupide ! », s'amuse Bébéar. Argos l'emporte donc. Mais il s'avère vite qu'il est déjà utilisé par d'autres sociétés et que beaucoup le prononcent… « argot » ! Retour à AXA, auquel tout le monde, soudain, se met à trouver des qualités, et à oublier le côté « marque de lessive ». Un choix par défaut, mais un choix tout de même.

Va pour AXA !

Pour l'instant, le nouveau nom est une sorte de « chapeau » commun, dans lequel chacun, à terme, doit pouvoir se retrouver. Il s'ajoute aux différentes identités du groupe, mais ne les remplace pas. AXA est une identité partagée, pas encore une identité commune. En novembre 1986, un séminaire réunit les 86 dirigeants dans le désert du Ténéré. Ils en reviendront avec une bannière, AXA, et un objectif : organiser la fusion des différentes sociétés du groupe.

C'est sous ce nouveau nom que les dirigeants du groupe sont convoqués, dès 1987, à une université d'été AXA mise en place par Bébéar et son équipe pour réfléchir aux métiers de l'assurance. L'idée, elle aussi importée des États-Unis, est destinée à souder les équipes et à renforcer la cohésion du groupe.

Mais, comme d'habitude, c'est au moment même où le groupe se force à ralentir qu'il va, une fois de plus, être forcé à accélérer.

Forcer La Providence

Le destin, cette fois, prend le nom de La Providence.

Ah, La Providence ! Tout un programme. En 1985, elle est encore la « grande dame » de l'assurance française. Pour ne pas dire la « vieille dame », à près de 150 ans tout de même… Née en 1838 au cœur de l'aristocratie française, elle ne s'en est jamais vraiment éloignée. À la fin des années 1980, elle est encore une sorte de miniature du très fameux, très puissant et très snob Jockey Club, où le roturier n'a ni droit de cité ni accès aux postes de direction.

Quoique vieillotte et gérée à l'ancienne (pour ne pas dire « à la très ancienne »…), même si elle sent les blasons, les photos jaunies et l'encaustique, la vieille dame en impose. En toute modestie, ses salariés se considèrent d'ailleurs comme les seigneurs de l'assurance.

Bien entendu, aucune femme dans les postes de direction. Elles sont regroupées, en revanche, dans des pools de dactylos interdits aux hommes. En interne, on parle du « couvent ». Quant aux hommes, on enquête sur leurs mœurs, leur voisinage, leurs opinions politiques et religieuses avant de les embaucher. Lorsqu'on est né de bonne famille, on y entre et on n'en sort jamais. On fait carrière « dans la maison ». Bref, bien avant la lettre, La Providence est un véritable… accélérateur de particules.

Au moment où elle croise la route de Bébéar, elle est dirigée par un autre polytechnicien qui a fait l'analyse inverse de la sienne. Persuadé (eh oui…) que l'avenir est au traitement manuel de l'information, il a quitté IBM après neuf ans pour lutter contre le « tout-ordinateur ». Un grand visionnaire !

Inutile de préciser que ce nouveau patron est aussi un aristocrate : Bernard Dubois de Montreynaud, donc, vient de succéder à François Burin des Roziers. Dans les couloirs, on ôte encore son chapeau lorsqu'on croise « Monsieur François » et désormais « Monsieur Bernard ».

« Plus encore que la hiérarchie, il flottait à La Providence comme un parfum de monarchie », raconte un ancien. Qui ne peut s'empêcher de rappeler la blague, potache, que tous les concurrents de La Providence répétaient : « La Providence ? Tout dans la particule et rien dans la partie tête. »

Accident et Incendie

Bref, La Providence est un mélange de Zola et de Bottin mondain. On pourrait d'ailleurs tout aussi bien y convoquer La Fontaine. Car il existe en réalité plusieurs

Providence… Et elles se détestent, comme dans une (mauvaise) fable. D'un côté, la « noblissime » Providence Incendie et de l'autre sa « cadette complexée » Providence Accident. Cette dernière, privée de son portefeuille « accidents du travail » juste après la guerre, n'a dû son salut qu'au développement de son portefeuille « accidents automobile » dans les années fastes qui suivirent.

On se croirait aussi dans les bandes dessinées les plus drôles, où plus personne, comme dans *Astérix en Corse*, ne se rappelle pourquoi deux familles sont fâchées : « Les vieux disent que le grand-oncle d'Ocatarinetabellatchitchix a épousé une fille du clan Talassotérapix dont était amoureux un cousin par alliance d'un aïeul de Figatellix… […] C'est très grave en tout cas. »

Même genre de scénario à La Providence, où plus personne ne se souvient comment les deux branches en sont arrivées à se détester à ce point. Ce qui est certain, c'est qu'elles se détestent. Les équipes Accident et Incendie se croisent à peine, ne se parlent jamais, se méprisent toujours.

Une rivalité parfaitement documentée par Caroline Desaegher dans *L'Histoire d'AXA*, avec force détails et témoignages : « Il y avait la direction de l'Incendie d'un côté et celle de l'Accident de l'autre, qui occupaient au centimètre près le même espace. » « L'Accident était plus gros, mais l'Incendie était plus riche », reconnaît Dubois de Montreynaud. Du coup, les uns étaient mieux payés que les autres. De quoi attiser encore les jalousies. « On racontait même, à l'époque, que la veuve d'un directeur général de l'Incendie touchait une pension supérieure au traitement du directeur général de l'Accident, c'est dire ! »

En 1969, heureusement, alors que Bébéar inaugure son nouveau siège de Belbeuf, les deux « vieilles filles » de La Providence finissent par fusionner en profitant du départ à la retraite de leurs deux directeurs respectifs, Alfred de Villemandy (Incendie) et François Burin des Roziers (Accident).

La fable n'est pas terminée pour autant. Car, aussi insupportable soit la vieille dame, elle est… très riche ! Et fait forcément des envieux.

Le rival Rivaud

Dès 1973, La Providence doit subir une première attaque. Elle est signée de la banque Rivaud. Son patron, aristocrate lui aussi, envisage de devenir actionnaire de référence de la compagnie d'assurance, dont le capital est très dispersé.

Au moment de réaliser son plan, le comte Édouard de Ribes doit pourtant y renoncer pour une raison qui peut faire sourire aujourd'hui. Il a en effet une autre priorité, familiale celle-ci : faire entrer son fils au chicissime Jockey Club, autre bastion de l'aristocratie française.

Problème, en attaquant La Providence, il prend le risque de se mettre à dos tout le conseil d'administration, et donc, par ricochet, le ban et l'arrière-ban de l'aristocratie française ! « Entre La Providence et son fils, il a choisi son fils », se souvient le témoin de ce choix cornélien. La mort dans l'âme, Ribes renonce donc.

Dubois de Montreynaud, le patron de La Providence, décide alors de consolider son capital au plus vite. Il fait entrer la toute-puissante banque Paribas à son conseil, comme actionnaire majoritaire. Pour la petite histoire, Paribas est déjà actionnaire d'une autre compagnie d'assurance, Le Secours. C'est ainsi que « Le Secours vient au secours de La Providence ». On se croirait cette fois dans un chapitre de la Bible...

Voilà donc ces deux sociétés, très différentes elles aussi, condamnées à travailler ensemble. Ce qu'elles feront. En évitant quand même de fusionner « pour de vrai ». Les deux patrons sont polytechniciens et amis, mais chacun veut rester maître à bord...

C'est ici que Bébéar apparaît. Nous sommes en 1981. Cette fois, La Providence est dans son viseur. Il est déterminé à ne pas la laisser s'échapper. Il négocie donc directement avec Paribas, actionnaire majoritaire, et propose aux patrons des deux sociétés d'assurance un système dans lequel chacun resterait indépendant à la tête de sa société, formant ainsi une sorte de triumvirat... dont il serait le patron ! Rosset, patron de la première, est plutôt enthousiaste. Dubois de Montreynaud, lui, fait un refus sur obstacle. Et convainc Paribas de résister.

Nouvel échec.

En 1984, Rosset et Dubois de Montreynaud, après douze ans d'association limitée mais renforcée, font toujours contre mauvaise fortune bon cœur. D'autant que tous deux approchent en même temps de la retraite, programmée pour 1988.

Mais Dubois de Montreynaud est malade. Qui plus est, le président de son conseil d'administration, La Bouillerie, lui demande de réfléchir à sa succession, une question qu'il avait toujours refusé de se poser. Là, impossible de se dérober. « Foutu pour foutu... », pense-t-il. Le chant du cygne, pour lui, serait de fusionner (enfin) les deux compagnies Providence et Secours, mais en imposant La Providence à la tête du nouvel ensemble avec la bénédiction de Paribas, actionnaire majoritaire. Au moins le nouveau groupe aurait-il belle allure. Et lui-même pourrait partir la tête haute, avec le sentiment du devoir accompli.

C'est oublier que, pour fusionner, il faut être deux. Lorsqu'il finit par apprendre qu'il sera écarté de la direction à l'issue de ce processus, Victor-Claude Rosset, le patron du Secours, informe son actionnaire Paribas qu'il n'a pas envie de passer pour le dindon de la farce. Il écrit même noir sur blanc qu'il n'aime pas que l'on fasse rimer « loyauté avec imbécillité ».

Au moins, c'est clair.

En quelques mois, les duettistes forcés sont devenus des frères ennemis affichés. On appelle donc à l'arbitrage la hiérarchie suprême et actionnaire majoritaire : Jean-Yves Haberer, le président de Paribas.

Haberer commence par discuter avec toutes les parties prenantes. Il invite Dubois de Montreynaud à déjeuner au Ritz. Mais ce dernier, coup de théâtre, fait... un infarctus ! Hospitalisation, pontages... Tout le monde comprend que l'affaire qui durait déjà depuis six mois risque de traîner encore longtemps.

Pendant ce temps, Rosset se confie de plus en plus fréquemment à son « concurrent mais néanmoins ami » Claude Bébéar, lequel sent immédiatement qu'il y a là une nouvelle chance à saisir. D'autant que Paribas est visiblement en train de s'enferrer dans le dossier et alors même que la banque, c'est un secret de Polichinelle, a besoin de cash. Haberer, pourtant, refuse de vendre à Bébéar. Et en informe Dubois de Montreynaud, encore en convalescence. De retour au bureau, ce dernier consolide encore sa défense. Avec une nouvelle fois l'appui d'Haberer qui annonce une fusion entre les deux sociétés Providence et Secours « pour les mois à venir ».

Il en faut plus pour décourager Bébéar, habitué à revenir par la fenêtre quand on lui ferme la porte. Il propose alors à Haberer de racheter l'ensemble pour

1,4 milliard. L'offre est alléchante. Mais, cette fois, c'est le conseil d'administration de Paribas qui refuse.

Haberer comprend qu'il est englué dans ce dossier pénible dont il voudrait bien, au fond, se débarrasser. Il négocie donc directement avec le président de La Providence, La Bouillerie, et lui propose de lui céder l'ensemble pour un peu plus de 1,5 milliard. Tout cela bien entendu dans le plus grand secret pour éviter que Bébéar ne revienne dans le jeu.

À un moment, pourtant, Haberer ne peut pas faire autrement qu'avertir Rosset qu'il va être racheté. Impassible, ce dernier, une fois seul, téléphone… à Bébéar. Autant être racheté par son ami, qui s'était toujours engagé à « respecter son identité ».

Furieux, Bébéar se fait recevoir dès le lendemain par Haberer. Il monte les enchères jusqu'à… 2,8 milliards ! Deux fois son offre initiale. Mais il a mûrement réfléchi. Il sait qu'une victoire lui ferait encore gagner quelques places dans le panthéon des assureurs. Renforcé par Providence, son groupe se retrouverait propulsé au quatrième rang français. Sans négliger quelque 8 milliards de francs de provisions techniques du groupe… Une nouvelle fois, Haberer hésite. Mais, une nouvelle fois, Dubois de Montreynaud parvient à le faire changer d'avis.

À ce stade de blocage, Bébéar reconnaît qu'il en fait une affaire… personnelle. Il n'a plus d'autre choix que de déclencher une offre publique d'achat, une OPA. Hostile, bien entendu. Problème : pour déclencher une OPA, il faut être actionnaire de la société que l'on convoite. Or les actions de Providence sont nominatives et soumises à l'agrément du conseil d'administration. Ce dernier, on s'en doute, ne prendra jamais le risque de vendre la moindre action à AXA. Impossible d'avancer masqué. Comme à la chasse, Bébéar doit donc s'approcher au plus près, mais sans éveiller l'attention.

Autre difficulté, il manque de temps. Une assemblée générale fixée au 5 novembre doit en effet entériner les accords entre Paribas et Providence. Bébéar n'a pas d'autre choix que de proposer officiellement, juste avant cette échéance, une offre plus intéressante que celle de Providence. Il est presque certain qu'elle sera refusée. Mais, techniquement, son offre aura pour conséquence de suspendre la cotation du titre en Bourse, et donc de retarder officiellement la vente à Providence. Simple banderille donc. Il sera temps alors de réfléchir à la meilleure tactique pour espérer en planter d'autres. Et de préparer l'estocade finale.

Aussitôt dit, aussitôt fait. Bébéar avance officiellement son offre de rachat à 2,2 milliards. Stupeur des principaux intéressés, qui verrouillent quand même un accord juridique entre eux... sur la base du prix proposé par Bébéar ! Providence et Paribas sont alors certaines de ne pas perdre la face vis-à-vis de leurs actionnaires.

Bayas Tudju

Non seulement Claude Bébéar est obstiné, mais en outre il a souvent… de la chance. Elle se manifeste cette fois sous la forme d'un modeste agent de change qui travaille, à ce moment précis, sur des listes d'actionnaires. Par le plus grand des hasards, il fait la découverte, au fil de listings informatiques interminables, d'une petite société complètement inconnue, oubliée de tous, créée au début du siècle pour exploiter une mine d'étain en Malaisie, mais encore cotée au marché de Bordeaux et qui détient 620 actions… de La Providence ! Son nom sonne aussi exotique que son histoire : Bayas Tudju.

Deuxième chance : en regardant la composition de la société, les collaborateurs de Bébéar y découvrent… la femme de l'un de leurs collègues. Cette dernière, on la comprend, est trop heureuse de vendre ses parts moyennant bénéfice.

« C'était un nouveau miracle de La Providence ! », s'amuse un proche du dossier.

Une fois « dans la place », Bébéar rachète dans la foulée les autres actions en les payant le double de leur prix. Le voici président… de Bayas Tudju. Nous voici, surtout, dans un scénario digne d'un film de James Bond ou d'un SAS qui pourrait s'intituler « Pas de répit pour La Providence » !

Ses plus fidèles amis, à commencer par son banquier, la Société Générale, l'ont prévenu : « Jamais une OPA hostile de cette taille n'a réussi en France ! » Ils le suivent pourtant.

Le 19 novembre 1985, Bébéar déclenche officiellement son OPA.

Bayas Tudju contre La Providence.

Sur le papier, c'est David contre Goliath. En pratique, c'est évidemment plus compliqué. Mais personne, en tout cas, ne se doute que commence ce jour-là l'un des feuilletons les plus longs et les plus mouvementés de la vie financière française. Il tiendra pendant plusieurs mois en haleine toutes les rédactions économiques, et bien au-delà...

Côté Providence, le pacte d'actionnaires qui vient d'être signé semble mettre, en théorie, la société à l'abri de toute forme d'OPA. Mais la rumeur laisse entendre que Paribas pourrait changer son fusil d'épaule.

Bébéar tente une nouvelle fois une offre à 2,2 milliards. Pour mettre toutes les chances de son côté, il veut s'adresser directement et personnellement à chaque actionnaire. Nouvel obstacle : La Providence fait en sorte qu'il soit impossible, même officiellement, d'utiliser la liste des noms et adresses desdits actionnaires. On lui accorde bien le droit de photocopier les listes... mais on lui interdit d'utiliser les photocopieuses installées à quelques mètres de là, ainsi que de bouger physiquement les registres pour aller les photocopier ailleurs. C'est la poule et l'œuf. Il ne lui reste donc qu'une seule solution, rocambolesque, mais qu'il est déterminé à mettre en œuvre : déménager ses propres photocopieuses sur place ! Inutile de rappeler la taille et le poids des photocopieuses d'entreprise en 1985...

Mais, là encore, une bonne étoile veille sur Bébéar. Alors que ses équipes se préparent à déménager les photocopieuses du siège de la rue du Colisée, Françoise Colloc'h, aux premiers rangs de la bataille comme à son habitude, reçoit un appel étrange : « C'était un vieux monsieur un peu mystérieux qui me proposait de passer me voir le lendemain pour me remettre "quelque chose de très important"... », se souvient-elle.

Le lendemain, le vieil homme vient effectivement à sa rencontre avec trois grands sacs en plastique remplis de pellicules avec les photos des dernières listes des actionnaires de La Providence ! Maltraité, comme beaucoup de petits actionnaires, lors de la dernière assemblée générale, il est trop heureux d'en faire profiter Bébéar et ses équipes. Un deuxième miracle.

Dans les heures qui suivent, toutes les équipes de la rue du Colisée se retrouvent sur le pied de guerre. On projette les listes aux murs sous forme de diapositives. Des directeurs aux dactylos, tout le monde s'y met. Chacun recopie les listes, prépare les enveloppes et l'affranchissement.

Bébéar est persuadé d'avoir enfoncé un flanc de l'adversaire.

Chevalier blanc

Mais le 12 décembre, alors que l'OPA de Bayas Tudju sur La Providence vient d'être autorisée, nouveau coup de théâtre : les Assurances du Groupe de Paris (AGP) font savoir qu'elles vont surenchérir à leur tour. La cotation est de nouveau bloquée.

Un homme vient en effet d'entrer en scène, qui marquera durablement l'histoire professionnelle de Claude Bébéar. Il s'agit de Bernard Pagézy, le puissant P-DG de la Compagnie du Midi, propriétaire des AGP. Appelé en renfort par La Bouillerie, le président de La Providence, il est là pour jouer officiellement ce que l'on appelle, dans ce genre de circonstances, le « chevalier blanc ». Pagézy annonce la couleur : son offre est avant tout destinée à contrer l'attaque hostile de Bébéar.

Bébéar connaît bien les AGP, l'une des plus riches et des plus anciennes compagnies d'assurance françaises. Il sait qu'elles ne sont que la partie émergée de l'iceberg. Pagézy se lance en réalité dans la bataille à la tête d'une énorme holding, la Compagnie du Midi, incontournable dans la vie économique de l'époque.

Bébéar connaît bien aussi l'homme Bernard Pagézy. Par un hasard incroyable du calendrier, ce dernier devait même venir dîner chez lui le lendemain ! « Dans la journée, il m'avait écrit pour me dire qu'il était désolé, mais qu'il était contraint d'annuler notre soirée…, se souvient Bébéar qui, des années plus tard, ne manque pas d'ironiser sur ce changement de pied : C'est drôle comme cet homme qui venait de décider de se retirer des assurances se redécouvrait soudain une nouvelle vocation d'assureur ! »

Chacun comprend que le combat, ce jour-là, vient à la fois de changer de nature et d'échelle.

Le conflit local se transforme en guerre régionale.

Dubois de Montreynaud, lui, sait qu'il joue perdant à tous les coups : au moment de la victoire finale, ni Bébéar ni Pagézy ne seront du genre à partager le pouvoir… C'est désormais entre ces deux grands fauves que se joue la bataille. Avec Paribas en position d'arbitre.

Pagézy dégaine alors le premier à travers une offre publique d'échange (OPE) entre titres Providence et titres AGP. Son offre est plus alléchante que celle d'AXA.

Furieux, Bébéar ne se démonte pas. Dans la foulée, il introduit Drouot au second marché et propose à son tour une OPE contre des titres Drouot… Une proposition encore plus généreuse !

La presse n'en demande pas tant. Le feuilleton tient déjà toute la France économique en haleine. On comprend que tous les coups sont permis : juridiques, techniques, médiatiques... Les deux camps sont prêts à tout, ou presque. Ils ne vont pas se gêner.

On ne détaillera pas ici les différentes stratégies, tactiques, manœuvres, coups hauts et coups bas, si ce n'est pour rappeler que, le 8 janvier, Bébéar marque de nouveau quelques points précieux lorsque les représentants de Paribas refusent d'apporter leur caution morale à la Compagnie du Midi.

L'amitié et la fidélité invoquées jusqu'alors par la banque pour ne pas se désolidariser de leurs partenaires historiques trouvent vite leurs limites. Devant la tournure des événements et la promesse de profits inespérés, les banquiers, qui espéraient une bonne affaire, commencent même à flairer... la très bonne affaire !

Tous les acteurs se retrouvent donc juridiquement et moralement libres de disposer de leurs titres jusqu'à la fin des hostilités. Là encore, personne ne se gênera. Les surenchères succèdent aux surenchères. Les cours des sociétés en présence s'envolent. Celui de Drouot gagnera 50 % en une dizaine de jours ! À la grande joie des employés qui bénéficient de conditions d'acquisition préférentielles.

À ce moment, au cœur de la bataille, Pagézy est un instant persuadé d'avoir repris la main. Il relève en effet son offre à un niveau tel qu'il pense que personne ne pourra suivre. Il demande alors à Bébéar de passer le voir et lui propose une porte de sortie « honorable ». À sa grande stupéfaction, Bébéar refuse ! La bataille reprend de plus belle. Une véritable guerre des tranchées dans laquelle chaque action gagnée se négocie au plus âpre et au plus rude. Bayas Tudju et la Compagnie du Midi sont au coude à coude. Pendant plusieurs semaines encore, les petits actionnaires voient leurs actions s'envoler. Ils n'en croient décidément ni leurs yeux… ni leurs calculettes !

La bataille de la communication, elle aussi, fait rage. Le 1er mars, AXA organise une journée portes ouvertes. La direction se mobilise pour expliquer pourquoi l'offre de Bébéar est meilleure que celle de Pagézy.

Ce dernier n'est pas en reste. Il envoie à chacun une cassette audio dans laquelle il défend son offre et se présente en « protestant cévenol ». Pas très malin quand on sait que l'actionnariat, on l'a vu, est en majorité aristocratique et catholique…

Dès lors, tout se passe comme si la machine était devenue folle, se souvient un des responsables du service « Bourse » du cahier économique du *Figaro*. Rien ne semble pouvoir arrêter la surenchère. « Tout se passait comme si les arbres allaient monter jusqu'au ciel ! Chacun savait quand même que c'était impossible, que ça finirait par s'arrêter un jour… La seule question était de savoir quand et comment ! »

Fin du match

À événement extraordinaire, dénouement extraordinaire : fait sans précédent, c'est en effet la Commission des opérations boursières (COB) qui décide elle-même de siffler la fin du match. Elle enjoint Bébéar et Pagézy de lui faire parvenir une dernière offre avant le 11 mars 1986. Sous enveloppe scellée.

Pour les deux états-majors, les heures et les journées qui s'ensuivent sont, on l'imagine, irrespirables.

Bébéar, lui... respire ! D'un côté, il est rassuré, car les événements, on l'a vu, commençaient à prendre une tournure complètement irrationnelle. Avec le recul, il explique aujourd'hui que Pagézy aurait pu être tenté de surenchérir au-delà du raisonnable. Il aurait alors mis son groupe en danger... mais aurait gagné.

À ce stade de la surenchère, pour Bébéar, tout est encore « raisonnable » et « gagnable ». Il se concentre donc non pas sur sa propre offre, mais sur la façon dont il pense que Pagézy va élaborer la sienne : en sous-estimant son adversaire, comme il ne cessait de le faire depuis le début...

Le soir du 11 mars, dans son bureau, il remplit lui-même les derniers formulaires et cachette son enveloppe. C'est son dernier mot. Son dernier chiffre surtout. Les jeux sont faits. Il respire mais… il doute. Il faut dire que l'avenir se joue à quitte ou double.

Le 12 mars 1986, on ouvre les deux enveloppes : c'est Bébéar qui l'emporte !

David a eu raison de Goliath.

L'aventure n'est pas terminée pour autant. Quatre jours plus tard, le 16 mars, la gauche perd les élections législatives. Pour la première fois sous la Ve République, Mitterrand va devoir « cohabiter » avec un Parlement et un gouvernement de droite.

Dans la foulée, les actionnaires doivent se prononcer. Jean-Yves Haberer, le président de Paribas, se range derrière Bébéar et lui apporte ses 25 % du capital de La Providence. AXA en a déjà racheté 10 % en Bourse et peut aussi compter sur les 5 % des Ateliers du Nord de la France. Ce qui fait 40 %, en face des 9 % seulement détenus par la Compagnie du Midi. Didier Pineau-Valencienne, le patron de Schneider que le monde des affaires appelle DPV, détient lui aussi 10 % du capital. Il reçoit la visite de Pagézy qui lui propose – ultime bravade ! – de lui racheter ses parts.

Pagézy ignore alors que Claude Bébéar a déjà proposé à DPV, ainsi qu'à quelques grands patrons, de le rejoindre dans un « petit club amical » dont personne ne sait encore qu'il va changer le visage du capitalisme français. « Lorsque Pagézy m'a fait cette proposition et m'a demandé de trahir Claude, je lui ai naturellement indiqué… la porte de sortie ! », se souvient DPV.

Schneider se ralliera finalement à la décision des petits actionnaires qui apporteront leur soutien, sans surprise, à Bébéar, avec une confortable majorité.

Le 6 mai, presque sept ans après l'élection de François Mitterrand, la victoire d'AXA est officielle. Comme à son habitude, Bébéar la célèbre avec ses amis autour d'une bonne table. Cette fois, c'est la Tour d'argent, son canard au sang (un signe ?) et sa vue imprenable sur Notre-Dame (un deuxième signe ?).

Dans la foulée de la démission de Dubois de Montreynaud, Bébéar, bon prince, confie à Victor-Claude Rosset, qui a toujours été amical et loyal, la fusion prévue des deux sociétés Le Secours et La Providence, « arrachées » à Paribas, sous le nom de Présence. Pour souder les nouvelles équipes, il organise un dîner de gala au château de Belbeuf, au cœur de ses racines professionnelles, autour de ses principaux directeurs.

Le lendemain des festivités, Bébéar peut réfléchir à ce parcours quasiment sans fautes. Il appelle tous ses amis, avec lesquels il a pris l'habitude de commenter la vie économique et politique du pays. « J'étais revenu et installé à Paris. Je prenais goût à tous ces contacts, se souvient-il. Il est clair que l'aventure était vraiment devenue collective. »

Après des débuts un peu compliqués, le petit groupe qu'il vient de créer autour de lui est en train de devenir indispensable.

L'avenir, désormais, s'écrira aussi sous l'étiquette « Entreprise et Cité ».

Nous y sommes.

L'entreprise et la cité

Retournons un instant quelques années en arrière, lors de cette fameuse soirée de 1981 : « 5, 4, 3, 2, 1... François Mitterrand est élu président de la République... »

Claude Bébéar est impatient. Au fur et à mesure qu'il prend du poids dans le paysage, il est approché et courtisé par le Tout-Paris des affaires. L'arrivée de la gauche au pouvoir ne va faire qu'accentuer le phénomène. Pour lui, si peu mondain et qui déteste tellement perdre son temps, gagner sa place dans l'*establishment* n'a de sens que si cela lui permet de peser sur l'avenir de son groupe et de son pays.

Bien entendu, le Conseil national du patronat français (CNPF), l'ancêtre du Medef, multiplie les appels du pied. Bébéar hésite…

D'abord, « prendre » le CNPF veut dire, concrètement, s'engager dans un véritable parcours du combattant. L'organisation est très formatée. Elle suppose de commencer par rejoindre une « fédération », une branche, une région. Puis d'en gravir un à un tous les échelons. Et espérer, après des mois et parfois des années de bons et loyaux services, de couteaux tirés, de mains serrées et de couleuvres avalées, devenir enfin « calife à la place du calife ». Or Bébéar est pressé. Et, il en est certain, la France aussi…

La deuxième raison est plus conjoncturelle : en ce début des années 1980, le CNPF est « KO debout ». Pétrifié, congelé par l'arrivée de la gauche au pouvoir. « On craignait même une scénario à la *Hibernatus* », confie Vincent Bolloré, en référence à l'un des succès du cinéma populaire, avec Louis de Funès, qui voit un homme se réveiller avec des années de retard sur l'histoire en cours, sans avoir compris que le monde avait changé. Clin d'œil de l'histoire : depuis 1981, le CNPF est présidé par Yvon Gattaz, le père de Pierre Gattaz qui le présidera trente ans plus tard et auquel on reprochera aussi de ne pas avoir compris que le monde avait changé depuis les années 1980 ! Le fils d'*Hibernatus* !

La troisième raison est plus fondamentale. Bébéar a compris que le CNPF était encore souvent le rassemblement d'une espèce parfois caricaturale, celle des patrons « à l'ancienne », costumes trois-pièces, cravates, cigares, gros ventres et grosses voitures de fonction avec chauffeur. Un « machin » très parisien, en quelque sorte, au service des grandes entreprises, plutôt que des entrepreneurs et des provinciaux…

L'avenir lui donnera raison.

Dans les années 1980, déjà, il suffit de comparer la France avec l'Allemagne voisine, où un patronat ouvert et réformateur et un syndicalisme tout aussi ouvert et tout aussi réformateur accompagnent le ballet de l'économie dans une sorte de pas de deux exemplaire d'efficacité.

Quarante ans plus tard, le modèle allemand tient toujours. La France, elle, ne sortira jamais de son goût pour la caricature et de sa culture de l'affrontement. Son patronat non plus. Qu'il change de nom, de style ou de visage, le CNPF ne réussira, pendant des décennies, qu'à stigmatiser le « syndicalisme rétrograde » du camp d'en face, sans jamais sortir lui-même de son couloir de nage. La vieille parabole de la paille et de la poutre… La France se crispera ainsi et s'abîmera peu à peu dans cet affrontement braillard, stérile et pathétique : « La baisse des charges ! » d'un côté. « La grève ! » de l'autre.

Ou, pour aller à l'essentiel, « salauds de pauvres ! » contre « salauds de riches ! ».

Pauvre France riche...

Tout ce dont Bébéar ne veut pas.

L'Ambroise

Impossible, ici, de ne pas évoquer la figure emblématique de l'époque, à la fois statue du Commandeur et parrain du monde de l'« avant-Bébéar ».

Ambroise Roux bien sûr.

Encore un nom qui ne dit (presque) plus rien à personne aujourd'hui. C'est pourtant un personnage « considérable » à tous les points de vue. Comme l'écriront, à sa disparition, Nathalie Bensahel et Pascal Riché dans *Libération :* « Tout chez lui respirait le passé : le prénom, le costume trois-pièces, le pantalon remonté jusqu'au sternum, le doigt glissé dans le gousset, les cols pelle à tarte, le vocabulaire ourlé de formules désuètes et de gravelure d'un autre âge, le monarchisme affiché, la conception balzacienne du monde des affaires. L'ancien patron de la Compagnie générale d'électricité (CGE) était un concentré de pompidolisme. »

On pourrait effectivement le croire tout droit sorti de l'un des tomes de *La Comédie humaine* ou, pour ceux qui préfèrent, des *Grandes Familles*, le roman de Maurice Druon adapté à l'écran avec Jean Gabin en inoubliable patriarche grand bourgeois, dirigeant en autocrate assumé un empire familial dont les activités s'étendent de la banque à la finance en passant par la presse et les matières premières.

« L'Ambroise », comme le Tout-Paris l'appelle, réussit en effet ce paradoxe rare : si tout dans son look, ses manières et ses idées nous ramène au XIXe siècle, il sera assurément, par son entremise et son influence, l'un de ceux qui pèseront le plus sur la France économique et industrielle d'une bonne moitié du XXe siècle.

Après des études parfaites (tiens, encore un polytechnicien ! Corps des Ponts, s'il vous plaît !) et un début de carrière classique dans l'industrie et les cabinets ministériels, il entre à la Compagnie générale d'électricité (CGE), le plus grand groupe industriel français de l'époque (ancêtre d'Alstom et d'Alcatel, pour le dire rapidement). Il en prend la direction puis la présidence en 1970. Il la transformera en forteresse et en base arrière, d'où rayonnera ce mélange de capitalisme à la fois paternaliste et féodal, qu'il incarnera à la perfection et jusqu'à la caricature. Qu'on en juge : brillant, cultivé, grand séducteur, l'une de ses premières décisions de président de la CGE est de rédiger une note de service demandant aux femmes de renoncer aux tenues « provocantes » et leur interdisant notamment… le pantalon !

Ce franc-maçon devant l'Éternel (si l'on peut dire) ne s'empêche pas d'être « en même temps » catholique convaincu. Ni de faire tourner les tables, au sens propre, comme Victor Hugo. Une obsession et une conviction sur laquelle il écrira un livre ; il financera même, au sein de la CGE, un laboratoire de recherche spécialisé !

Mais, avec lui, les tables tourneront surtout au sens figuré : dans les conseils d'administration. Lui-même sera d'ailleurs, tout au long de son interminable carrière, membre tout-puissant de... 57 conseils ! Depuis sa naissance en 1921 jusqu'à sa mort en 1999, l'homme est partout. Incontournable et incontourné. Au point que, en annonçant son décès d'une crise cardiaque à 77 ans, *Libération*, encore une fois, se sentira obligé de préciser qu'Ambroise Roux est mort... « définitivement » !

Mais, au-delà des anecdotes toutes plus savoureuses les unes que les autres, c'est probablement à titre professionnel qu'il va marquer, à sa manière, l'histoire économique du pays. Car Ambroise Roux invente et personnalise, parfois à outrance, ce qu'il appelle lui-même le « capitalisme d'influence ». C'est le début du « lobbyisme » moderne. Comprendre : le secteur privé doit pouvoir influencer la puissance publique, officiellement afin que l'ensemble « public + privé » fasse mieux rayonner la nation française. Bref : être partenaire, voire complice de l'État... pour mieux en tirer profit ! Ou encore : l'État est un outil, la France un alibi.

« Servir » pour mieux « se servir »...

Il ne s'en privera pas.

Intime de Pompidou, beaucoup moins de Giscard, il tissera avec François Mitterrand des relations ambiguës, de méfiance et d'admiration mêlées. Lorsque ce dernier arrive au pouvoir, en 1981, Ambroise Roux revendique le plus gros salaire de France, qui ne ferait d'ailleurs pas tant jaser aujourd'hui (les patrons vivaient alors moins sur leur salaire que sur « la bête » de leur entreprise...), mais qui fait scandale à l'époque. « Je le mérite ! », précise-t-il sans vergogne. Mitterrand, de son côté, passe outre la provocation : « Je considère Roux comme l'un de mes adversaires les plus résolus, mais je n'éprouve aucune difficulté à dialoguer avec lui. Au surplus, je sais que, lorsqu'il s'agira de l'intérêt de la France, nous n'aurons jamais de désaccord véritable. » Un pacte d'ambitieux.

En attendant, l'Ambroise court, lui aussi, dans le désordre, après les femmes, l'argent, le pouvoir... et les présidences. Il refusera pourtant d'être président du CNPF. Il préférera en être le tout-puissant vice-président. En pratique, il en tirera ainsi toutes les ficelles, depuis l'incontournable Commission économique générale (CEG), même si, au moment où la gauche prend le pouvoir, Pierre Gattaz n'est pas assez à droite pour lui. Et le costume de la vieille organisation patronale, poussiéreuse et ronronnante, toujours bien trop étroit pour ses ambitions.

Pour lutter contre la gauche, ses ministres communistes, ses promesses de nationalisations massives, ses mauvaises ondes, il a besoin d'une organisation à sa main. Il va la créer de toutes pièces. Ce sera l'Association française des entreprises privées, plus connue sous son acronyme, l'Afep. Il l'inaugure en 1982 et la présidera jusqu'à sa mort.

Contrairement au CNPF, qui serait plutôt un syndicat patronal « généraliste », l'Afep affiche la couleur : elle est un lobby des plus puissantes entreprises françaises, dont la vocation est d'infléchir dans son sens les actions du gouvernement. Avec deux règles d'or qu'il pose lui-même : en cas d'échec, ne jamais porter le débat sur la place publique. Et en cas de succès, ne jamais en revendiquer la paternité. Deux règles dont bien des organisations contemporaines gagneraient à s'inspirer…

Dès sa création, l'Afep s'affirme comme la « chose » de son président fondateur. Les plus grandes entreprises et les plus grands patrons s'y précipitent pour lui faire allégeance. Elle souffrira longtemps, pourtant, d'une « tache de naissance » : l'image d'un capitalisme macho, franco-franchouillard, fondé sur ces liaisons volontaires et dangereuses, incestueuses, dira-t-on parfois, entre l'État et le secteur privé.

Cette France de l'entre-soi, cadenassée par une élite politico-administrative arrogante, encaustiquée et crispée sur son quant-à-soi, est également une France myope : elle ne voit guère au-delà des frontières de l'Hexagone. Elle est donc à l'exact opposé de la vision de Claude

Bébéar, libéral convaincu, attiré depuis toujours par les vents du grand large et les ambitions internationales.

Bébéar, pourtant, sera l'un des premiers à adhérer à l'Afep à la demande d'Ambroise Roux. Car celui-ci, on l'imagine bien, a très vite repéré le jeune assureur. Alors que ce dernier est encore inconnu, il confie même à Alice Saunier-Seïté, l'ancienne ministre des Universités : « Lui, c'est vraiment le meilleur de la nouvelle génération ! »

L'Ambroise ira même, un jour, jusqu'à proposer à Bébéar… de prendre sa succession à l'Afep. Mais, là encore, Bébéar déclinera. Et proposera à sa place l'un de ses fidèles, qui sera aussi l'un des piliers de son futur réseau : l'homme qui vient de redresser Schneider, Didier Pineau-Valencienne. Au grand dam, d'ailleurs, du patron de Saint-Gobain, Jean-Louis Beffa, qui s'était ouvertement affiché comme successeur potentiel, mais dont Ambroise Roux, ingénieur des Ponts comme on vient de le voir, avait balayé devant Bébéar la candidature d'un ton méprisant : « Comment ? Un ingénieur des Mines ! » Une autre époque, on vous dit.

Quoique… Cette époque-là, Vincent Bolloré s'en souvient lui aussi parfaitement : « Je connaissais très bien Ambroise Roux et je l'aimais beaucoup. Il m'avait d'ailleurs fait entrer à l'Afep. Comme Claude. Mais n'oublions pas que, si Ambroise et Claude avaient tous les deux une très forte personnalité, ils n'étaient pas de la même génération. Ils voulaient, et je les comprends, être chacun “chez eux”. Alors ils ont créé chacun leur “chez soi” : l’Afep pour Ambroise, Entreprise et Cité pour Claude. »

Bolloré précise : « Tout de suite, l’Afep s’est plutôt occupée de travailler très sérieusement sur les textes de loi. Entreprise et Cité, au contraire, a revendiqué dès le début une orientation plus amicale et plus sociale. Les deux étaient très complémentaires. »

Pour Bébéar, ce ne sera donc ni le CNPF ni l’Afep. Membre influent des deux, il ne cherchera jamais à en prendre la présidence. « En être sans en être vraiment », dit le proverbe… Tout un art. Que maîtrisera toute sa vie Claude Bébéar. Quant à Didier Pineau-Valencienne et Jean-Louis Beffa, ils se retrouveront tous les deux dans les dîners… d’Entreprise et Cité. *A small world…* Car Bébéar, en ce tout début des années 1980, commence à dessiner son futur réseau en partant de zéro ou presque, dans une subjectivité totale et assumée.

Il faut d’abord lui trouver un nom. Bébéar n’est pas un lyrique, mais un pragmatique. Au fond, ce qui le passionne, c’est la vie de l’entreprise et celle de la cité…

Va donc, tout simplement, pour « Entreprise et Cité » !

Dans ce nom un peu plat, le mot le plus important, en réalité, n’est ni « Entreprise » ni « Cité ». Le mot le plus important, c’est… « et » ! Une simple conjonction de coordination, qui incarne le lien, au cœur du son projet.

Des réseaux d'entreprises, il y en a déjà. Les réseaux « citoyens » ne manquent pas non plus. Mais un club ambitieux et puissant autour du lien entre les deux, il n'y en a pas.

Pas encore.

Les premiers des Mohicans

Bébéar doit maintenant choisir ceux qui participeront à l'aventure. Il n'est pas du genre à ouvrir le Bottin mondain et à cocher des noms qui pourraient lui être utiles. Il se fie avant tout à son instinct et à son expérience.

Autour de lui, il ne veut que des amis ou des gens dont il sait, instinctivement, qu'ils le deviendront.

Officiellement, Entreprise et Cité naît le 8 octobre 1984, à 20 heures, au 192, avenue Charles-de-Gaulle, à Neuilly-sur-Seine, la banlieue chic de Paris.

Quatre « mousquetaires » assistent à cette première réunion : Claude Bébéar (président), Bernard Dumon, le président de la Générale Sucrière (vice-président relations extérieures), Jean-René Fourtou, le patron du cabinet Bossard Consultants (vice-président secrétaire) et Philippe Midy, patron de Poulain, le fameux chocolat et héritier d'un gros laboratoire de pharmacie (vice-président trésorier).

Ils disent (et écrivent) ce jour-là qu'ils veulent « promouvoir un nouveau style de rapports entre l'entreprise et la cité ». Ils souhaitent aussi « mettre en valeur le rôle des entreprises et des entrepreneurs », « établir clairement les droits et devoirs de l'entreprise au sein de la cité et les faire connaître », mais également « ouvrir toutes perspectives au rôle de l'entreprise dans la cité, qui puissent être profitables à tous – solidairement – individus et collectivités ». Rendez-vous est pris pour le 5 novembre 1984 afin d'adopter définitivement les statuts et le règlement intérieur.

Très vite, autour de ce « noyau dur », le club s'élargira autour d'un premier cercle de dirigeants. Tous sont inconnus ou presque. Serge Kampf, le patron de Capgemini, le seul peut-être qui est déjà un peu visible dans les milieux économiques, les rejoindra quelques mois plus tard. C'est la configuration « canal historique ». Elle se renforcera très vite avec une première vague qui correspond à peu près à la période 1983-1987. La vague des « pionniers » : Jean-Louis Beffa, qui vient donc de succéder à Roger Fauroux à la tête de Saint-Gobain. Ou David de Rothschild, dont la banque vient d'être nationalisée par la gauche, qui est alors littéralement « au fond du trou » et que Bébéar a vraiment envie d'aider. Il fait également venir Michel Villaneau, qui est, comme Bernard Dumon, l'un de ses copains de promotion à Polytechnique. Villaneau est à l'époque patron de la Saur, une société de distribution d'eau contrôlée par le groupe Bouygues. Plus tard, après être passé par France Télécom, il intègrera la Société Générale des Eaux (future Vivendi) et sera à l'origine de la création de la Société française du radiotéléphone (SFR), qu'il dirigera.

Si la règle du club est de n'y accepter « que des patrons », Claude Bébéar est un spécialiste pour trouver des exceptions aux règles qu'il édicte lui-même... Dans son enfance, il a été marqué, on l'a vu, par les fortes personnalités, parfois un peu décalées, de son petit village de Saint-Astier, à la fois un peu à la marge et parfaitement intégrées à la communauté dont elles constituaient l'indispensable « part de bizarrerie », et qui n'avaient pas leur pareil pour donner un style différent et intéressant à la vie en commun. Les (très) fortes personnalités ou même les personnalités un peu « à part » ne manqueront jamais au sein de la petite bande ! C'est le cas, dès cette « première vague », de Patrick Vezia, que certains surnomment encore, avec un mélange d'affection et d'admiration, « l'affreux du groupe ». Vezia n'est à l'époque « que » directeur financier de Cacharel, mais déjà à la tête d'une belle fortune personnelle. « C'était un exilé fiscal avant l'heure, et il parlait beaucoup, deux choses que nous détestions. Mais il était toujours très malin et plein de bon sens, s'amuse encore un participant de toujours. Il était là uniquement pour se faire un fonds de commerce. Son seul souci était de se mettre dans les dîners à côté de Bernard Arnault ! » Ce que confirme Bébéar : « On savait qu'il utilisait toutes les informations qu'il récoltait chez nous, mais on ne lui en voulait pas parce qu'il était à la fois très intéressé… et très intéressant ! »

Dans la série des exceptions à la règle, il y a aussi celle, revendiquée tout au long de sa vie par Bébéar, de toujours réserver une place aux jeunes. Dès le début, comme au rugby, à côté de son équipe de titulaires incontestés, il n'aura de cesse de se constituer un « banc de touche » de talents très prometteurs. De ceux que l'on teste à l'occasion, et dont on sait très vite s'ils vont participer aux matchs ou non.

Avec le recul, c'est peu dire que Bébéar a eu le nez creux. S'y côtoient en effet quelques « jeunes » dont les noms ne tarderont pas à faire eux aussi les unes de la presse économique.

Il y a Igor Landau, un HEC, patron de la branche pharmacie de Rhône-Poulenc et qui succédera à Jean-René Fourtou à la tête du groupe.

Il y a Pierre Barberis (un X…), patron du Crédit du Nord, qui rentrera plus tard chez AXA.

Il y a Christian Langlois-Meurinne (encore un X…), considéré lui aussi comme « supérieurement malin » par ses petits camarades. Il travaille à l'époque au ministère de l'Industrie. Nommé un peu plus tard directeur de l'Institut de développement industriel (IDI), qui gérait des participations de l'État, il en accompagnera la privatisation, le rachètera pour une bouchée de pain et le transformera en fonds d'investissement. Aujourd'hui revendu à Eurazeo, ce fonds aura fait sa fortune.

Il y a Amaury de Sèze, qui n'est à l'époque « que » président de Volvo France. Grâce à Entreprise et Cité, où il rencontrera Michel Pébereau, il rejoindra BNP Paribas avant de créer lui aussi un fonds d'investissement de première importance, PAI, qu'il développera et qui fera également sa fortune.

Il y a encore Gérard Brémond, futur fondateur et président du groupe Pierre et Vacances, mais aussi créateur de la station d'Avoriaz et, entre autres, du Festival international du film fantastique. À l'époque, il démarre à peine son incroyable parcours d'entrepreneur à succès. Il vient de croiser la route de Claude Bébéar qui a investi dans l'un de ses premiers projets, futur grand succès lui aussi : le parc de logistique Garonor.

Last but not least, on y trouve également un homme qui vient de racheter pour quelques francs symboliques l'entreprise familiale en déconfiture. Un certain… Vincent Bolloré.

Comme ajoutent souvent les commentateurs sportifs dans ce genre de situation : « Quel banc de touche ! Avec une relève comme ça… »

L'idée de Claude Bébéar, dont il ne déviera jamais, est de constituer un club à taille « humaine ». Aux plus belles années, il ne dépassera jamais la trentaine de membres. En pratique, il s'agira toujours de « tous pouvoir tenir autour d'une (grande) table ». Son objectif n'a jamais varié non plus : il s'agit de valoriser le « capital social », une expression aujourd'hui un peu datée, mais vraiment novatrice à l'époque. « Le seul fait d'associer ces deux mots, "capital social", était presque une provocation. C'était une sorte d'oxymore, et nous étions bien décidés à en faire un pléonasme ! »

Bébéar repense avec émotion aux premières réunions, aux premiers dîners : « On a commencé assez sérieux avec deux groupes de travail, sur l'emploi et sur la baisse des charges. Et puis on a très vite compris que ce qui nous intéressait, c'était de partager nos expériences concrètes, de bien manger, de rigoler… On ne s'est pas gênés ! »

« On sentait déjà entre les participants un mélange d'enthousiasme et d'amitié, se souvient l'un des pionniers. C'était une ambiance formidable. Tout était possible, tout était ouvert… »

On veut bien le croire.

Faux départ

Entreprise et Cité est donc sur les rails. En théorie, tout se passe bien, mais, en pratique, il faut dire – il y a aujourd'hui prescription – que tout a mal commencé. Très mal, même.

Dès le début, dans son emploi du temps surchargé, Bébéar sait qu'il aura besoin d'être épaulé dans la gestion et l'animation quotidienne de son réseau. Sa première décision, cruciale, est donc d'embaucher un homme de confiance, qui pourra, à ses côtés, l'aider à inventer, constituer, structurer et développer ce qui n'est encore qu'un petit club presque expérimental.

Une fois n'est pas coutume, Bébéar fait appel à un prestigieux chasseur de têtes. Et embauche donc Olivier X. Pour l'aider à mener à bien ce projet qu'il veut aussi ambitieux que discret. Peu importe la véritable identité d'Olivier X., on comprendra pourquoi dans quelques lignes. Après quelques mois, en effet, le recrutement tourne au cauchemar. Au lieu de se consacrer à l'animation du groupe, il s'avère qu'Olivier détourne la caisse d'Entreprise et Cité, mène grand train dans des restaurants et des boîtes de nuit… On découvre surtout que cet homme « bien sous tous rapports » abuse… de sa propre fille ! Le cauchemar tourne très vite à l'horreur absolue lorsque, sous le choc, sa femme se suicide et que lui-même, condamné, finit également par se suicider en prison.

« Par pudeur, personne n'osait en parler, mais pour chacun d'entre nous, c'était un choc incroyable. Nous étions au-delà du sordide… », se souvient un proche de Bébéar.

Pour Bébéar aussi, bien entendu, c'est la stupéfaction. Et l'obligation de retourner à la case départ. Cette fois, plutôt que de recourir à un cabinet de chasse de têtes, il va se fier à son instinct.

Il ne le regrettera pas.

Deux prénoms

Très vite, en 1985, un autre homme entre en scène, capital pour la suite de l'aventure. Son nom est un prénom. Ou plutôt il se compose de deux prénoms : Daniel Laurent. Arrivé dans le circuit un peu par hasard, il se révélera très vite incontournable. Il commencera par être contributeur au petit groupe d'amis avant d'en devenir le secrétaire général informel, qui accompagnera le club jusqu'à son « autodissolution collective » par Bébéar en 2007.

Universitaire de formation (toute sa vie, il enseignera l'informatique), Daniel Laurent travaille un temps comme directeur adjoint du cabinet d'Alice Saunier-Seïté, qui fut secrétaire d'État de Valéry Giscard d'Estaing de 1976 à 1978, puis ministre des Universités jusqu'en mai 1981. Il sera vice-chancelier des universités de Paris de 1978 à 1981 et créera ensuite l'université de Marne-la-Vallée. De cette expérience fondatrice, il tirera, selon ses propres termes, « le goût de la chose publique, des réseaux, et l'envie de faire avancer les dossiers ».

L'arrivée de la gauche au pouvoir est, pour lui aussi, un bouleversement. Renvoyé à ses chères études, c'est le cas de le dire, il reprend ses cours à Jussieu en 1981 et se retrouve alors « un peu en roue libre ». Un jour, il reçoit un appel de l'un de ses copains, Gaël de La Porte du Theil, alors directeur général de Pierre et Vacances, avec lequel il militait vaguement au sein de l'UDF et qui lui propose de venir « phosphorer » un peu dans un club de jeunes patrons « peu connus mais très ambitieux et très intéressants ». Daniel Laurent n'hésite pas.

Le voici contributeur lui aussi au sein de ce petit groupe de réflexion. Il se souvient : « Nous sommes au printemps 1985. Je me retrouve autour de la table avec quelques jeunes patrons : Claude Bébéar, patron d'un petit groupe mutualiste, Jean-René Fourtou, patron d'un petit cabinet de conseil français, et quelques autres... » Qu'importe si le nouveau club prend ses marques et ne déborde pas encore d'activité : le courant passe. Daniel Laurent se prend très vite au jeu.

En mai 1985, au moment où il faut remplacer Olivier X. à la tête du club, Bébéar pense donc spontanément à lui. Il l'appelle à Saint-Girons, en Ariège, où il se repose en famille. « Il voulait me voir très vite », se rappelle Daniel Laurent, qui remonte donc à Paris dans la foulée et retrouve Bébéar chez lui, dans le magnifique hôtel particulier qu'il loue rue de la Ville-l'Évêque. « Je m'en souviens parfaitement, car c'était l'Ascension. Drôle de jour pour une rencontre... Claude Bébéar m'apprend le drame qui frappe la famille d'Olivier X. Je comprends que notre petit club, à peine lancé, est lui aussi en danger. Il me demande si je serais intéressé pour prendre le relais, mais cette fois-ci en l'animant. Bien entendu, je lui dis "oui". Nous nous connaissions encore assez peu, mais nous nous entendions déjà très bien. Pour moi, ce n'était pas une occupation à plein temps, je trouvais l'idée très intéressante, et cela me permettait, surtout, de continuer d'enseigner à la faculté. Mon vrai métier a toujours été enseignant… »

Va donc pour Entreprise et Cité.

Cette fois, la greffe prend. Au-delà de toute espérance. Très vite, Bébéar associera Daniel Laurent à la plupart de ses activités, y compris chez AXA et, plus tard, à l'Institut Montaigne. « Dès le début, tout a été très évident, très souple », se souvient Daniel Laurent, qui sera de tous les coups, de toutes les confidences. En toute confiance, mais chacun à sa place. L'entrepreneur est aux premières loges, en plein soleil sur les champs de bataille. Son conseiller de l'ombre est à la manœuvre et à l'organisation, comme il sera, plus tard, gardien du temple et de la mémoire. Fidèle parmi les fidèles. Maintenant toujours une distance chaleureuse avec ses interlocuteurs : lui aussi a su garder « le contact et la distance »…

Aujourd'hui, quelque trente-cinq ans plus tard, les deux hommes se connaissent par cœur et n'ont pas changé de jugement l'un sur l'autre. Bébéar et Laurent se vouvoient respectueusement, se donnent du « Claude » et du « Daniel »…

Sans logo ni locaux

Dès le début, Entreprise et Cité fait le pari de la souplesse et de la simplicité de fonctionnement. Le club n'a pas de locaux et n'en aura jamais. Il sera domicilié chez AXA, pour des raisons pratiques. Pas de locaux et pas de logo non plus. Au point que même le nom du club sera maintes fois écorché par les journalistes à l'occasion des (très) rares articles qui en mentionneront l'existence. Certains feront notamment référence à « Entreprises et Cités », au pluriel. Le comble pour un club qui se veut tellement… singulier.

Il y a bien une « charte » de fonctionnement, qui sera signée plus tard et petit à petit par les différents membres. Et quelques papiers administratifs qui, aujourd'hui, sont les seules traces de l'existence du club. Mais rien d'autre. Et le tout tient dans une boîte à chaussures !

Deux ans après sa création, Bébéar et Laurent peuvent enfin donner alors au petit club le périmètre, l'état d'esprit et le style de fonctionnement qu'il conservera jusqu'à son « autodissolution » en 2007.

Deuxième vague, troisième vague...

Très vite, le succès appelle le succès. Sur une période qui court de 1987 à 1993, une deuxième vague vient renforcer la première. Voici Pierre Bellon, le truculent patron de Sodexho (qui n'est pas encore rebaptisé Sodexo). Marseillais, passé lui aussi par HEC, il est en train de transformer une minuscule entreprise familiale en leader mondial de la restauration collective. Mélange d'originalité, d'autoritarisme, d'humour et d'humilité, il passera tous ses dîners à prendre des notes de sa petite écriture appliquée et à poser des questions de bon sens. La serviette toujours nouée autour de son cou pour ne pas salir ses cravates !

Arrivent également quelques banquiers (alors que Claude Bébéar avait dit, dès le début, « Surtout pas de banquiers ! »...), comme André Lévy-Lang, le patron de Cetelem, une filiale de Paribas, et qui deviendra plus tard patron de la Compagnie bancaire, dont Cetelem était filiale, puis de Paribas.

Arrive aussi Michel Pébereau, futur « parrain de la finance française ». Il aura également hésité un instant avant de rejoindre la « petite bande », dont il deviendra pourtant, lui aussi, un pilier. Pébereau est à l'époque président du CCF. C'est un poulain de Balladur, que Bébéar n'aime guère. Bébéar entretient qui plus est des relations compliquées avec son frère Georges, qui avait participé au « coup d'État de Pagézy ». Ce qui fera dire à l'un des membres, à l'occasion d'un repas : « Il y a deux Pébereau, mais le seul valable, c'est celui qui est chez nous. »

Il y a également le « provincial de l'étape », l'Alsacien Henri Lachmann, qui est à l'époque patron du fabricant de meubles de bureau Strafor. Lui aussi deviendra un pilier du groupe et l'un des plus intimes de Bébéar, avec Jean-René Fourtou. Plus tard, il succédera au grand industriel Didier Pineau-Valencienne, lequel a sauvé et restructuré le groupe Schneider, et qui rejoindra lui aussi Entreprise et Cité.

Il y a également Paul-Louis Halley, patron de Continent, qui fusionnera avec Carrefour, dont le président, Daniel Bernard, sera un incontournable d'Entreprise et Cité.

Il y a encore Jean-Marie Descarpentries, autre polytechnicien, dont l'ancien ministre Alain Madelin pouvait dire joliment : « C'est un Bonaparte au pont d'Arcole. » Ce « parachutiste des affaires », comme le surnommaient les journalistes, va influencer plusieurs générations de managers (jusqu'à Hubert Joly, l'emblématique patron français qui a redressé le géant Best Buy aux États-Unis et se réfère aujourd'hui encore sans cesse à « Jean-Marie »). Il sera notamment patron de Bull, où il prendra comme directeur général l'ancien auteur de livres de science-fiction, inventeur et pilote des débuts du Futuroscope, un certain Thierry Breton, lequel rejoindra aussi Entreprise et Cité, à l'époque où il était encore patron de France Télécom, qu'il redressera en un peu plus de deux ans alors qu'elle était l'entreprise la plus endettée… au monde ! « Breton était un type un peu mégalo, mais très intelligent ! », se souviennent plusieurs de ses camarades de table. Une intelligence qu'il mettra également au service du gouvernement : ministre des Finances, il sera l'un des rares à… réduire la dette ! Et accueillera même un dîner d'Entreprise et Cité dans la salle à manger des ministres à Bercy. Une première… et une dernière !

Arrive aussi, à cette époque, Pierre Dauzier, le patron de l'agence Havas, géant de la communication. Ou Jean-Michel Cazes, le patron de Lynch-Bages : « L'un des meilleurs vins du monde », s'extasie Bébéar qui précise, malicieux : « Même s'il n'y a aucun lien entre les deux, Jean-Michel est aussi agent AXA ! »

Arrive enfin un autre polytechnicien, et par n'importe lequel : un certain Bernard Arnault, qui commence à se faire un nom (et une réputation…) dans le monde du luxe. Il sera, lui aussi, à sa manière, l'un des piliers du club et un fidèle parmi les fidèles de Claude Bébéar.

« À cette époque, notre petit club remportait un succès fulgurant, se souvient Daniel Laurent. Après 1993, Bébéar a élargi encore un peu, mais jamais trop, ce qui nous a toujours permis d'avoir un fonctionnement très souple et, au fond, très naturel. » En effet, d'autres grands noms ou futurs grands noms viennent compléter la petite bande. Dans les dîners mensuels, on y croisera aussi Michel François-Poncet, le patron de Paribas, Martin Bouygues, qui vient de succéder à son père Francis à la tête du groupe familial, le préfet Christian Blanc, qui dirigera notamment la RATP et Air France, Philippe Villin, le (très) jeune et (très) ambitieux patron du *Figaro*, Noël Forgeard, le patron d'Airbus, Gérard Mestrallet, le patron de Suez (futur Engie), Jean-Pierre Auzimour, encore un X, qui a succédé à Jean-René Fourtou à la tête de Bossard...

N'en jetez plus !

Tous ces patrons, parmi les plus puissants de France, se retrouvent ainsi en toute simplicité et en toute amitié autour d'une table, une ou deux fois par mois.

Au-delà du *name dropping*, impressionnant, Daniel Laurent se souvient de la nature très particulière des rencontres : « Tous venaient seuls, sans collaborateur. On sentait que, pour eux, c'était un moment privilégié, un peu hors du temps. Cela n'avait plus rien à voir avec les dîners du CNPF ou, plus tard, du Medef. Là, on s'intéressait moins à la baisse des charges qu'à la meilleure façon de réformer la société. Pendant nos dîners, les conversations tournaient parfois un peu autour des retraites, bien sûr (Claude Bébéar n'était pas assureur pour rien...), mais on parlait vraiment de tout : du coût du travail, de la fiscalité, de la gastronomie, du sport, de l'éducation, de l'intégration... Tout le monde, je crois, faisait le pari de l'ouverture sur la société et pas de la fermeture entre soi. C'était déjà une façon de faire de la politique. Mais différemment... »

Tour de table

Dès le début, les rencontres sont réglées comme du papier à musique. « En gros, nous organisions un dîner par mois, toujours à l'initiative des uns et des autres », se souvient Daniel Laurent. Bébéar, bien sûr, est toujours à la manœuvre. La règle du *off* est de rigueur. Tout entre et rien ne sort. Aucune programmation rigide non plus. Au contraire, un fonctionnement souple et agile.

Rituellement, les dîners commencent par un tour de table. « La différence entre l'Afep et Entreprise et Cité ? Roux faisait tourner les tables, Bébéar, lui, faisait le tour de sa table », s'amuse un habitué qui a bien connu les deux.

Très vite, les personnalités se révèlent, s'affirment. Il y a les bavards et les taiseux. Les passionnants et les moins passionnants. Les sérieux et les moins sérieux. « Beffa était sérieux, mais surtout très ch... Ce qui agaçait prodigieusement Michel Pébereau, qui était tout aussi sérieux, mais pas ch... du tout ! », se souvient un habitué. « Chacun avait sa personnalité, mais c'étaient des moments toujours passionnants, confirme Daniel Laurent. Je me souviens de Bolloré parlant de l'activité du fret maritime, des banquiers parlant de la politique monétaire et de Pierre Bellon nous parlant de pays exotiques où beaucoup d'autres n'étaient pas encore implantés et où lui approvisionnait déjà des bases militaires, des universités, des milliers d'entreprises, de Jean-Louis Beffa nous parlant de verre et de tuyaux... C'était une tour d'observation du monde assez unique ! Je pense qu'il n'y avait, à Paris, aucun autre endroit pour balayer ainsi la conjoncture en quelques minutes. Nous avions à la fois les meilleurs analystes et les meilleurs praticiens. »

Claude Bébéar et Daniel Laurent se souviennent encore d'une discussion acharnée entre Patrick Vezia (toujours lui) et le gouverneur de la Banque de France, Jacques de Larosière. Ce dernier campait sur un optimisme raisonnable. Et promettait la croissance pour les mois à venir. Vezia, lui, n'en démordait pas : « Non, monsieur le gouverneur, vos chiffres sont trompeurs... Nous serons en décroissance, croyez-en mon expérience sur le terrain. » C'est bien connu : le terrain ne ment pas. « Et Vezia a eu raison face au gouverneur ! », s'amusent encore Bébéar et Laurent.

Tout aussi rituellement qu'ils commencent par un tour de table, les dîners s'achèvent par le « moment Pébereau ». « Il faut avouer que Michel a un vrai sens de la synthèse. Il n'avait pas son pareil pour refermer "intellectuellement" un dîner, se souvient Bébéar. C'était toujours un moment fort. Même les plus bavards se taisaient. On entendait une mouche voler... » Par chance, Michel Pébereau, peu intéressé par la gastronomie, n'a donc pas le problème – classique ! – de parler en mangeant. « Cela me permettait toujours de faire ma synthèse habituelle, en trois partie : le monde, l'Europe et la France », reconnaît-il.

Traditionnellement, bien sûr, chaque dîner se termine par la question essentielle : « Qui invite la prochaine fois ? » Dans de nombreux clubs, on le sait, ce genre de question provoque toujours la même réaction : chacun pique du nez et du regard dans son assiette. Là, c'est plutôt le contraire. « Nous avions plutôt trop de volontaires ! Chacun se faisait une joie de recevoir les autres. Mais jamais dans un esprit de surenchère », confirme Daniel Laurent. Très vite, certains se distinguent par leur enthousiasme et leur générosité. La « bande à Bébéar » se retrouve ainsi très souvent reçue à dîner chez AXA, bien sûr, mais aussi chez Henri Lachmann, Vincent Bolloré, Bernard Arnault, Serge Kampf, Gérard Mestrallet... Au menu, toujours de grands chefs, de grands vins... « Et surtout de grands moments ! », complète Laurent. Car les discussions informelles permettent de souder le club. Un jour, c'est Bébéar qui raconte comment il s'est fait charger par un fauve en chassant en Afrique. Une autre fois, c'est Gérard Mestrallet qui rapporte, devant ses amis sidérés, comment il a failli être victime d'un *car jacking*, et comment, en se défendant vaillamment, il a réussi à mettre ses assaillants en fuite.

Les amis, parfois, n'hésitent pas à se faire des cadeaux pour souder ces amitiés naissantes ou confirmées.

Un soir, Vincent Bolloré, qui vient de racheter la licence pour la France de Diners Club, distribue des cartes de membre nominatives, spécialement préparées pour chacun de ses amis.

En février 1995, à l'occasion d'un dîner au Cercle de l'union interalliée, c'est Michel Villaneau, l'ancien patron de la Saur, à l'origine de la création de SFR, qui leur offre… un téléphone portable ! Un objet très rare à l'époque. Les amis s'amusent alors, comme des enfants à qui l'on vient d'offrir un nouveau jouet, à s'appeler entre eux ! « Le problème, c'est que Michel nous avait attribué des numéros d'appel qui se suivaient tous. Beaucoup se mélangeaient les pinceaux, et il m'est arrivé, à plusieurs reprises, de recevoir des appels destinés à… Vincent Bolloré ! », s'amuse l'un des convives.

« La terre entière… »

Bébéar et Laurent en sont convaincus : les idées les plus simples sont toujours les meilleures. En complément des dîners, ils organisent donc des petits déjeuners. Le principe, cette fois, en est légèrement différent, puisque chaque petit déjeuner a lieu autour d'un invité.

Entreprise et Cité devient alors « le club où il faut être », que ce soit en tant que membre ou en tant qu'invité. « Ce n'est pas exagérer de dire que nous avons reçu la terre entière ! », se souvient Daniel Laurent.

À consulter la liste des invités, il n'a pas tort. On y trouve de tout, ou presque. Des hommes politiques, bien sûr. De tous les bords et de toutes les sensibilités : Chirac, Juppé, Giscard, Barre, Fabius, Hollande, Léotard, Rocard, Strauss-Kahn, Jospin… Le communiste Charles Fiterman est également invité juste après sa démission du parti. François Bayrou, lui, après sa nomination au ministère de l'Éducation nationale. Et le truculent Michel Charasse a droit à un petit déjeuner spécial, « avec boudin et tripoux ».

Tous, ou presque, se révèlent de « bons clients ». « Le seul qui nous a déçus est peut-être Michel Noir, malgré sa prestance », se souvient Daniel Laurent.

Les syndicalistes eux aussi défilent sans se poser de question devant cette amicale de patrons, de la très réformatrice Nicole Notat, de la CFDT, au très gauchiste Thierry Lepaon, éphémère secrétaire général de la CGT. « Chaque fois que nous recevions un responsable syndical, c'était la foule des grands jours ! », se souvient Bébéar.

Quelques invités étrangers très prestigieux auront également beaucoup de succès, comme Bill Gates ou l'ancien secrétaire d'État américain, Henry Kissinger, dont tout le monde se souvient encore de l'inimitable accent, mélange improbable d'autrichien et de texan.

Parfois, le club reçoit des personnalités de la société civile : Simon Nora (qui passionnera ses invités avec sa vision de la Sécurité sociale) ou Jean-Charles Naouri, encore un inspecteur des finances, qui n'allait pas tarder à diriger le cabinet de Pierre Bérégovoy.

Dans la série des rencontres mémorables, beaucoup citent aujourd'hui, spontanément, un dîner avec Robert Badinter, homme de gauche s'il en est, mais proche de nombreux membres du club. Il faut dire que Badinter, pour beaucoup, est bien plus qu'un grand avocat ou un grand « politique » de gauche : c'est une grande conscience de la République.

La plupart du temps, le succès dépasse les espérances. Seul le cardinal Lustiger ne fera pas recette, au grand dam des organisateurs. « Nous n'étions pas assez nombreux et nous avons dû annuler », regrette aujourd'hui encore Claude Bébéar, chrétien convaincu et admirateur de cet homme de paix d'exception, qui savait si bien combiner ses origines juives et sa foi chrétienne.

Pour Daniel Laurent, c'est la simplicité de la recette qui garantissait son succès. « Les hommes politiques, eux aussi, étaient bruts de décoffrage. C'était avant l'époque des *media training* et des communicants en tout genre. Non seulement on ne prenait que la crème de la crème, mais en plus eux aussi venaient toujours seuls, sans collaborateur, sans journalistes… et sans téléphone ! »

Daniel Laurent lui-même, seul « collaborateur » de Claude Bébéar, est l'unique exception à la règle.

Surtout pas de femmes !

Une autre question fondamentale se pose dès le début : celle des femmes.

« Bien sûr, on a envisagé des membres féminins. Mais on y a très vite renoncé », reconnaît Bébéar. Si cette décision, aujourd'hui, scandaliserait – et pas seulement les féministes –, elle peut paraître logique si l'on se transporte dans le contexte de l'époque : il n'y avait tout simplement… presque aucune femme de pouvoir en France au début des années 1980 ! Plus exactement, il y en avait bien quelques-unes, mais, pour reprendre l'analogie de Michel Audiard : « Il y a aussi des poissons volants, mais ils ne constituent pas la majorité de l'espèce. »

On se souvient bien entendu d'Édith Cresson, la très médiatique et très controversée ministre de François Mitterrand, qui restera au moins, pour la postérité, comme « la première Premier ministre » de l'histoire de France de mai 1991 à avril 1992.

En cherchant bien, on trouvera aussi quelques femmes d'affaires. La plus connue est probablement Gilberte

Beaux, surnommée « la banquière », qui fera longtemps tandem avec le milliardaire britannique Jimmy Goldsmith. Il y a aussi Annette Roux, la patronne de Bénéteau. Ou Francine Gomez, qui dirigera Waterman. Et quelques rares créatrices d'entreprise, telle Claude Bourg, la pétillante fondatrice de Permanence européenne, entreprise d'intérim qui publiera un livre au titre « choc » (pour l'époque !) : *J'ai créé mon entreprise.* Et un sous-titre en hommage aux entrepreneurs : « Les aventuriers de notre temps ».

Nous sommes encore bien loin, on le voit, de la *start-up nation* et de la fièvre féministe…

Épouses et concubines

Si les femmes sont exclues, les épouses, en revanche sont les bienvenues. Les concubines aussi. Outre les dîners et les petits déjeuners, les parties de chasse ou les matchs de rugby, toutes les occasions sont bonnes pour se retrouver officiellement « avec les conjointes » (on ne disait pas encore « les *plus one* »).

Certains voyages restent gravés dans tous les esprits. Un jour, c'est Henri Lachmann qui invite en Alsace, dans l'un des plus grands restaurants de la région. Avec tournée des vignobles à la clé. Claude Bébéar, lui, se cale sur l'incontournable fête de la Fleur, vers le mois de juin, dans le Bordelais. Chaque année, à l'initiative d'un château différent, chaque nouvel intronisé jure fidélité aux vins du Médoc, de Graves, de Sauternes et de Barsac. Une fois ou deux, AXA, propriétaire de châteaux, en fait profiter ses membres.

Le petit groupe peut aussi toujours compter sur l'hospitalité d'un membre assidu du club : Jean-Michel Cazes, le patron de Lynch-Bages, un domaine viticole de quatre-vingt-dix hectares situé à Pauillac, en Gironde. Les Rothschild, on l'imagine, ne sont pas en reste. La famille a eu en effet le nez d'investir dans le Bordelais. Elle est notamment propriétaire de Château Lafite, l'un de ses plus grands crus. Et Daniel Laurent se souvient encore avec émotion d'un déjeuner en 1988, à l'initiative de David et Éric de Rothschild, chez ce dernier. Un déjeuner « entre hommes », cette fois, et en petit comité. Avec aller-retour depuis Paris en jet.

En 1987, on se retrouve en Vendée et « avec ces dames » chez Didier Pineau-Valencienne. Qui invite tout le monde au Puy du Fou.

Une autre fois, c'est « Giscard en personne » qui invite Entreprise et Cité. Le monde à l'envers ! « Il nous a même conviés à dîner à Varvasse, son château de Chanonat, près de Clermont-Ferrand, qu'il a aujourd'hui vendu », se souvient Daniel Laurent.

À leur descente d'avion, une douzaine d'amis de Bébéar sont ainsi accueillis par François Michelin, le grand industriel local, qui les emmène visiter l'école d'ingénieurs en mécanique qu'il vient d'inaugurer. « Dans le car qui nous amenait de l'école à son château, Giscard a pris le micro et fait lui-même le guide touristique. Il savait tout ! Mais, avec son accent chuintant mélangé au bruit du micro, c'était un spectacle impayable ! », se souvient Jean-René Fourtou.

Une autre fois encore, toujours avec les épouses, tout le monde se retrouve à Val d'Isère pour assister à la finale de la descente des Jeux olympiques d'hiver de 1992. Beaucoup ont fait le déplacement depuis Paris : Bébéar, bien sûr, mais aussi Lachmann, Lévy-Lang, Landau…

Tour de France

Que ce soit avec ses collaborateurs chez AXA ou avec ses amis au sein d'Entreprise et Cité, Claude Bébéar est un homme heureux. En même temps qu'il pousse ses pions à l'international, il s'enracine plus profondément encore en France. Pendant vingt-cinq ans, « le tour de table, au début de nos réunions, était aussi un véritable tour de France », se souvient l'un des convives. Bébéar, on l'a vu, vient de Gascogne et de Normandie. Bolloré, lui, de Bretagne. Fourtou du Pays basque. Serge Kampf du Dauphiné. Lachmann est alsacien. Pineau-Valenciennes vendéen…

Ils sont la France.

Ils font la France.

Mousquetaires et chevaliers

Écoutons Vincent Bolloré : « Ce que fait Claude à ce moment-là est quand même assez incroyable ! Pendant les vingt ou vingt-cinq années qui suivent, il va réussir à transformer profondément et en même temps sa propre entreprise, qui était une petite mutuelle de province, et notre petit groupe, qui était un simple club de copains. En fin de compte, AXA devient un champion du monde, et Entreprise et Cité, en parallèle, devient *le* club où il faut être. L'endroit où tout se passe. »

L'alchimie devra beaucoup au « style » du club en question, décidément pas tout à fait comme les autres : ce sera la chasse pour quelques-uns, le rugby pour la plupart et la gastronomie pour tous. Mais ce sera surtout la capacité de séduction et d'entraînement hors normes de son fondateur et animateur, passionné par toutes les questions d'intérêt général.

Pas sûr que Claude Bébéar ait fait le rapprochement, mais la devise d'autres célèbres Gascons « Un pour tous, tous pour un » pourrait s'appliquer aux copains d'Entreprise et Cité. D'autant que l'amitié et la solidarité n'excluent pas, comme chez Dumas, les chamailleries, les bonnes engueulades, les franches bagarres et quelques brouilles mémorables.

Mais aujourd'hui, à l'heure du bilan, quand les uns et les autres partagent, dans une sincérité étonnante, leurs souvenirs de ces « années Bébéar », tous soulignent, avec leurs mots et leurs nuances, combien il est rare et précieux de se retrouver « à la fois à ce niveau de pouvoir et de convivialité ».

Vincent Bolloré, franchement lyrique, Breton plutôt que Gascon, emprunte fort logiquement à la métaphore arthurienne : « Lorsque nous nous retrouvions tous réunis, il y avait quelque chose... des chevaliers de la Table Ronde ! »

La « table » ! Que ce soit celle des grands chefs ou des conseils d'administration des grandes entreprises, elle sera toujours au cœur de l'aventure Entreprise et Cité. Si le club avait eu un logo, probablement aurait-il mêlé cette table (symbolisant à la fois la gastronomie et le partage), ovale, bien entendu (pour rappeler le rugby et les conseils d'administration), et un fusil (car tous, au propre ou au figuré, aimaient la chasse et la conquête...) !

Chacun le dira avec ses mots, ses nuances et son style : « Les repas étaient extraordinaires, les vins hors du commun. Mais c'est surtout les moments que nous partagions qui étaient uniques », résume Jean-René Fourtou.

Même le très austère Michel Pébereau, non-gastronome assumé, est obligé de le reconnaître : « Il n'y a pas meilleur endroit qu'une bonne table pour juger de la personnalité de ceux que l'on retrouvera, plus tard, en affaires. Comprendre la personnalité de chacun reste extrêmement précieux. »

Claude Bébéar, lui, n'a aucun doute sur l'apport d'Entreprise et Cité au parcours des uns et des autres. « On a fait des choses, chacun de son côté, mais on a fait aussi beaucoup de choses ensemble. Notre petit groupe a vraiment agi comme un catalyseur. » Car même si elle ne l'affiche pas ouvertement, la table de l'amitié est également la table des affaires.

Bernard Arnault, lui aussi, lorsqu'il évoque le club, n'en garde « que des souvenirs formidables ».

Vincent Bolloré ajoute : « On peut dire sans exagérer que, pendant vingt-cinq ans, le capitalisme français s'est fait et défait autour de cette table. »

Si ce sont eux qui le disent…

De Belbeuf à Wall Street

AXA, donc.

Plus encore que le nom d'un groupe, c'est le nom d'une ambition.

En bon mathématicien, Claude Bébéar le répète à ses troupes : « Il faut inventer un tout qui soit supérieur à la somme des parties. » Sous-entendu : il faut désormais structurer un groupe afin qu'il soit bien plus organisé, bien plus puissant et bien plus influent que la simple addition des différentes sociétés qui le composent.

C'est une deuxième étape qui commence.

Au stade où nous l'avons laissée, AXA n'était qu'une signature de holding qui ne se substituait pas (encore) aux différentes identités du groupe. Dans cette première phase, Bébéar avait passé son temps à expliquer qu'il fallait « distinguer pour unir ». Le voici qui explique maintenant qu'il faut « unir pour distinguer ». Un grand classique.

Il faut donc harmoniser les équipes, les méthodes, les systèmes informatiques, les comptabilités, les mentalités, les ambitions…

En jeune crocodile, Bébéar sait tous les freins, tous les blocages internes qu'il devra affronter, mais il ne doute pas un instant qu'il réussira.

Il a simplement besoin d'un peu de temps.

Il n'en aura pas.

Pagézy, le retour

Un jour, alors que personne ne s'y attend, il reçoit en effet la visite de… Bernard Pagézy !

Pourquoi donc son « ex-ennemi » non seulement veut-il le voir mais encore prend-il la peine de se déplacer ? Bébéar comprend vite : un autre adversaire, Generali, l'« ennemi italien », ne cesse de monter au capital de la Compagnie du Midi. Pagézy sait qu'il est menacé. Il fait donc cette proposition *a priori* saugrenue : pourquoi ne pas monter une alliance entre leurs deux groupes pour contrer l'offensive et renvoyer les Italiens chez eux, de l'autre côté des Alpes ? Bref… une fusion !

Très concrètement, Pagézy propose à Bébéar de participer à une augmentation de capital de la Compagnie du Midi. La conséquence en serait une dilution immédiate de la part de Generali au capital de la Compagnie du Midi.

Sur la place de Paris, personne ne comprend ce rapprochement. Même pour la bonne cause, comment des hommes qui se sont livré une telle bataille (dont il reste forcément des séquelles, se dit-on… avec raison) peuvent-ils envisager d'en livrer une nouvelle, mais côte à côte, cette fois ?

Bébéar, lui, s'en étonne moins. « D'abord, quelques mois auparavant, j'avais envoyé à Pagézy un petit mot pour le féliciter d'une opération que tout le monde critiquait et qu'il avait réussie : le rachat de la compagnie d'assurance anglaise Equity and Law. Je trouvais que c'était bien joué et je voulais le lui dire. C'est aussi simple que cela. Ensuite, il était vraiment en danger… »

Bébéar est ainsi. Sans compter que le contact entre les deux hommes, à l'époque, n'est pas totalement coupé : ils se fréquentent toujours, même si c'est en pointillé, au sein d'associations professionnelles. Mais, plus que pour des considérations personnelles, c'est surtout pour des raisons stratégiques que Bébéar accepte la proposition. « Je savais que je prenais un risque : c'est peu dire que Pagézy et moi n'avions pas la même personnalité ! Mais, franchement, c'était une perspective magnifique pour AXA. Alors j'ai dit banco. » Au sein des deux états-majors, c'est la stupéfaction. Certains croient même à une mauvaise blague. Mais tous, rassérénés par leurs patrons respectifs, finissent par jouer le jeu.

Très vite, le rapprochement envisagé dépasse la simple hypothèse de travail. Les négociations sont compliquées, intenses, mais un protocole d'accord est finalement signé fin avril 1988. En vertu de ce texte, Pagézy reste officiellement président de la Compagnie du Midi, ct Claude Bébéar prend la présidence du pôle assurances du nouvel ensemble. Vu de l'extérieur, c'est Pagézy qui prend la main. Vu de l'intérieur, en revanche, à travers la complexité des montages juridiques et financiers, c'est Claude Bébéar qui ramasse la mise.

Deux mois à peine après la fameuse visite surprise, les deux assemblées générales entérinent la fusion des holdings d'assurance. Une nouvelle équipe, celle des AGP, la filiale « assurances » du groupe Compagnie du Midi, numéro deux du secteur, rejoint celle d'AXA, numéro un, mais toujours en pleine consolidation.

Rien n'est gagné pour autant. D'abord parce que les employés des AGP se sentent trahis par Pagézy, qui leur tenait depuis des années le discours de « l'indépendance à tout prix ». Ensuite parce que ces mêmes employés se méfient aussi des ambitions du patron d'AXA. Et enfin parce que les salariés d'AXA, tout occupés à leur propre consolidation, doutent – légitimement – de leur capacité à intégrer rapidement ce nouveau « corps étranger »...

Claude Bébéar, lui, sait que, s'il réussit cette nouvelle opération, il aura enfin la taille critique pour se lancer dans la deuxième étape de son grand challenge : devenir le premier assureur mondial, après avoir construit et consolidé le premier groupe privé d'assurance français.

La belle mécanique, pourtant, ne va pas tarder à se gripper. Très vite, il comprend que Pagézy joue en réalité un double jeu. Par le plus grand des hasards, il découvre qu'il est allé rencontrer, en toute discrétion, le sulfureux milliardaire italien Carlo De Benedetti, surnommé « le Condottiere » (littéralement, le « mercenaire »), pour le convaincre de monter une opération visant cette fois à diluer la part d'AXA dans le capital de la Compagnie du Midi. Pas de chance pour lui : Pagézy est repéré à sa sortie de l'immeuble par un proche de Bébéar. Qui le prévient dans la foulée. Le « Pagézy agent double » est démasqué.

« Ce qui nous a intrigués, c'est son comportement. Après tout, s'il s'était comporté normalement, cela ne nous aurait pas mis la puce à l'oreille. Mais il s'est spontanément comporté comme un gamin pris en flagrant délit de mensonge », s'amuse aujourd'hui Bébéar… qui ne s'en est pas du tout amusé à l'époque : la trahison, on l'imagine, lui est insupportable.

Cet incident ouvre une période difficile, « très difficile, même », avoue Bébéar qui reconnaît que les mois qui ont suivi ont probablement été « parmi les plus durs » de sa vie professionnelle. Mais il n'a plus le choix : la deuxième guerre est déclarée.

Pagézy, à son habitude, la prépare seul. Bébéar, lui, la prépare en bande.

La première bataille a lieu en octobre 1988. Après une période de cohabitation, François Mitterrand vient d'être réélu, au mois de mai, pour un second mandat. La gauche veut prendre sa revanche, et Michel Rocard décide alors de nationaliser de nouveau ce que son prédécesseur, Édouard Balladur, venait de privatiser pendant la période de cohabitation.

Pierre Bérégovoy, de retour au ministère des Finances après la fin de la cohabitation, soutient la manœuvre. Pagézy espère ainsi se mettre dans la poche le gouvernement, ainsi que son bras armé, la Caisse des Dépôts, qui participe concrètement à l'opération. Décidément passé maître dans l'art de parier sur le mauvais cheval, il s'associe alors en parallèle à un raid contre la Société Générale, qui vient justement d'être privatisée. À ses côté, Georges Pébereau (le frère de Michel, membre d'Entreprise et Cité). Le raid boursier, qui tient plutôt d'une nouvelle aventure des Pieds Nickelés, va vite tourner court.

Averti, Bébéar, qui assistait à un conseil d'administration en Angleterre, revient en urgence en France pour prévenir Marc Viénot, le P-DG de la Société Générale, de ce qui se trame en coulisses. Viénot tombe des nues. Au moins peut-il compter sur Bébéar et ses amis pour l'aider à répondre aux coups et à contrer l'opération. Finalement, l'OPA sur la Générale échoue, et Pagézy se retrouve « collé », comme on dit dans le jargon financier, avec un gros paquet d'actions de la Générale qui lui ont coûté cher mais ne lui servent à rien.

Doublement sonné.

Manager de l'année

Bébéar, lui, respire. Profitant du répit, il replonge dans la consolidation de son groupe. L'expérience de « thérapie de groupe » dans le désert, on l'a vu, a été fondatrice. Pour lui, pour toutes ses équipes associées à l'aventure, il y a bien un « avant » et un « après » le fameux séminaire du Ténéré. Pas question de recommencer à l'identique, tant le risque serait grand d'être déçu.

Cette fois, il embarque donc ses équipes à bord… de l'Orient-Express. C'est l'opération « AXA Europe Express 88 ». Le périple enchaîne Bruges, Amsterdam, la Bavière, Salzbourg, Budapest, Venise, Sienne… Une nouvelle fois, tout le monde vit et travaille ensemble, confinés… dans le train. « Cette fois-ci, moins d'aventure et plus de culture, raconte Caroline Desaegher, dans son livre *L'Histoire d'AXA*. Opéra à Vienne, cantatrice à Venise, visite de palais et musées en tout genre, groupes folkloriques… »

Le voyage est aussi l'occasion de puiser dans le vivier d'Entreprise et Cité, et, plus largement, dans l'« écosystème Bébéar ». Pendant ce voyage, interviendront ainsi quelques patrons de grandes entreprises ou hommes politiques en vue : Jean-Marie Descarpentries, futur patron de Bull et qui dirige encore Carnaud Metal Box, ou, bien sûr, l'incontournable Valéry Giscard d'Estaing, toujours en forme olympique.

Pour Bébéar, c'est une nouvelle fois un moment heureux, même s'il est obligé de s'absenter. En plein milieu du séminaire, il doit en effet effectuer un aller-retour à Paris. Au moins est-ce pour la bonne cause : on doit lui remettre le très prestigieux prix du « Manager de l'année 1989 », décerné par *Le Nouvel Économiste*. Un Graal. Qu'il recevra, d'ailleurs, curieusement, exactement un an après son ami Vincent Bolloré, « Manager de l'année 1988 ». Aujourd'hui encore un sujet de fierté et de plaisanteries entre les deux hommes…

Bébéar rejoint ensuite l'Orient-Express avec une double satisfaction : le triomphe à la une de la presse économique et le succès, une nouvelle fois, de l'exercice de galvanisation des troupes.

Même les nouveaux venus de l'AGP sont conquis par ce que l'on commence à appeler « la culture AXA ».

Lampes de poche

Les meilleures choses ont une fin. À peine l'Orient-Express de retour à Paris, la guerre contre Pagézy reprend de plus belle. Et continue à faire les choux gras de la presse économique. Il faut dire que, pour les journalistes économiques, les semaines qui suivent seront un film interminable, sorte de mélange irrésistible de Michel Audiard et Sergio Leone.

Un jour, en plein conseil d'administration, Bébéar refuse d'approuver les comptes de la Compagnie du Midi. Selon lui, ils sont consolidés en vertu d'une méthode à laquelle AXA refuse d'adhérer. Sollicités, les commissaires aux comptes arrivent à la même conclusion. Une assemblée générale est alors programmée pour le 28 février 1989. Au menu : l'approbation des comptes, mais aussi – et surtout – le remplacement d'administrateurs acquis à Pagézy par d'autres acquis à Bébéar.

Le combat est sans merci. De nouveau, tous les coups sont permis. Bébéar peut compter sur une garde rapprochée de poids et sur une alliée de choc : Françoise Colloc'h, désormais irremplaçable.

Les « Bébéar's boys » (*and girl…*) se méfient. Ils évoquent ensemble toutes les hypothèses, même les plus farfelues, jusqu'à une possible coupure d'électricité qui rendrait le vote impossible pendant l'assemblée générale. Ils savent que le match se joue « à l'extérieur », au siège de la Compagnie du Midi, un magnifique hôtel du XVIIIe siècle rue de l'Université. Qu'à cela ne tienne : Françoise Colloc'h offrira à tous les représentants d'AXA… une lampe de poche !

Une fois de plus, la tactique de Bébéar est mûrement réfléchie et consciencieusement exécutée. Alors que Pagézy multiplie les contacts individuels et fait feu de tout bois, lui préfère se concentrer sur les gros actionnaires qu'il contacte ou fait contacter un à un afin de verrouiller leur accord avant le vote.

Jusqu'au dernier moment, l'incertitude flotte sur l'issue de la bataille. Le jour dit, sous le regard d'une armée d'huissiers, l'ambiance est électrique. Les actionnaires sont aux aguets, la presse est aux abois. Il faut dire que, jusqu'ici, Bébéar a pris le contrôle de nombreuses compagnies sans danger autre que la déception ou l'humiliation en cas d'échec.

Cette fois, l'avenir ne se joue même plus à quitte ou double.

Bébéar risque sa peau : il peut tout perdre…

Pagézy ouvre le bal. Il défend son bilan et détaille sa stratégie : faire de la Compagnie du Midi un groupe diversifié autour de l'industrie, de la finance et de l'assurance.

Bébéar prend alors la parole. Lui qui d'habitude improvise avec aisance, joue sur son charme et son sens de l'humour, ne prend cette fois aucun risque. Pour la première fois, il lit même son discours et propose une stratégie… inverse ! Son choix pour le nouvel ensemble est de recentrer le groupe sur un seul métier : l'assurance.

On passe au vote. De très nombreuses mains se lèvent en faveur de Pagézy. Ce n'est pourtant qu'une illusion d'optique. Elles ne représentent qu'un grand nombre… de petits actionnaires. Très vite, on comprend que les « poids lourds », eux, ont fait le choix de Bébéar. Leurs mains se lèvent les unes après les autres. À commencer par celle de Vincent Bolloré, qui lui apporte ostensiblement son soutien et ses voix.

Jusqu'au coup de grâce : Generali, l'« ennemi italien », vote également en faveur de Bébéar ! À la manœuvre, le truculent Antoine Bernheim, banquier star de chez Lazard qui dirigera très longtemps l'assureur italien et que l'on retrouvera bientôt aux côtés de Vincent Bolloré et de Bernard Arnault.

Pagézy était certain que Bernheim aller le soutenir. Là aussi, il se trompait lourdement…

Lui qui avait déjà perdu la première guerre vient donc de perdre la seconde. Publiquement et sous les projecteurs de la presse. Mais Bébéar, une fois de plus, a la victoire humble. Il respecte son adversaire et lui rend même hommage : « Il s'est battu jusqu'au bout », commentera-t-il sobrement juste ensuite devant la presse. Au fond de lui, pourtant, il sait que le triomphe est total.

Le voici deuxième assureur français. Encore derrière l'UAP, mais désormais devant les AGF et le GAN.

Tout un symbole : un dîner d'Entreprise et Cité se tient dans la foulée sur les lieux de la victoire, dans l'hôtel particulier de la Compagnie du Midi de la rue de l'Université (il sera ensuite vendu). Bébéar fête sa victoire « en bande », avec tous ses copains.

Rebattre les cartes

Pas question de s'arrêter en si bon chemin, même si, à court terme, une nouvelle période très compliquée s'ouvre pour lui sur le terrain. Une fois de plus, le voici obligé de recommencer la consolidation de zéro. Ou presque.

Absorber les AGP retarde la fusion de tout le groupe. C'était « un degré de complication supplémentaire, commente un ancien cadre. Personne ne l'avait prévu. Mais, avec Bébéar, nous avions l'habitude. Il avait presque toujours un coup d'avance, et nous presque toujours un coup de retard ».

À partir de juillet 1989, son fidèle Claude Tendil se remet donc au travail. L'idée, on l'a vu, est de centraliser l'essentiel… mais de décentraliser tout le reste, selon le vieux précepte du « tout sauf… » ! Une synthèse avant l'heure du fameux principe de subsidiarité qui sera à la base de la construction européenne.

On en profite pour rebattre toutes les cartes. Dans l'enthousiasme, l'ordre, la discipline… et la complexité ! On centralise l'informatique. En même temps, on nomme des directeurs de région. Tout le monde s'installe ou se réinstalle en province, mais aussi à Paris et en région parisienne.

Pour réussir cette restructuration, Bébéar innove encore : il s'appuie sur un logiciel dernier cri de la SNCF qui permet d'optimiser les temps de déplacement des collaborateurs. En quelques mois, des salariés volontaires vont ainsi s'expatrier dans l'un des dix centres régionaux. Une bonne façon de vider un peu les sièges parisiens, où l'on en profite pour réorganiser le groupe autour de cinq sites dans la couronne périphérique : Saint-Denis, Val-de-Fontenay, Gennevilliers, Nanterre et La Défense. En deux week-ends à peine, ce sont ainsi deux mille employés qui migrent avec armes et bagages ! La restructuration juridique du groupe, elle, est complétée en octobre 1990.

Si rationaliser en France est compliqué, ne parlons pas de l'international… AXA est encore une nébuleuse. À travers les différentes corbeilles de mariée des sociétés qui constituent désormais son groupe, Bébéar se retrouve en effet à la tête de plus d'une dizaine de filiales étrangères. Beaucoup sont sur le même marché (Belgique, Espagne...), et parfois même en concurrence les unes avec les autres. Le ménage et la remise en ordre prendront plusieurs années. Mais Bébéar n'avancera plus maintenant qu'à grandes foulées : une jambe en France et une autre à l'étranger, les yeux rivés sur le grand objectif planétaire qu'il n'a jamais perdu de vue.

Sir Jimmy

Une nouvelle fois, alors qu'il vient à peine de se replonger dans la restructuration de son groupe, le voici soumis à la tentation. À une double tentation, même. La première est française. Bébéar vient en effet d'être élu premier adjoint à la mairie de Rouen. Le maire de l'époque, grande figure du centrisme, Jean Lecanuet, lui a proposé de lui succéder. Il y renoncera finalement après quelques mois.

La seconde tentation vient des États-Unis. Le 11 juillet 1989, les téléscripteurs des agences de presse annoncent l'OPA de Hoylake (une société qui appartient à l'homme d'affaires et milliardaire sir Jimmy Goldsmith) sur British American Tobacco (BAT).

BAT est un conglomérat très diversifié (tabac, bien entendu, mais aussi papier, grands magasins...). Claude Bébéar lorgne une partie bien précise de l'entreprise, qui compte également un fort pôle assurances, avec des filiales en Grande-Bretagne et aux États-Unis. Goldsmith, justement, est intéressé par tout… sauf par les assurances, qu'il se propose de revendre à Bébéar en cas de succès de l'OPA. Un schéma idéal pour Bébéar, qui se montre particulièrement intéressé par une compagnie, Farmers, quinzième société d'assurance américaine, qu'il voit comme un formidable cheval de Troie pour la conquête de ce nouveau marché.

Une fois de plus, les amis d'Entreprise et Cité entrent en scène. David de Rothschild, qui accompagne Goldsmith sur cette opération, appelle tout naturellement son ami Claude. Malgré la proximité des deux hommes, les négociations sont difficiles. Un accord est quand même trouvé pour lancer ensemble l'opération.

Elle se révèle tout de suite très compliquée. Car la fameuse entreprise Farmers, qui intéresse tellement Bébéar, est en réalité une *poison pill*, une « pilule empoisonnée » dont BAT avait justement fait l'acquisition pour se défendre en cas d'attaque. En effet, le secteur des assurances est particulièrement surveillé par les autorités américaines. Il faut non seulement montrer patte blanche aux autorités en tout genre, mais aussi supporter une procédure administrative que ne renieraient pas les fonctionnaires soviétiques des pires heures du stalinisme.

Problème de cœur

Pour l'instant, le dossier américain piétine.

Comble de malchance, Claude Bébéar, après une visite de routine chez son cardiologue, prend la décision de subir un pontage cardiaque. L'opération va donc être retardée par une autre opération. Très lourde et très douloureuse. Mais, là encore, Bébéar « assure »... Trois jours après l'opération, contre l'avis unanime de ses médecins, il recommence à travailler depuis son lit d'hôpital. Il n'est pas gascon pour rien...

Quinze jours plus tard, le voici de retour à son bureau où il retrouve son jeune sherpa, Philippe Donnet, dont personne ne se doute encore qu'il aurait pu lui succéder à la tête d'AXA, et encore moins qu'il finira par prendre la présidence monde de... Generali, son concurrent de toujours.

Pour l'instant, aux États-Unis, leur dossier s'enlise. Chaque État fédéral doit se prononcer sur l'opération en cours. Autant d'auditions qui ressemblent à autant de procès. Jusqu'au jour où une juge, enceinte, refuse de se prononcer... avant d'avoir accouché ! Bébéar, toujours en convalescence, fulmine. Mais rien à faire : la procédure est retardée de quatre mois au moins. Un délai qui risque d'être fatal.

Pendant cette période, BAT en profite en effet pour ourdir sa contre-attaque. Le tribunal de Californie est le premier à se prononcer sur le rachat. Tout le monde comprend alors que le processus complet sera un long chemin de croix et pourrait même se révéler… interminable. « Sir Jimmy » préfère renoncer à son OPA.

Bébéar pourrait être abattu pour cette décision. Il préfère « positiver », comme ne le dit pas encore la publicité pour Carrefour. « Il y a une leçon à tirer de tout échec, affirme-t-il encore aujourd'hui. En l'occurrence, nous en avons même tiré plusieurs, et notamment le fait que nos équipes avaient bénéficié, à travers cette opération, d'une espèce de formation accélérée aux méthodes et à la mentalité américaines. En quelques mois, elles en avaient appris bien plus que pendant les années précédentes sur les mécanismes de leur Administration ! Nous savions que cela allait nous servir. »

Aujourd'hui, Bébéar explique aussi qu'il avait, dès le début, mesuré ses chances de succès et, surtout, ses « probabilités d'échec ». Son objectif était aussi de se faire connaître sur le marché américain sur lequel il était, jusqu'ici, un parfait inconnu. « De ce point de vue-là, c'était un vrai succès ! À partir de ce moment, tout le monde avait entendu parler d'AXA, analyse avec le recul Françoise Colloc'h. Quelque chose nous disait que le prochain coup allait être le bon. » Il le sera.

Un deal Equitable

Cette fois, c'est un autre ami de la bande d'Entreprise et Cité, Michel François-Poncet, le président de Paribas, qui appelle Claude Bébéar. Il se trouve qu'il est ami avec Richard Jenrette, le président de The Equitable, célèbre compagnie d'assurance américaine. Tous les deux avaient sympathisé à Harvard avant de travailler ensuite dans le même immeuble, lorsque Michel François-Poncet dirigeait Paribas North America dans des locaux justement situés dans le building d'Equitable. Le monde est petit, l'Amérique aussi.

François-Poncet sait que The Equitable traverse une période délicate. Il sait aussi que son ami Claude cherche à s'implanter sur le marché américain. Une situation rêvée pour un banquier d'affaires !

Cette fois, c'est un très gros gibier. The Equitable est une institution. Dès 1911, elle a inventé l'assurance collective en assurant pour la première fois l'ensemble des salariés d'une entreprise. Avec près de neuf mille agents, elle est l'un des leaders incontestés de l'assurance vie aux États-Unis.

C'est donc par l'intermédiaire de François-Poncet que Bébéar rencontre Jenrette pour la première fois. Il est enthousiaste. Côté américain, l'enthousiasme est partagé. À peine dix jours plus tard, Jenrette et ses équipes débarquent à Paris. Pas question de laisser retomber le soufflé. Une *task force* dédiée est installée dans les bureaux new-yorkais de Paribas.

Pendant plusieurs semaines, les équipes vont travailler d'arrache-pied, ne ménageant ni leurs soirées ni leurs week-ends. En totale confidentialité. Pas question d'attirer l'attention d'un géant américain comme AIG qui aurait pu, lui aussi, se montrer intéressé...

Mais les conclusions de l'étude préliminaire finissent par tomber. C'est une douche froide : pour redresser Equitable, il faudra non pas 500 millions de dollars, comme on le pensait au début des négociations, mais plutôt 1 milliard. AXA est prêt à les investir, à condition qu'on lui garantisse une position « significative ». À l'époque, une loi américaine l'empêche d'acquérir plus de 50 % du capital. Bébéar veut donc 49 %. Jenrette comprend qu'il n'a pas le choix.

Problème, The Equitable est en phase de « démutualisation », ce qui ajoute à la complexité de l'opération. Techniquement, le dossier était « vraiment indémerdable », se souvient un négociateur. C'est Bébéar, pourtant, qui le « démerdera » en proposant de « s'en remettre au marché ». En clair, de s'introduire en Bourse une fois la société démutualisée.

C'est le début d'un nouveau marathon judiciaire et financier. Alors que tout semble finalement aboutir, un nouvel obstacle administratif vient doucher les plus enthousiastes. De rage, un négociateur d'AXA,

Jean-Claude Damerval, en brise une chaise devant ses interlocuteurs médusés ! Finalement, une autorisation est arrachée aux autorités américaines. Dans la foulée, un accord est signé le 18 juillet 1991, rendu public le jour même à l'occasion d'une conférence de presse menée conjointement à New York par Dick Jenrette et Claude Bébéar, et présentée à Paris et à Londres par satellite.

Furieux, les concurrents historiques d'AXA ne se gênent pas, eux aussi, pour se faire entendre dans la presse. Ils préviennent : « Ce sera la Bérézina ! » De fait, si pour AXA l'essentiel est acquis, le cauchemar administratif, lui, est loin d'être terminé. Il durera plusieurs mois, jusqu'en avril 1992.

La démutualisation est finalement validée à 92,7 %. L'introduction en Bourse, elle aussi, est une réussite : l'investissement de Bébéar (en fait un prêt de 1 milliard de dollars à Equitable), une fois converti en titres au cours des nouvelles actions, bénéficie… d'une baisse inespérée de Wall Street ! Le milliard (fixe) en actions (variables) lui assure largement le contrôle de la nouvelle entité cotée.

AXA a enfin réussi son implantation aux États-Unis et se retrouve cette fois au quatrième rang mondial des sociétés d'assurance si l'on considère les actifs gérés, et au douzième rang par les cotisations d'assurance. Le rêve de Bébéar commence à sentir la réalité.

En 1993, Equitable se redresse. Ce rétablissement booste les résultats du groupe AXA, qui porte sa participation à 60 %.

Surtout, AXA groupe réalise désormais plus de 60 % de son chiffre d'affaire à l'étranger.

« *Think global, act local.* »

Bébéar n'en démordra jamais.

Numéro deux oblige

Retour en France, où les ambitions ne manquent pas non plus, mais où, très étrangement, Édouard Balladur, ministre des Finances de cohabitation, n'avait associé Bébéar à aucune de ses « grandes manœuvres » de privatisations entre 1986 et 1988.

Bébéar passera donc seul à l'étape suivante. Ce sera l'Union des Assurances de Paris, plus connue sous le nom d'UAP, un autre fleuron du monde de l'assurance. L'un des tout premiers en Europe et le numéro un en France. Tout le monde se souvient d'ailleurs de son slogan publicitaire : « Numéro un oblige. »

L'UAP est alors présidée par Jacques Friedmann, énarque, inspecteur des finances, qui avait été au cabinet de Giscard avant de rejoindre celui de Chirac, un camarade de lycée avec lequel il restera intime.

L'homme fait l'unanimité autour de lui. « Il avait toutes les qualités possibles, sauf une : ce n'était pas un entrepreneur », se souvient notamment Michel Pébereau, autre inspecteur des finances et président de BNP Paribas. Si l'état-major de la banque ne brille guère, lui non plus, par son management, l'assureur, en revanche, ne manque pas de techniciens de qualité.

En résumé, l'UAP est une belle endormie, un gros potentiel et un vrai poids lourd. Daniel Laurent s'en souvient parfaitement. « Quand j'ai commencé à Entreprise et Cité, en 1985, le chiffre d'affaires d'AXA était inférieur au résultat de l'UAP ! C'est dire qu'il y avait du chemin à faire. » Mais Claude Bébéar, on l'a vu, n'a jamais craint de s'attaquer à plus gros que lui. Conquérir l'UAP ? Il y pense, lui aussi, depuis 1985. Cela fait plus de dix ans... Son idée est simple : AXA pourrait fusionner avec l'UAP en échange d'une partie du capital de cette dernière. L'essentiel reste de conserver une minorité de blocage, ou de contrôle, c'est selon, du nouvel ensemble. Surtout, il veut en prendre le management pour avoir les mains libres.

Cette fois, ses équipes pensent qu'il y a une vraie fenêtre de tir. Le titre se porte plutôt mal. Il baisse régulièrement. Discrètement, AXA commence donc par racheter des actions UAP en Bourse. En sous-main. Mais il n'est pas le seul. L'assureur américain AIG rôde, lui aussi.

Pas question, on s'en doute, de se laisser doubler au poteau.

Il y a urgence.

OPA sur UAP

Bébéar décide de se couvrir au plus haut niveau. Il n'est pas intime avec Jacques Chirac, mais les deux hommes se connaissent bien. Il l'informe donc personnellement de ce dossier sensible dont tous deux savent qu'il est stratégique pour la France.

Juste avant le week-end du 11 novembre 1996, Bébéar contacte ensuite Friedmann, ami intime du président de la République, avec un message clair : soit les deux hommes trouvent un accord pendant le week-end, soit il lance une OPA hostile dès le mardi matin.

Bébéar sait qu'il a beaucoup de cartes dans son jeu. Mais, une fois de plus, il ne laisse rien ni personne au hasard. Il appelle tous ses amis d'Entreprise et Cité et se borde à tous les niveaux, allant jusqu'à « consulter » René Monory, dont Michel Pébereau avait été le directeur de cabinet. On ne sait jamais…

Car, dès qu'on prononce le nom « UAP », tout Paris sait que Michel Pébereau est concerné. Impliqué, même. La différence entre « concerné » et « impliqué » ? Bébéar connaît parfaitement ce vieux proverbe du Sud-Ouest :

« Dans les œufs au jambon, la poule est concernée, mais le cochon, lui, est impliqué ! »

Lorsqu'on parle de Société Générale, Pébereau a d'abord été concerné. Puis impliqué. Quelques années plus tôt, en effet, il avait caressé lui aussi le rêve de bâtir une « grande financière » en fusionnant la BNP, l'UAP et Suez. À la suite d'une fuite dans la presse, l'opération avait échoué.

Cette fois, la logique d'entrepreneur de Bébéar sera plus efficace que la logique de « simple » financier de Pébereau. Ce dernier l'a compris. Gros actionnaire de l'UAP à travers la BNP qu'il préside, il se montre beau joueur et assure son ami Claude qu'il le laissera bien à la manœuvre…

Dès lors, le téléphone ne cesse de crépiter. Le week-end donne lieu à des tractations intenses. Et débouche sur une opération « idéale », comme l'explique aujourd'hui Michel Pébereau, puisque « chacun atteint ses objectifs sans débourser quoi que ce soit ! ». Le mardi 12 novembre à 3 heures du matin, les deux présidents, Claude Bébéar et Jacques Friedmann, signent leur acte de mariage. Et quel mariage ! Il donne en même temps naissance à l'une des plus grandes entreprises françaises et à l'un des plus grands assureurs mondiaux !

Une augmentation de capital permet de fusionner avec UAP par échange de titres. En clair, il propose – et obtient – une offre publique d'échange (OPE) amicale pour éviter une offre publique d'achat (OPA) inamicale, avec une clause de garantie pour les actionnaires.

Juste après l'annonce par Jacques Friedmann d'une « fusion des égaux », tout le monde découvre qu'il s'agit en réalité d'une fusion-absorption de l'UAP par AXA. En théorie, le numéro un vient de croquer le numéro deux. En pratique, le numéro deux vient de croquer le numéro un.

« Dès le lendemain, Bébéar est venu en personne nous l'annoncer : la nouvelle marque de l'ensemble sera… AXA ! », se souvient un ancien de l'UAP.

Dans la foulée, les actionnaires d'AXA et de l'UAP, réunis en assemblée générale, annoncent la disparition pure et simple de la marque UAP. Et donnent naissance au deuxième assureur et deuxième gestionnaire d'actifs dans le monde.

Dans les jours qui suivent, Claude Bébéar se rend à La Défense. « Les collaborateurs de l'ex-UAP n'en revenaient pas, se souvient Daniel Laurent. Ils ne voyaient jamais leur ancien président, et là, soudain, le nouveau président venait tout visiter, de l'accueil à la direction, étage par étage, jusqu'au trente-septième étage ! »

« C'est vraiment la force de Bébéar, se souvient un ancien dirigeant de Drouot. Il parle aux directeurs comme aux balayeurs ! Il y a toujours eu, chez lui, un côté “Chirac de l’assurance”, mais en plus malin. Chez Chirac, ça sonnait toujours un peu faux, chez Bébéar, ça sonnait toujours plutôt juste. »

Une nouvelle fois, le chantier est compliqué. Il faut encore faire travailler ensemble des équipes disparates. L’histoire, décidément, ne cesse de bégayer. Notamment en France, où l’on parle cette fois de regrouper trente-trois mille salariés. Mais, là encore, les équipes de Bébéar feront merveille.

Quant aux relations avec Jacques Friedmann, l’ex-patron de l’ex-UAP « avalé » par son jeune concurrent, elles resteront excellentes. Bébéar le nomme en effet président du conseil de surveillance et le traitera avec tous les égards et une réelle sympathie. « Numéro deux oblige » ! L’homme, alors à quelques années de la retraite, le « servira » d’ailleurs loyalement lorsqu’il s’agira, un peu plus tard, de débarquer Jean-Marie Messier du conseil de Vivendi Universal.

En attendant, voici Bébéar à la tête d’un véritable empire, qu’il renforcera encore et encore au fil des années, en rachetant des entreprises et en étoffant son réseau un peu partout sur la planète.

D’étoile en étoile

Bébéar, cette année-là, est à l’apogée de son pouvoir et de son incroyable parcours. Nous sommes au tournant du siècle. La tour Eiffel vient de se refaire une beauté. Elle clignote de mille feux, où plutôt de deux mille, comme l'annonce le compte à rebours géant, visible à plusieurs kilomètres à la ronde, qui égrène un à un les jours qui séparent encore de l'an 2000, du passage du siècle, du millénaire et, pour Bébéar, du témoin.

Il sait qu'il quittera la présidence exécutive, lui aussi, en 2000, comme il s'y est toujours engagé. En attendant, il peut savourer le triomphe d'un mélange bien dosé de clairvoyance (lorsqu'il faut définir des objectifs) et d'intransigeance (lorsqu'il s'agit de les atteindre). Vision et obstination. Sans oublier les hommes et les équipes, bien sûr, qu'il ne cessera jamais de mettre en avant. « Une entreprise, ce sont d'abord des équipes, insiste-t-il encore aujourd'hui. Il faut les aider à se forger un esprit d'équipe, une fierté et une envie de gagner. Mais l'envie de gagner ne sert à rien sans objectif, sans supplément d'âme. C'est formidable de rêver d'être champion de quelque chose ! On peut vouloir être champion de Dordogne ou champion du monde, mais il faut savoir précisément ce que l'on veut. Toujours rêver à son objectif et travailler sans cesse pour l'atteindre. C'est ce que j'ai fait durant toute ma vie professionnelle : fixer une étoile, puis une autre, puis une autre encore… Et aller d'étoile en étoile ! »

Daniel Laurent, à l'évocation de cette conversation, ne peut s'empêcher de revenir au fameux séminaire fondateur du Ténéré. « Bébéar avait tiré de cette expérience hors du commun une conclusion qui était aussi un objectif. Il disait que, en 2001 [comme dans *L'Odyssée de l'espace*…], AXA devait se situer "parmi les dix premiers assureurs mondiaux". Inutile de préciser que personne, à l'époque, ne pensait sérieusement que l'on puisse y arriver ! »

Il se souvient pourtant de la réaction à chaud d'Hubert Marchal, l'un des fidèles grognards de Bébéar, en écoutant son patron : « Il est fou, mais on le suit ! »

Tous, il faut dire, venaient de passer quelques jours à dormir… sous les étoiles.

En 2001, AXA était leader mondial.

Beaux matchs et bonne chère

Cet appétit de Claude Bébéar pour animer et faire grandir son « groupe », on le retrouve dans la façon dont il anime et fait aussi grandir son groupe… d'amis.

À y regarder de plus près, l'histoire d'Entreprise et Cité est aussi celle… d'une dérive. Mais d'une heureuse dérive : gastronomique et sportive !

« C'était le temps des gros matchs de rugby et des bonnes bouffes », résume Jean-René Fourtou, pilier de la bande. Même sentiment pour Henri Lachmann, le « provincial de l'étape », qui se souvient de ses premiers allers-retours Paris-Strasbourg. « Pour moi, à l'époque, nos réunions, c'était d'abord l'occasion de monter à Paris et de se retrouver entre copains. Et avec le recul… c'est la même chose ! »

Au-delà d'un sérieux permanent, il y a toujours, dans la saga d'Entreprise et Cité, quelque chose d'exagéré, de pantagruélique parfois, toujours dans une bonne humeur contagieuse… même chez les plus réticents aux plaisirs de la table et du stade.

Rabelais n'est jamais bien loin.

Bonne humeur et cholestérol

C'est bien connu : la « table », au sens français du terme, est à la fois un outil de convivialité et de travail.

Pour preuve, dans les archives « secrètes » (« discrètes » serait plus approprié) d'Entreprise et Cité, on trouve, au milieu de quelques feuilles de présence et de (très) rares coupures de journaux… quelques menus pieusement conservés. En voici un, au hasard, que l'on ne résiste pas à reproduire ici.

Au cours d'un dîner chez Michel Rostang, le jeudi 18 octobre 1990, dans son restaurant de la rue Rennequin, dans le 17e arrondissement de Paris, offert par Serge Kampf sur ses deniers personnels, seront ainsi servies pas moins de… neuf assiettes gastronomiques « toutes plus extraordinaires les unes que les autres », se souvient Daniel Laurent, l'œil toujours pétillant. Qu'on en juge. Dans l'ordre : la petite friture de goujons, l'omble chevalier du lac « au beurre mousseux », les petites ravioles de Romans au bouillon de poule et truffes du Tricastin, le gratin dauphinois flanqué d'alouette, la bécasse « du Vercors » dans son jus et sa rôtie, le bouillon de mousserons des prés « comme en Oisans », le lièvre à la royale « du connétable de Lesdiguières », le saint-marcellin et les chèvres fermiers de la Drôme, la poire rôtie au vin de paille d'Hermitage accompagnée de sa glace aux noix et, enfin, la brioche de Saint-Genix aux pralines.

Les vins, naturellement, sont à la hauteur. En apéritif, un dom-pérignon 1980 en magnum. Ensuite, à table : château-grillet « Domaine Neyret-Gachet » (1985), château-lynch-bages « Pauillac » (1966), château-latour en magnum « Pauillac » (1955), château-yquem « Sauternes » (1970). Et en digestif, le numéro un d'Hennessy Cognac. Une carte des vins dans laquelle on retrouve naturellement la « patte » de deux membres du club : Jean-Michel Cazes (propriétaire de Lynch-Bages) et Bernard Arnault (futur propriétaire d'Yquem et déjà propriétaire d'Hennessy).

Bon appétit !

Pour certains, de tels menus, hors normes, sentent bon le cholestérol, la migraine et la sieste…

Pour beaucoup d'autres, c'est exactement le contraire. « Ça sent surtout la bonne humeur, non ? », s'amuse

Daniel Laurent, l'organisateur discret de ces rendez-vous de haut vol.

David de Rothschild, l'un des quelques banquiers de la bande, n'est pas le moins enthousiaste lorsqu'il évoque le souvenir de ces repas interminables. Cet homme élevé tout en nuances et en retenue donne même l'impression de tomber le masque : « On bossait, on bouffait, au sens le plus convivial du terme, et on se marrait ! Rien à voir, pourtant, avec le café du commerce. Il y avait dans cette aventure d'Entreprise et Cité quelque chose de rare. Même au milieu de repas gastronomiques, les échanges étaient construits. Il y avait de la substance. C'était toujours sérieux, profond, argumenté, important. Donc c'était un peu la totale : un mélange rare entre la qualité de la table, celle des convives et le niveau des échanges. Mais j'insiste : c'était toujours dans la bonne humeur… et parfois même dans une ambiance de franche rigolade. » Il ajoute : « Ces rendez-vous étaient toujours des moments hors normes. Nous n'étions pas tous intimes, mais il y avait entre tous une vraie camaraderie, avec toujours le souci de l'autre, y compris d'aider ceux qui pouvaient se trouver en difficulté. »

Nouveau monde

Quand on y repense, me diront (presque) tous les membres du club, quel contraste entre l'ancien monde et le nouveau ! Autrefois, les repas s'éternisaient. Les discussions aussi. Autour des digestifs, des cigares, parfois... C'était l'époque où l'on prenait le Concorde pour aller à New York, où l'on fumait dans l'avion et où l'on n'enlevait pas ses chaussures pour faire la queue devant des portiques de sécurité. Un temps (béni ?) où l'on n'était pas dérangé à n'importe quelle heure du jour et de la nuit par Internet ou par le téléphone portable.

Aujourd'hui, les gérants de la buvette de l'Assemblée nationale dépriment. « Les jeunes générations sont à la Badoit et à la *Caesar salad*. Et encore, quand ils prennent le temps de déjeuner... », regrette un ami de Bébéar.

À l'époque, la table était un point commun et un lieu d'échange entre les hommes d'affaires et les hommes politiques. Ce n'est plus du tout le cas aujourd'hui. Beaucoup sont en permanence au régime, ou se font livrer des repas diététiques ou vegan par des livreurs dont ils dénoncent ensuite les conditions de travail sur les bancs de l'Assemblée. Le cigare ? Vous n'y pensez pas ! Les plus transgressifs se risquent à peine à vapoter...

Seul le Sénat résiste encore, avec le double menton et les kilos de trop de son président, sa cave et son expérience. Même si on ne parle plus de la « province », mais des « territoires », comme on ne dit plus « les banlieues », mais « les quartiers ».

Nos grands fauves ne l'avoueront pas tous, mais beaucoup ont la nostalgie de cette politique-là.

Même Bernard Arnault...

Tout le monde, à l'époque, joue donc le jeu de ces repas qui sont avant tout des « moments ». Même Bernard Arnault ! « Imaginez Bernard à table..., s'amuse l'un de ses amis. Il ne mange rien et ne boit pas. Dans la vie, il fait attention à tout, à commencer par sa ligne. C'est tout juste s'il trempe ses lèvres dans son verre de château-yquem, qui lui appartient pourtant ! »

L'intéressé, auquel je rapporterai ces propos, en sourit plutôt : « C'est vrai que je fais attention à ma ligne, comme tout le monde. Mais détrompez-vous : moi aussi, j'aime les bons plats et les bons vins ! », faisant remarquer au passage qu'il possède « quelques vignobles » et « deux restaurants trois étoiles » : Yannick Alléno à Courchevel et Arnaud Donckele à Saint-Tropez.

Bernard Arnault, promis, ne ferait pas « semblant », comme plaisantent certains de ses camarades de table. Et quand on lui rappelle son menu favori (foie gras, poisson grillé, soufflé à la vanille sauce chocolat), il ne dément pas, aujourd'hui encore, se régaler de chacun de ces plats. Et confirme son goût, depuis l'enfance, pour les chocolats...

Quelques grincheux

À l'époque, pourtant, quelques grincheux ne goûtent pas vraiment, c'est le cas de le dire, l'orientation ouvertement « bonne bouffe et bonne humeur » que Claude Bébéar, en bon Gascon, a imprimée et imposée à son club dès sa création. C'est le cas de Didier Pineau-Valencienne, pourtant inconditionnel de la formule, qui se montre même franchement agacé d'avoir vu le club « dériver » vers une sorte d'« annexe du Club des Cent ».

Le Club des Cent ? Pour les non-initiés, il s'agit d'une institution « 100 % gastronomique » créée en 1912 et dont l'objet, aujourd'hui encore, est de rassembler chaque jeudi des gastronomes de tous les horizons, préalablement cooptés par leurs pairs et chargés d'organiser à tour de rôle un déjeuner dans une table différente. Le club compte cent membres (d'où son nom), uniquement des hommes ici encore, et dont un certain nombre ne sont d'ailleurs pas loin de peser leurs… cent kilos.

Mais, pour Bébéar, la comparaison ne tient pas : « Entreprise et Cité n'est pas un club de gastronomie, même si la gastronomie est importante dans l'esprit du club. »

D'autres de ses amis se montrent, eux, plutôt indifférents à des repas pourtant tous plus somptueux les uns que les autres. C'est le cas de Michel Pébereau, l'austère patron de BNP Paribas, qui ne s'en cache d'ailleurs pas. Pour lui, la dimension gastronomique n'a jamais eu la moindre importance. « J'avoue que je ne suis pas très porté sur le sujet, mais je reconnais que les repas étaient de qualité. Même si je ne suis jamais allé, c'est vrai, jusqu'à dire que c'était bon… » Et il ajoute, dans un mélange inimitable de litote et de périphrase : « Cela dit, je crois n'avoir jamais dit non plus que ce n'était pas bon… »

Peu importe les grincheux ou les indifférents ! Tous les autres ou presque en redemandent. Les plus grands chefs de Paris et de province comprennent vite qu'ils ont affaire à des connaisseurs, pas seulement à des hommes d'affaires fortunés qui s'intéressent à peine à ce qu'ils ont dans l'assiette.

Certains se revoient même, un jour, en train de déguster un peu en cachette et avec la complicité d'un chef que l'on ne trahira pas ici… des ortolans ! Un plat pourtant interdit, mais que François Mitterrand n'hésitait pas à se faire servir pendant sa présidence et avait même réclamé peu avant de mourir, lors de son dernier réveillon.

Tapis rouge

Vincent Bolloré, on l'a compris, est lui aussi un fan de la première heure. Parmi ses amis, il a la réputation d'être celui qui se lève le plus tôt, arrive le premier aux dîners et en repart… le premier. Ce qui ne l'empêche pas de goûter à sa manière aux plaisirs de la table. « Il faut absolument que vous voyiez Guy Savoy », me glisse-t-il dès le début de notre première conversation. Il me le répétera d'ailleurs au moment de prendre congé. Avec un mystérieux : « Guy nous connaît par cœur. Il a tout vu ! Il sait tout… »

Je suis donc allé voir « Guy ». Lorsque celui-ci m'accueille – chaleureusement –, et alors que je le rencontre pour la première fois de ma vie, j'ai pourtant l'impression étrange de le connaître. Probablement grâce à un documentaire remarquable, *Quatre saisons pour un festin*, dans lequel on suit le grand chef en visite chez ses meilleurs amis et ses dix plus grands fournisseurs pour la préparation, pendant un an, d'un festin spécialement concocté à l'occasion du passage à l'an 2000.

Depuis ce documentaire, vingt ans se sont écoulés, et Guy Savoy a encore parcouru bien du chemin.

Me voici dans son nouveau restaurant, à l'intérieur du magnifique hôtel de la Monnaie, surplombant la Seine et ses bouquinistes, juste en face du Louvre. On y accède par un immense escalier d'honneur et un tapis rouge, consécration symbolique d'un parcours d'homme et de cuisinier hors normes.

Le lieu ne laisse pas indifférent. Son nouveau locataire me le confirme : « J'ai pleuré de joie deux fois dans ma vie : le jour de ma troisième étoile et le jour où j'ai appris que je pourrais m'installer ici… »

À l'intérieur, un peu partout sur les murs, des œuvres prêtées par… François Pinault ! De quoi énerver Bernard Arnault ? Guy Savoy ne commente pas. Au contraire, il sourit. Tout au long de notre conversation, il me rappellera que les rendez-vous autour d'une bonne table sont plutôt des lieux de réconciliation, de paix. Des amis me confirmeront d'ailleurs que c'est justement ici, devant le Tout-Paris, que Bernard Arnault a été aperçu déjeunant avec… François Pinault. Les deux hommes auraient même été vus dans un autre restaurant de Savoy, le Chiberta. On n'en saura pas plus…

J'insiste. Guy Savoy préfère répondre avec une anecdote : « Un jour, Christian Clavier était interrogé par un journaliste qui lui demandait : "Et si Guy Savoy devait jouer dans un de vos films, quel rôle lui réserveriez-vous ?" Christian a répondu : "Patron des services secrets. Je ne connais personne de plus discret que lui…" Il avait raison ! »

L'homme est aujourd'hui au sommet de son art et de sa réussite. Lors de notre rencontre, il vient d'être consacré, pour la troisième année consécutive, « meilleur chef du monde ». Mais c'est surtout des autres qu'il a envie de me parler. Et dont il me parlera longuement. Car l'aventure d'Entreprise et Cité, aujourd'hui encore, lui fait remonter « des tas d'émotions, et pas seulement gastronomiques ».

Chaleureux mais prudent, Guy Savoy se livrera donc sans retenue, en revanche, pour évoquer avec moi ceux qui, après tant d'années, sont finalement devenus ses « amis » : « Je parle toujours de ces grands patrons-là avec beaucoup de pudeur, car je reste très admiratif de leur parcours, de leur disponibilité et, pourquoi ne pas le dire, de leur sagesse... »

Guy Savoy revient spontanément sur Bernard Arnault. « Je me souviens justement d'un dîner d'Entreprise et Cité que j'avais réalisé sur place, chez Dior. C'était à l'époque où il était encore en train de travailler sur le projet de sa Fondation Vuitton, dans le bois de Boulogne. La maquette de la fondation était à peine terminée, mais, juste avant le dîner, il avait tenu à me faire partager sa joie et son enthousiasme autour de ce projet qui lui tenait tellement à cœur. J'ai senti que je vivais un moment privilégié... Ce qu'il avait dit le soir du dîner, à la fin du repas, aurait déjà comblé n'importe qui. Mais le lendemain, comme à son habitude, il m'a envoyé un petit mot manuscrit de remerciement. Et mon épouse a reçu un splendide cadeau. Vous connaissez beaucoup de gens à son niveau qui se comportent comme ça ? »

Gratin dauphinois

Pour Guy Savoy, cette belle aventure d'Entreprise et Cité a un autre visage, moins connu du grand public que ceux de Bernard Arnault, Claude Bébéar ou Vincent Bolloré : c'est celui de Serge Kampf, disparu en 2016 à l'âge de 81 ans.

Avec Jean-René Fourtou et Claude Bébéar, le patron de Capgemini fait partie d'Entreprise et Cité « canal historique ».

L'épopée de Kampf commence à Grenoble, en 1967. La télévision en couleurs vient de faire son apparition, et la France se prépare à accueillir les Jeux olympiques d'hiver de 1968. C'est dans ce contexte d'optimisme et d'enthousiasme, porté par une vague technologique sans précédent, que le jeune entrepreneur dans l'âme, après avoir fait ses premières armes chez Bull, décide de lancer sa société, Sogeti.

L'informatique est encore un monde nouveau et mal connu. Lui sait que c'est l'avenir. Sa confiance est à la hauteur de son ambition. Dès le début, il confie à ses amis : « On va devenir un leader mondial ! » De fait, Sogeti, devenu entre-temps Capgemini, sera à l'origine d'un succès spectaculaire : en cinquante ans, au fil d'une cinquantaine d'acquisitions, le groupe emploiera près de deux cent mille collaborateurs dans une cinquantaine de pays et se hissera dans le club très fermé des leaders mondiaux du conseil et du service en informatique.

Serge Kampf sera assurément l'un des plus grands patrons français. L'un des plus secrets. L'un des plus généreux, aussi. Capable de colères mémorables, il avait surtout, comme le rappellent tous ses amis, « l'intelligence du cœur ».

Dès ses débuts, il développe une vision très claire de son groupe et de ses valeurs, qui, comme dans le cas de Bébéar, empruntent beaucoup à celles du… rugby, la grande passion de sa vie. Il l'écrira ainsi : « Lorsque je me suis lancé dans cette aventure, j'avais quelques convictions profondes : bâtir un projet résolument collectif ; respecter un esprit d'équipe authentique et veiller à ce qu'il le soit ; ne jamais avoir recours à des moyens répréhensibles ou tout simplement illégaux pour remporter un contrat ou obtenir une faveur ; gagner et faire gagner tous ceux qui m'ont soutenu, et enfin tenir nos promesses envers ceux nous ayant accordé leur confiance, à savoir les collaborateurs, les clients, les actionnaires et les partenaires. »

Kampf impose donc ses « valeurs » au sein de son entreprise. Au-delà de l'aspect tarte à la crème d'un exercice souvent convenu, il faut reconnaître que les valeurs en question sont peu communes. La première est l'honnêteté. On trouve ensuite l'audace, la confiance, la liberté et la solidarité. Mais on y trouve surtout l'humilité (mais oui…) et… le *fun* ! À ma connaissance, aucune société (surtout dans les services informatiques…) ne met ainsi le *fun* dans ses valeurs cardinales ! C'est d'autant plus étonnant, comme le soulignera Françoise Colloc'h, que lui-même était une énigme difficile à sonder : « Quand on était avec lui, on avait l'impression étrange de marcher sur un lac gelé… qui recouvrait un cœur énorme ! »

Pas étonnant, donc, que cet homme secret mais à la sensibilité à fleur de peau se soit si bien senti dans la « bande à Bébéar ». Ce que me confirme Guy Savoy qui, ce matin, a non seulement envie, mais aussi visiblement besoin de parler de cet homme hors du commun dont l'amitié remplira l'essentiel de notre conversation. « Serge adorait les ris de veau bien dorés, la purée à la truffe, la soupe d'artichauts, la volaille de Bresse… Et, en dessert, c'était immuable : terrine de pamplemousse sauce au thé noir ! »

Savoy et Kampf sont deux Dauphinois. Pas étonnant non plus, donc, que le second fréquente le restaurant du premier, qui y reçoit tout le gratin. « Il est venu très tôt, se souvient Savoy. Mais il a longtemps été très tiède, très timide, presque distant… Il faut dire que moi, à l'époque, j'étais un peu comme lui. Je ne suis pas du genre à taper sur l'épaule d'un convive. Dans mon restaurant, c'est chacun à sa place. Avec les amis, c'est différent, bien sûr. Mais il faut du temps pour être amis… C'est pareil en cuisine, en amitié et dans beaucoup de domaines : le temps, voilà le vrai secret. »

Pendant très longtemps, donc, les deux hommes se respectent, se reniflent. Jusqu'au jour où… Guy Savoy s'en souvient comme si c'était hier : « Serge Kampf me demande d'un coup, comme ça, sans prévenir : “Ça vous amuserait de m'accompagner à la Coupe du monde en Afrique du Sud ?” C'était incroyable. Il savait que je m'occupais un peu du club de rugby de Bourgoin-Jallieu, mais il avait mis quinze ans à me le proposer ! J'étais à la fois très surpris, très honoré et très heureux. Bien entendu, je lui ai dit “oui”. »

Quelques jours plus tard, Guy Savoy reçoit le programme complet du fameux voyage. Dans la foulée, il décroche son téléphone pour se renseigner sur les détails pratiques, et notamment les conditions financières. Il n'appelle pas directement Serge Kampf, qu'il n'ose pas déranger, mais son gendre, qui a rédigé le programme et gère la logistique. À sa grande stupéfaction, ce dernier lui répond : « Je crois que vous n'avez pas compris : Serge vous invite ! Vous n'aurez absolument rien à payer. » Savoy, qui ne s'y attendait pas du tout, est à la fois surpris et embarrassé. « J'ai commencé par expliquer que cela me mettait mal à l'aise, que j'avais les moyens de financer mon voyage… Mais c'était peine perdue. Ils n'ont rien voulu entendre. »

La suite est à l'avenant. « Lorsque nous nous sommes retrouvés à l'aéroport, la glace a fondu d'un coup. Serge m'a dit : “À partir de maintenant, on se tutoie.” De ce moment-là, je crois pouvoir dire que nous étions comme cul et chemise comme si nous l'avions toujours été. »

Guy Savoy m'avoue qu'il ne s'est toujours pas remis de la disparition de celui qu'il appelle encore « mon grand ami exceptionnel ».

Des bleus dans les yeux

Si le titre *Les Yeux dans les Bleus* n'avait pas déjà été pris par un documentaire relatant les coulisses de la première victoire de l'équipe de France à la Coupe du monde de football de 1998, c'est assurément ce même titre que l'on aurait pu consacrer à l'histoire de Serge Kampf. « Tout, chez lui, était bleu : ses yeux, ses costumes et ses rêves ! », résume Claude Bébéar.

L'histoire a été maintes fois narrée. Mais Bébéar ne se lasse pas de la raconter de nouveau. Nous sommes en 1987. Cette fois, c'est la première Coupe du monde de l'histoire du rugby. Elle se tient dans l'hémisphère Sud, à cheval sur deux pays, en Nouvelle-Zélande et en Australie. Pour un homme comme Kampf, « tombé dans le rugby quand il était petit », c'est un Graal absolu. D'autant que la France, cette année-là, va frôler l'exploit. Elle ne sera battue qu'en finale, à l'Eden Park d'Auckland, par l'équipe néo-zélandaise, les fameux All Blacks, sur le score sans appel de 29 à 9.

Kampf, bien entendu, a fait le déplacement. Il se régale. Il faut dire que l'équipe du sélectionneur Jacques Fouroux, petit par la taille et grand par le talent, commence par un sans-faute. Ce jour-là, elle vient de battre l'Australie en demi-finale et célèbre sa victoire comme il se doit. Avant de retourner se concentrer une dernière fois pour le grand jour.

Serge Kampf est là. Dans le même restaurant que les Bleus. Il ne réfléchit pas longtemps et… règle leur addition. Discrètement. « C'est très caractéristique de Serge, se souvient Bébéar. Tout en ne se mettant jamais en avant, il avait un côté très grand seigneur. D'ailleurs, je m'en souviens parfaitement, le premier repas d'Entreprise et Cité, c'était déjà pour lui. Au sens propre, car il payait toujours de sa poche. »

Grand seigneur, on vous dit.

À Auckland, bien sûr, aussi discret soit-il, le geste du grand patron ne le restera pas bien longtemps. Jacques Fouroux, mis au courant, l'invite à la table des Bleus. « Et il ne l'a plus jamais quittée ! s'amuse Bébéar, qui profitera, lui aussi, avec ses amis d'Entreprise et Cité, de cette proximité qui ne cessera de se renforcer. Cette équipe était incroyable. C'étaient les quinze mêmes joueurs qui avaient gagné le Tournoi des 6 nations. Nous étions vraiment très proches d'eux. Alors, avec les copains d'Entreprise et Cité, Kampf, Fourtou, Lachmann, Dauzier et moi, notamment, on les suivait partout ! »

Chaque année, pendant des années, les copains de rugby se retrouvent ainsi, presque rituellement, parfois avec quelques amis, pour suivre ensemble les matchs de l'équipe de France du Tournoi des 6 nations. Un rendez-vous qu'ils ne manqueraient pour rien au monde.

Un noyau dur se forme. Il y a là Bébéar, Kampf, Lachmann, Fourtou, mais aussi Thierry Breton, Pierre Dauzier et quelques « grands anciens » de l'équipe de France : Jean-Pierre Rives (ancien capitaine du XV de France), Serge Blanco ou André Boniface.

Mais, de toute la bande, c'est vraiment Serge Kampf qui s'imposera comme l'un des grands mécènes du rugby français. Lui qui communique pourtant si peu, et qui ne laisse derrière lui presque aucune image et encore moins d'interviews… au point que les journalistes le qualifieront volontiers de « plus secret des grands patrons français » !

Lui aussi qui, en 1991, prendra le relais de la fédération, défaillante, lorsqu'il faudra payer les primes des joueurs qui menacent de faire grève.

Lui encore qui mettra un point d'honneur à ce que Capgemini soit sponsor officiel de la Coupe du monde qui se tient en France en 2007.

Outre le club de Bourgoin-Jallieu que préside son ami Guy Savoy, il financera les clubs de Grenoble (sa ville natale), d'Auch, de Biarritz (où une tribune du stade Aguilera porte son nom).

Toujours dans la plus grande discrétion, il aidera aussi directement bon nombre de joueurs en difficulté ou cherchant à se reconvertir. Ils sont ainsi probablement, en France, des dizaines, peut-être des centaines, à lui devoir beaucoup. Parfois énormément. « Il n'avait pas son pareil pour éponger les dettes des uns et donner un coup de main aux autres, se souvient Henri Lachmann, qui précise cependant : Certains ont exagéré et profité de sa générosité. Mais lui ne leur en voulait même pas... »

Dans les dernières années de sa vie, Jean-Pierre Rives, le fameux « casque d'or » dans la grande légende du ballon ovale, lui fera l'honneur et l'amitié de le faire nommer vice-président d'une équipe internationale de prestige, les non moins fameux Barbarians.

Jusqu'au bout, Serge Kampf aura donné le change, à la fois flamboyant et discret, allant même jusqu'à inviter, pour ses 80 ans, quelques mois avant sa disparition, quatre cents amis à Rio. Dont de nombreux rugbymen bien sûr...

« Moi, je parlerai d'amour plutôt que d'amitié », dit de lui Serge Blanco, le mythique arrière de l'équipe de de France quand on lui pose la question. Il le répétera publiquement à son enterrement à la cathédrale de Grenoble. Et conclura même son discours d'adieu, bouleversé, par un émouvant : « Ciao, mon Sergio ! Je t'aime... »

Ovalie

Depuis sa disparition, Guy Savoy est toujours très proche d'Henri Lachmann, avec lequel il passe parfois des réveillons. Et ne compte plus les anecdotes avec ses autres amis de la « bande à Bébéar », à commencer par Claude Bébéar lui-même, mais aussi Jean-René Fourtou, autre inconditionnel…

Ce n'est probablement pas un hasard, mais tous partagent une passion pour le rugby, la fameuse « ovalie », qui s'affirme, au fil des années, avec la gastronomie, comme le vrai ciment de la petite bande. Dans les bons et les mauvais moments, on se réfugie dans la cuisine ou dans l'amitié.

Guy Savoy se souvient d'avoir vu, un jour de juin 2001, débarquer Claude Bébéar à l'improviste : « Ils viennent de me relâcher de ma garde à vue… »

L'affaire fera grand bruit et la une de tous les journaux, avant que Bébéar bénéficie finalement d'un non-lieu en mai 2020… dix-neuf ans plus tard !

Mais ce soir-là, Savoy ne pose aucune question et n'hésite pas un instant : « Je suis archi-complet… mais ne t'en fais pas, on va se débrouiller ! »

Bien entendu, il s'est débrouillé.

ABS sans freins

Il faut dire que cette époque dont on parle, à cheval sur deux siècles, était d'abord une époque de pionniers, encore trouble sur le plan juridique, où l'on pouvait se retrouver en garde à vue pour une faute qui n'en était pas une, alors que des comportements qui, aujourd'hui, ne passeraient pas les règles de la *compliance* étaient encore pratique courante.

René Proglio, autrefois patron de la branche française du grand cabinet américain Arthur Andersen et aujourd'hui patron de la filiale français de Morgan Stanley, s'en souvient parfaitement. « Je n'étais pas membre d'Entreprise et Cité, mais très proche d'Henri Lachmann. Il m'avait proposé d'entrer à son conseil d'administration, ce que j'avais refusé, mais il insistait. Pour en parler tranquillement, il m'avait donc invité à passer une journée avec lui et toute la bande. » Programme de la journée en question : petit déjeuner chez Guy Savoy. Puis aller-retour en jet privé en Angleterre pour un match de l'équipe de France. « Un souvenir formidable ! D'autant qu'au retour, on a enchaîné avec un dîner… chez Guy Savoy ! » s'amuse encore Proglio.

« Heureusement, personne n'était très regardant sur ces pratiques-là ! » fait remarquer un autre ami de Bébéar, invité régulier de ces virées « entre potes ». « À l'époque, on ne parlait pas encore autant d'ABS [comprendre Abus de Biens Sociaux]. Il fallait simplement faire attention à ne pas exagérer. »

Certains, pourtant, exagéreront. Comme Jean-Marie Messier, encore tout-puissant patron de Vivendi.

Et un jour, le 16 février 2002 très exactement, alors qu'ils se retrouveront au Bourget pour faire l'aller-retour au stade de Cardiff, les « Papys flingueurs » tomberont des nues…

Messier ne le sait pas encore, mais il sera, ce jour-là, la victime collatérale d'un bon gueuleton et d'un match de rugby du Tournoi des 6 nations.

Nous découvrirons comment dans quelques pages.

« Surtout pas de banquiers ! »

Devant ses amis, au moment de la création d'Entreprise et Cité en 1983, Claude Bébéar est catégorique. Pas question d'ouvrir le club aux banquiers. Pour une raison très simple : il se méfie d'eux. Surtout des banquiers d'affaires. Il s'en expliquera tout au long de sa carrière et notamment avec Philippe Manière, en 2003, dans un ouvrage prémonitoire et au titre sans équivoque *Ils vont tuer le capitalisme* qui annonçait déjà avec beaucoup de lucidité la crise de 2008.

Pour Bébéar, le banquier idéal devrait d'abord être comme un « bon médecin de famille » qui connaît en profondeur l'entreprise, ses dirigeants et, surtout, ses équipes. Le problème, c'est que le marché regorge de banquiers tous plus prévenants et obséquieux les uns que les autres mais dont le seul intérêt est avant tout… de faire des transactions. « Trop souvent, les banquiers sont tentés de proposer des deals qui sont formidables… pour eux, mais pas forcément pour les clients ! » Méfiance donc. Une méfiance qui ne le quittera jamais.

L'exception, pourtant, viendra très vite confirmer la règle d'or. Entreprise et Cité ne sera jamais, en matière bancaire, le modèle « chimiquement pur » proclamé par son fondateur.

Des banquiers, il y en aura.

Et quels banquiers !

Humour juif

Le premier d'entre eux résonne d'un patronyme célèbre dans le monde entier : Rothschild.

Le nom, dans l'imaginaire collectif, est synonyme de richesse. D'extrême richesse même. Depuis la fin du XVIIe siècle, la famille est de toutes les aventures de la modernité : banque, finance, industrie, ferroviaire… Les Rothschild sont partout. À Paris, à Vienne, à Londres, à Francfort, à New York. Jusqu'aux vignobles du bordelais, à l'image de Château Lafite, le prestigieux pauillac, dans lesquels ils investissent au siècle dernier.

« Ils représentent une part du rêve juif, écrit Adam Biro dans son *Dictionnaire amoureux de l'humour juif*. Ils sont comme un animal fabuleux, un monstre marin qu'on n'a jamais rencontré mais dont on parle dans tous les ports du monde. »

Un humour juif qui, d'ailleurs, ne cesse de les mettre en scène. Comme dans cette histoire (il y en a des dizaines...) elle aussi rappelée par Adam Biro. Un Rothschild s'arrête pour déjeuner dans une auberge. Dans la réserve, il ne reste que trois œufs avec lesquels on lui fait une petite omelette, très modeste. Au moment de payer, l'aubergiste présente pourtant une addition extravagante.

— Comment donc ! Les œufs sont-ils tellement rares dans votre région ?

— Les œufs non, mais les Rothschild oui !

Le rêve juif, donc. Et tous les fantasmes qui vont avec. Pourtant, lorsque Claude Bébéar propose à David de Rothschild de rejoindre Entreprise et Cité, ce dernier n'en mène pas large. Pour cause : il vient d'être... nationalisé !

Pour la branche française de la famille, le rêve a une nouvelle fois viré au cauchemar. « Surtout pour un banquier et surtout quand on s'appelle Rothschild, se souvient l'un de ses amis. Difficile d'oublier que, quelques décennies plus tôt, tous les biens de la famille avaient déjà été confisqués par le régime de Vichy et les Allemands, rivalisant de zèle... Sa collection d'art pillée. Et toute la famille humiliée. Bien sûr, les socialistes n'étaient pas les nazis. C'était moins violent. Mais tout aussi humiliant. »

Là encore, tout a (re)commencé en 1981, avec l'élection de François Mitterrand. David de Rothschild s'en souvient comme si c'était hier. Le soir du deuxième tour, il assiste en direct au dépouillement du scrutin dans la petite ville de Pont-l'Évêque, dans le Calvados, dont il a été maire de 1977 à 1995. Traditionnellement, « sa » ville vote à droite. La gauche, elle, vote peu. L'élection ressemble à une formalité. Mais ce jour-là, rien ne se passe comme d'habitude. Dès le dépouillement des premiers bulletins, il comprend que la France vient de basculer à gauche. En rentrant chez lui en voiture avec sa femme, il est abattu. « Je connaissais le programme de "l'union de la gauche" et notamment le volet "nationalisations". Je savais à quoi m'attendre. C'était un vrai coup de massue... », se souvient-il.

Comme tous ses amis banquiers, il ne sera pas déçu. Et mettra plusieurs mois à « digérer » la nouvelle donne politique et économique.

David de Rothschild, qui connaît bien Jacques Attali, s'en ouvre directement à lui. À l'époque, Attali est le plus proche conseiller de François Mitterrand. « Proche » à tous les sens du terme puisque son bureau ouvre physiquement sur celui du Président. Une tour de contrôle idéale. Mais aussi influent soit-il, Jacques Attali, qui empêchera simplement la nationalisation de Lazard, prévient son ami : « Je ne peux rien pour ta maison. » Le choc est rude. D'autant que l'exercice de la nationalisation tourne vite à l'acharnement. « Les socialistes avaient rédigé un premier texte de loi stipulant que toute banque dont le chiffre d'affaires dépassait 2 milliards de francs devait être nationalisée. Ils pensaient que cela suffirait mais au moment de voter la loi, ils se sont aperçus que nous étions à peine en dessous du seuil. Ils ont donc réécrit le texte spécialement pour nous : ils ont descendu la barre à 1 milliard ! Ramené en euros, vous imaginez ? C'est tout petit ! À peine 150 millions d'euros. Mais il n'y avait rien à faire. Tout le monde y est passé. Avec le recul, c'est difficile d'imaginer qu'un pays comme la France s'est retrouvé du jour au lendemain sans plus aucune banque privée, à l'exception de quelques petits "maisons" régionales. »

En mode start-up

Dans ce climat de chasse aux sorcières, beaucoup préfèrent quitter l'Hexagone en attendant des jours meilleurs. Le propre père de David, Guy de Rothschild, s'exile aux USA. Tout comme son cousin, Nathaniel, qui part lui aussi y développer ses propres affaires. Ils seront des centaines, peut-être plus, connus ou inconnus, à fuir ainsi à regret leur pays. Comme Bernard Arnault, à peu près inconnu à l'époque, qui prend lui aussi l'avion pour mettre l'Atlantique entre lui et les « chars russes »...

David, lui, décide de rester. Il n'a plus ni le droit d'être une banque ni même d'utiliser le nom Rothschild ? Faute de mieux, il recrée en 1982 un simple « établissement de gestion », qu'il baptise Paris Orléans Gestion.

« C'était une période très dure à vivre. D'un seul coup, nous n'existions plus. J'avais un simple bureau et trois collègues. C'était tout. Aujourd'hui, on dirait qu'on était en “mode start-up”. Mais en pratique, personne ne savait de quoi les lendemains seraient faits et il fallait avoir la foi chevillée au corps pour continuer. »

David de Rothschild a la foi. Il continue. Et se cherche de nouveaux appuis au plus haut niveau.

Le ministre des Finances de l'époque, Jacques Delors, n'est pas vraiment un soutien. « Avec son côté chrétien de gauche très “bien pensant”, il pensait surtout que ce n'était pas bien grave de nous punir... »

Le salut viendra de Robert Badinter, très proche de Mitterrand, qui sait trouver les bons arguments vis-à-vis du Président. « On ne peut quand même pas empêcher cette famille de faire ce qui a toujours été son métier ! » François Mitterrand arbitre et donne finalement raison à son garde des Sceaux.

Quelques jours plus tard cette conversation secrète entre les deux hommes, David de Rothschild est convoqué à Bercy. Jacques Delors, non sans regret, rend sa fameuse licence à la famille.

Dès le retour de la droite aux affaires, la nouvelle banque d'affaires, Rothschild & Cie, qui a récupéré à la fois son nom et sa licence, profite de la vague des privatisations pour se positionner parmi les principales banques d'affaires françaises. Comme elle profitera, dans les années 1990 et 2000, du grand mouvement de fusions-acquisitions.

Près de quarante ans plus tard, David de Rothschild n'est toujours pas retiré des affaires, mais plus que jamais au-dessus de la mêlée. Dans les locaux chics et sobres de sa banque, avenue de Messine, son fidèle chien allongé à ses pieds, il revient sur son aventure professionnelle avec un mélange d'humilité et de fierté : « Au moment de la nationalisation, nous pesions à peine 4 ou 500 millions de francs. Quarante ans plus tard, nous pesons 3 milliards d'euros. Nous sommes présents dans une quarantaine de pays à travers une cinquantaine de bureaux et de filiales à 100 %. Notre maison est internationale et parfaitement intégrée. »

Surtout, David de Rothschild n'a cessé de renforcer son influence sur la vie des affaires et bien au-delà.

L'homme est réputé pour sa grande éducation, sa courtoisie exquise et sa vraie simplicité. « C'est une formidable machine à fabriquer du consensus », dit de lui Gérard Mestrallet, ancien membre d'Entreprise et

Cité et fondateur de l'énergéticien Engie. Une attitude qui tranche avec l'arrogance, parfois la violence, des banquiers d'affaires du « nouveau monde »...

Rien de tel chez cet homme qui se revendique volontiers « à l'ancienne » au meilleur sens du terme.

Son père avait déjà travaillé avec un futur président de la République : Georges Pompidou. Lui a donné un jour sa chance à un jeune banquier prometteur, Emmanuel Macron, dont le nom est toujours associé à celui de la banque, pour le meilleur et pour le « moins meilleur », ironise-t-il...

Le patriarche ne s'étend pas, en revanche, sur la mésentente cordiale avec l'autre branche française de la famille, celle de son cousin Benjamin, qui a cédé il y a quelques années les rênes à son épouse Ariane. Il préfère insister sur la fusion réussie entre sa propre branche et la branche anglaise. Il a conservé la présidence du conseil de surveillance de l'ensemble mais a transmis en 2018 la présidence exécutive – et donc les rênes opérationnelles – à son fils Alexandre, brillant cavalier, champion de sauts d'obstacles, qui a fait ses preuves à l'étranger, notamment à Hong Kong, et sur des grands dossiers comme le rachat du *Financial Times* par le japonais Nikkei.

Une consécration pour le fils et pour le père, qui sait parfaitement d'où il vient, mais surtout d'où il revient : « Avec le recul, lorsque je repense à cette époque du début des années 1980, je me dis que j'avais 2 chances sur 3 de me planter. »

Avec ce même recul, il sait tout ce qu'il doit à la gauche : « Même si c'est paradoxal, c'est bien à François Mitterrand que nous devons d'être redevenus une banque. »

Mitterrand, dont l'une des citations préférées était la fameuse phrase de Nietzsche : « Tout ce qui ne nous tue pas nous rend plus fort. »

Fidélité

« Merci, Mitrand ! » donc, comme le prononcent beaucoup de ceux qui – et ils sont nombreux – détestaient ou détestent encore le président socialiste.

« Merci, Bébéar ! » également. Car David de Rothschild n'oublie pas tout ce qu'il doit à Entreprise et Cité en général, et à son fondateur en particulier. « Soudain, dans l'une des pires périodes de ma vie, quelqu'un que je ne connaissais pas m'a tendu la main. Il n'avait rien contre les banquiers (*sic*), rien contre les juifs... et rien contre les Rothschild ! C'était inattendu, c'était beaucoup, et c'était presque inespéré ! »

Ni l'un ni l'autre ne le regretteront.

Dès le début, la « bande à Bébéar » s'avère un formidable terrain de jeu pour le banquier. « Nous avons par exemple été les conseils de l'État pour la privatisation de Paribas. À l'époque, nous étions une toute petite maison. J'ai été touché que Michel François-Poncet, qui présidait Paribas, nous choisisse. » Mais Michel François-Poncet, cela n'échappera à personne, était, comme David de Rothschild, un membre assidu d'Entreprise et Cité…

Paribas, bien sûr, est loin d'être un cas isolé. David de Rothschild le sait parfaitement : « Lors de notre dernier dîner d'Entreprise et Cité, en 2007, j'ai essayé de tirer une espèce de bilan en direct en regardant les uns et les autres autour de la table. Non seulement je n'avais que des bons souvenirs, non seulement nous étions tous plus ou moins amis, mais j'ai surtout réalisé qu'il n'y en avait quasiment aucun avec lequel je n'avais pas été en affaires ! »

CQFD.

Aujourd'hui encore, David de Rothschild se demande très sincèrement pourquoi Bébéar l'a invité, un jour, à rejoindre son club d'amis, à un moment où il n'était « plus rien ou presque ». Claude Bébéar, lui, s'en souvient : « C'est vrai que David n'avait plus de responsabilités importantes à l'époque. Je lui ai proposé de nous rejoindre tout simplement pour l'aider dans sa reconquête. »

Pas étonnant qu'entre les deux hommes, aujourd'hui encore, un mot revient toujours dans la conversation : la fidélité. David de Rothschild le confirme : « Claude est à la fois un entrepreneur incroyable et un ami d'une fidélité incroyable. »

Il poursuit : « Oui, la fidélité... C'est un mot magnifique, vous ne trouvez pas ? Et pas seulement pour Claude. Mon assistante est avec moi depuis 50 ans, vous imaginez ! Quand on sait qu'elle a 10 ans de plus que moi... Mais surtout, ne le répétez pas ! »

Promis, on ne le répétera pas.

Banquier par hasard

Le second grand banquier qui rejoindra Entreprise et Cité est encore, lui, un inconnu du grand public. Mais une légende vivante (et bien vivante...) de la banque.

Son nom ? Michel Pébereau.

Au moment où il croise la « bande à Bébéar », il n'est encore « que » patron du Crédit Commercial de France, le CCF. Une banque nationalisée. Décidément...

Peu de gens imaginent alors que quelques années plus tard, il sera considéré, au même titre que Claude Bébéar ou Antoine Bernheim, comme l'un des seuls vrais « parrains » du capitalisme français. En tout cas « LE » banquier de la place, consulté par tous, y compris par le pouvoir politique.

Michel Pébereau, donc.

De la même façon que Claude Bébéar, on l'a vu, s'est retrouvé « assureur par hasard », Michel Pébereau, lui, s'est retrouvé banquier par hasard.

Comme Bébéar, il a fait Polytechnique et comme lui, il a des attaches dans le Sud-Ouest à travers un père originaire du Lot-et-Garonne, des études à Auch et, aujourd'hui encore, une maison dans le Gers où il se rend régulièrement.

La similitude s'arrête là. Comme le fait remarquer l'un de leurs amis communs, Claude Bébéar, assureur chaleureux, convivial et meneur d'hommes, serait plutôt du genre « Gascon sépharade » alors que Pébereau, banquier solitaire, fermé, sérieux limite austère, serait plutôt du genre « Gascon askénaze ».

On n'est pas là pour rire !

Entre l'eau et le feu, pourtant, le dialogue passe immédiatement. Michel Pébereau se souvient : « La première fois que nous nous sommes rencontrés, c'était sur le campus de Polytechnique. » La rencontre avait lieu à l'invitation d'un jeune étudiant, François Villeroy de Galhau qui, ironie du sort, sera des années plus tard le gouverneur de la Banque de France que Pébereau aurait pu, aurait dû devenir… sans le 10 mai 1981.

Le monde est petit. Le monde des polytechniciens encore plus.

Ce jour-là, donc, les deux hommes sont « challengés » par les étudiants sur un thème on ne peut plus sérieux : « Comment allez-vous transmettre, plus tard, le pouvoir au sein de vos entreprises ? » La question est surprenante. Saugrenue même, quand on sait que les deux jeunes patrons interrogés sont alors très jeunes. « J'avais à peine 40 ans. Et Claude quelques années de plus, se souvient Pébereau. Mais nous avons réalisé, en répondant tour à tour à la même question, que nous avions tous les deux la même vision du pouvoir : nous étions tous les deux prêts à laisser nous aussi, le moment venu, la place aux jeunes. Les étudiants étaient surpris car ils pensaient que nous n'avions encore jamais réfléchi à une question aussi importante. Ils se trompaient. »

La botte

Contrairement à Bébéar, entré dans les premiers et sorti dans les derniers, comme on l'a vu, pour cause d'activités extrascolaires, Pébereau sort parmi les premiers, « dans la botte ». Ce haut fonctionnaire dans l'âme poursuit alors logiquement sa scolarité à l'ENA (promotion Marcel Proust, 1967) et en sort là aussi parmi les premiers.

Il choisit, bien entendu, l'Inspection des finances.

L'élite de l'élite.

Diplômes en poche et ambition en tête, il entre, au début des années 1970, comme conseiller technique au cabinet de Valéry Giscard d'Estaing, alors ministre de l'Économie et des Finances puis, plus tard, part diriger le cabinet de René Monory.

Ses condisciples de l'époque lui prédisent tous une carrière toute tracée de haut fonctionnaire « parmi les meilleurs ». Pour eux, aucun doute : il finira, ou plutôt commencera directeur du Trésor, puis gouverneur de la Banque de France. Et pourquoi pas, dans la foulée, terminera sa brillante carrière comme président de la Banque Centrale Européenne… qui n'existait pas encore.

Mais là encore, c'est sans compter sur l'élection de François Mitterrand et l'arrivée de la gauche au pouvoir. En 1981, les rêves de grandeur s'effondrent.

Patatras ! Il faut tout reprendre de zéro.

La gauche, on vient de le voir, décide de nationaliser tout ce qui, de près ou de loin, ressemblait à une banque privée. Jusqu'à la « petite » banque Rothschild.

On propose à Pébereau de prendre la tête d'une banque nationalisée. Va pour la banque. Dont il mènera la privatisation.

C'est le Premier ministre Édouard Balladur qui le nomme à la tête du CCF car l'ancien président, René

Thomas, un inspecteur des finances (socialiste) lui avait soufflé son nom.

Comme on le dit aujourd'hui encore dans les couloirs de l'Inspection des finances, « un inspecteur des finances de gauche est toujours plus proche d'un inspecteur des finances de droite que d'un non-inspecteur des finances de gauche » ! Michel Pébereau retiendra la leçon et se vantera, plus tard, que BNP puisse recruter plus d'inspecteurs des finances que l'État français. De fait, ils seront 18 à travailler sous sa présidence.

En entretenant la « porosité » entre Bercy et sa banque, il saura ainsi, toute sa vie, maîtriser « le meilleur des deux mondes ».

Haut fonctionnaire, il le sera en quelque sorte « par procuration », ce que ne manqueront pas de lui reprocher ses adversaires en soulignant le jeu dangereux des conflits d'intérêts entre public et privé. Pébereau, lui, balaiera toujours l'argument en soulignant qu'il se contente de travailler avec « les meilleurs là où ils sont ».

Un jour, il recrutera quand même au sein de son Comex un « autodidacte », Alain Papiasse, crédité d'un magnifique parcours jusqu'aux sommets d'une banque concurrente. Comme me le confiera un autre haut responsable de la banque, il lâchera alors à son nouveau collaborateur, mi-ironique mi-sérieux : « Je regrette de n'avoir pas su faire émerger dans ma banque d'autres profils similaires au vôtre. En attendant, vous êtes la meilleure des réponses à ceux qui répètent que je ne sais recruter que des inspecteurs des finances ! »

Mais pour l'heure, Michel Pébereau n'est encore qu'à la tête du CCF. Petite banque mais grandes ambitions. Car Pébereau voit grand. Très grand même. Dès le début, il rêve de grossir par croissance externe en rachetant ses concurrents. Sans succès. « Tout lui échappait », se souvient l'un de ses concurrents de l'époque. Le CIC, puis le Crédit du Nord, puis encore Indosuez...

Après le CCF, il est nommé à la tête de la BNP, qu'il privatisera également en 1993. Mais la banque est loin d'être ce qu'elle est aujourd'hui. « En 1993, la BNP faisait 1 milliard de francs de bénéfices, comme le CCF, pourtant huit fois plus petite, se souvient Pébereau. C'est dire si la BNP était mal gérée ! »

Elle ne le restera pas longtemps.

Car Pébereau, on l'a compris, rêve de construire « une très grande financière ». Au printemps 1995, il échoue à nouveau dans son grand projet, cette fois-ci, de fusionner BNP avec Suez et l'UAP. Il ne se décourage pas pour autant. Tout le monde se souvient du slogan de la campagne de privatisation qu'il lance alors, à grand renfort de publicité : « BNP : Grandissons ensemble ! »

Il tiendra parole.

Lui, en tout cas, grandira avec la BNP.

BNP-Paribas-Société Générale

Tout avait pourtant mal commencé.

En 1999 débute en effet un feuilleton qui gardera la place de Paris en haleine pendant des mois, et qui aurait pu tourner à l'humiliation : la Société Générale et Paribas s'entendent dans son dos pour fusionner, alors que Pébereau, au contraire, rêvait de se rapprocher de l'une ou de l'autre.

Un véritable scénario cauchemar : la BNP risque d'être définitivement distancée sur le marché français. Ne parlons pas des ambitions européennes…

Les amis de Michel Pébereau se souviennent aujourd'hui de la surprise de ce dernier lorsqu'il est devenu clair que la Société Générale tentait une OPA amicale sur Paribas. « Michel était en négociation depuis des mois avec Daniel Bouton, le président de la Société Générale, se souvient l'un d'entre eux. Tous les deux s'étaient mis d'accord sur le fait de ne pas toucher à Paribas pendant cette période. »

La grande idée de Michel Pébereau, à l'époque, était simple. « BNP et la Société Générale bénéficiaient chacune d'environ 10 % de part de marché en France, loin derrière les Caisses d'Épargne qui en avaient environ 25 % et le Crédit Agricole qui tournait autour de 30 %. Fusionner BNP et la Société Générale permettait donc de créer un troisième pilier fort, face aux Caisses d'Épargne et au Crédit Agricole. »

Limpide.

Hélas, Marc Viénot, le prédécesseur de Daniel Bouton à la Société Générale, ne voulait pas entendre parler de fusion. Heureusement, son jeune successeur, Daniel Bouton, n'allait avoir aucun mal à succomber aux arguments de son aîné Michel Pébereau, inspecteur des finances comme lui. Le détail n'en est pas un…

Fusion entre ego

Impatient de partager son plan et ses ambitions, Pébereau invite donc son jeune collègue à déjeuner, alors qu'il vient à peine de s'installer aux commandes de la Générale.

Même si Michel Pébereau refuse aujourd'hui encore de commenter ce déjeuner, les deux hommes s'entendent très vite sur un pacte « secret » (ne pas toucher à Paribas) et sur une méthode de gouvernance inédite : une présidence tournante après avoir dédoublé les fonctions de président et de directeur général. Une façon élégante proposée par Michel Pébereau, pourtant plus âgé et banquier bien plus expérimenté, d'éviter une guerre des ego à peu près inévitable dans ce genre de situation.

Quelques mois plus tard : coup de théâtre. Les négociations butent non pas sur la fusion des patrons mais sur celle des états-majors. Daniel Bouton, dont tout Paris a commencé à découvrir le caractère « compliqué », comme le dit l'un des collègues dans un doux euphémisme, refuse net le 50/50 proposé par Pébereau sur le thème : « À part toi, tes équipes ne sont pas au niveau des miennes ».

Ambiance.

Michel Pébereau, estomaqué par cette arrogance, ne renonce pas pour autant. Il choisit de mettre l'intérêt supérieur des entreprises au-dessus de la guerre des ego. Et propose à Bouton de prendre une année pour bien y réfléchir.

Un an plus tard, les deux hommes se revoient comme promis. Mais Daniel Bouton, entre-temps, a accepté de revenir à la table des négociations. L'accord de fusion va être signé. Ce n'est plus qu'une question de jours. Tout se présente au mieux.

Une ombre plane pourtant sur le mariage : celle de Paribas. La banque d'affaires est la cerise sur le gâteau, que convoitent, séparément, les deux banques de réseau, BNP et la Générale. « Si l'une des deux bougeait pour manifester son intérêt pour Paribas, l'autre était obligée aussi de bouger », se souvient un (très) proche du dossier. Conséquence directe de la surenchère, les cours de Paribas ne pouvaient que s'envoler.

Une mauvaise affaire pour les « chasseurs » (le gibier devenait chaque jour un peu plus cher…) mais une bonne affaire pour les actionnaires et notamment les plus importants d'entre eux, au premier rang desquels… Claude Bébéar !

Contre mauvaise fortune bon cœur et pour éviter toute surenchère qui aurait pu venir contrarier leur grand œuvre, Bouton et Pébereau, en même temps qu'ils préparaient leur fusion en secret, avaient donc scellé un autre pacte secret : ne pas toucher à Paribas.

La guerre de Bouton

Jusqu'à ce beau jour de 1999 où Pébereau, stupéfait, comprend qu'il a été mené en bateau. Ce jour-là, Daniel Bouton prétexte un déplacement à l'étranger pour repousser le fameux dîner « de conclusion » au cours duquel les deux hommes devaient pourtant sceller « entre hommes » le rapprochement entre BNP et la Société Générale.

Quelques jours plus tard, Daniel Bouton rencontre finalement Michel Pébereau. Et tombe le masque : non seulement Michel François-Poncet, le patron de Paribas, a accepté la fusion, mais il a « tout accepté » à la condition de rester quatre ans de plus à la présidence de la banque avant de prendre sa retraite. Sous-entendu : impossible de refuser un « deal » aussi avantageux pour l'un et pour l'autre. À peine fiancées, Paribas et la Société Générale vont donc se marier. Dans le dos de la BNP.

Une parfaite illustration de la fameuse phrase de Clemenceau : « Quand on est trois, il vaut toujours mieux être parmi les deux. »

Ironie du sort : le soir même de cette annonce a lieu un dîner amical d'Entreprise et Cité qui, à l'exception de Daniel Bouton, réunit tous les protagonistes de la tragédie ! Devant leurs amis, Michel Pébereau (président de la BNP), Michel François-Poncet (président de Paribas) et André Lévy-Lang (directeur général de Paribas) donnent le change, comme savent si bien le faire les banquiers…

Mais pour Michel Pébereau, c'est une déclaration de guerre. Dans le petit monde bancaire, ses colères sont légendaires. Sa capacité à ne pas perdre son sang-froid également. « Il était profondément touché, dit l'un de ses amis, présent ce soir-là. Par la trahison à titre personnel. Mais aussi parce que cela venait bouleverser tous ses plans. Pour lui-même, bien sûr, mais aussi pour son entreprise et… pour son pays pour lequel il a toujours eu de très hautes ambitions. »

Uchronie

Sonné, Pébereau appelle tout de suite son ami Bébéar qui est aussi, on l'a vu, son principal actionnaire…

mais qui est également actionnaire de Paribas. Bébéar se souvient parfaitement de cette conversation : « J'ai confirmé à Michel qu'en tant qu'actionnaire de Paribas, j'avais tout intérêt à ce que le cours de Paribas grimpe. Je lui ai dit aussi qu'à plus long terme, il ne pouvait pas baisser les bras. » Michel Pébereau, lui, se souvient que Bébéar lui a donné, ce jour-là, un conseil capital : « Il m'a conforté dans l'idée qu'il fallait réagir. Il m'a surtout conseillé de ne contre-attaquer que si j'avais la certitude de pouvoir tenir le temps qu'il faudrait, et quoi qu'il arrive. »

En clair, Bébéar conseille à son ami Pébereau de ne pas faire le deuil de ses ambitions, mais sans pourtant risquer « le tout pour le tout ». Exactement comme on conseillerait à un investisseur en Bourse de se préparer à aller jusqu'au bout de ses risques, mais de n'investir que les montants qu'il peut supporter de perdre.

Pébereau réfléchit donc à une parade.

L'homme, on le sait peu, est un grand amateur… de science-fiction. Une passion qui, elle aussi, lui est venue « un peu par hasard ». Décidément…

Jeune, il ne jurait que par Proust, Balzac et tous les grands classiques. Jusqu'à ce qu'il se retrouve en mission à Madagascar dans les années 1960. « Sur place, il était très compliqué de trouver de bons bouquins. J'ai commencé par lire tous les policiers que je trouvais. Ensuite, j'avais le choix entre les romans à l'eau de rose et la science-fiction. J'ai choisi la science-fiction. »

Pour lui, c'est la découverte d'un nouveau monde et de pans entiers de sa personnalité qu'il ignorait. « La révélation d'éléments inconscients. »

Un domaine le passionne en particulier : l'uchronie qui consiste, on le sait, à réécrire le futur en modifiant le passé. Parce qu'elle dit toujours raisonner à partir de postulats différents, la science-fiction, pour lui, « oblige toujours à s'interroger sur le bien-fondé des postulats ».

Pour l'heure, la guerre de Bouton n'est pas de la science-fiction mais bel et bien une réalité avec laquelle il doit composer. L'occasion unique, même s'il n'en prend peut-être pas conscience, de tester sa maîtrise de l'uchronie. Ou comment changer les postulats pour mieux modifier le cours de l'histoire… en sa faveur.

La meilleure défense, c'est bien connu, est toujours l'attaque. Pébereau n'est pas chasseur mais Bébéar, ce jour-là, lui transmet l'envie d'attaquer à la fois la cible… et le chasseur ! C'est décidé : il va lancer non pas une double OPA mais une « double contre-OPA ».

Du jamais vu !

« Je confirme que ce n'était jamais arrivé avant moi. Et je doute que cela se reproduise un jour après moi… », constate-t-il aujourd'hui.

À l'époque, la capitalisation boursière de la BNP est proche de 114 milliards de francs (plus de 17 milliards d'euros). Voici donc une banque qui tente d'en absorber deux autres dont la capitalisation cumulée atteint près de… 180 milliards de francs (plus de 27 milliards d'euros). Le jeu, bien sûr, en vaut la chandelle : dans l'hypothèse où la double OPA réussirait, elle donnerait naissance à un champion européen, devant la Deutsche Bank et UBS.

Mais le plan est risqué. Très risqué. Pébereau sait qu'il doit avant tout jouer la surprise. Il garde en tête une autre tentative de fusion à trois, la fameuse opération entre Suez-UAP-BNP, en 1995, qui avait capoté à cause d'une fuite dans la presse.

Cette fois-ci, il multiplie les précautions avant d'ouvrir le feu.

La première des précautions, bien sûr, est de se faire confirmer le soutien de Bébéar, gros actionnaire de Paribas. « Claude était en Australie, injoignable… Son bras droit, Henri de Castries, m'avait donné toutes les garanties. Mais sur une opération pareille, il me fallait vraiment le go de la bouche de Claude. J'avais absolument besoin de la certitude qu'il me suivrait et me soutiendrait. »

C'est finalement depuis son avion, sur le chemin de retour d'Australie, que Claude Bébéar assure son ami de tout son soutien.

Voici donc le marché financier français, médusé, qui assiste à une bataille de titans que l'on épargnera ici au lecteur. Elle durera… 6 mois ! Et pour y mettre un terme, la réunion de l'autorité de tutelle des marchés ne durera pas moins de… 11 heures !

La vieille chaise

Tout au long de cette bataille mémorable, les anecdotes ne manquent pas. L'une d'elles est encore dans les esprits des membres d'Entreprise et Cité. Elle résume parfaitement l'atmosphère qui pouvait régner dans cette petite bande, dans laquelle les adversaires d'un jour ne cessaient pas pour autant d'être amis de toujours.

Un soir, donc, David de Rothschild – le revoici ! – invite ses amis d'Entreprise et Cité dans l'un des plus beaux hôtels particuliers de Paris, le fameux hôtel Lambert, à la pointe de l'île Saint-Louis.

Le bâtiment, qui appartient à sa famille, date de 1640. Rotonde, jardins d'exception, peintures non moins exceptionnelles de Le Brun et de Le Sueur, qui annoncent déjà Versailles. Ici, tout ou presque est classé, jusqu'au moindre meuble.

À l'hôtel Lambert, chacun se sent au cœur de la France éternelle (l'hôtel n'appartient pas encore au Qatar éternel).

Là encore, c'est un pur hasard de calendrier mais le dîner intervient en pleine bataille boursière. Quelques-uns des invités qui se retrouvent le soir autour de la même table ont en effet passé la journée à se livrer une bataille sans merci. Toujours les mêmes d'ailleurs : Michel François-Poncet, le patron de Paribas et Michel Pébereau, celui de la BNP.

Ce soir-là pourtant, comme à chacun des rendez-vous de la « bande à Bébéar », c'est la trêve. L'heure est même franchement à la détente. Il faut dire que, comme à son habitude, David de Rothschild a mis les petits plats dans les grands.

Et carafé les plus grands crus.

Le dîner commence sous les meilleurs auspices. La discussion est animée. Les plaisanteries s'enchaînent. « Nous étions assis sur des “petites chaises” dorées, très élégantes et très fines, recouvertes d'une garniture bordeaux », se souvient le maître de maison.

Vincent Bolloré qui, on ne le sait pas toujours, ne manque pas d'humour (et encore moins d'autodérision…) essaye d'en rajouter dans le comique de cette situation un peu particulière. Il lâche : « Jusqu'à maintenant on se contentait de manger les autres. On ne va quand même pas commencer à se dévorer entre nous ! »

Tout le monde, sans exception, éclate de rire.

Soudain, d'un coup d'un seul, le patron de Paribas, Michel François-Poncet… s'effondre. Patatras ! Sous le poids de ce grand gaillard, la petite chaise délicate a cédé, dans ce bruit si caractéristique de baguettes brisées…

Michel Pébereau, pourtant peu connu pour son sens de l'humour mais emporté par l'atmosphère un peu surréaliste, lâche spontanément : « Ça commence bien ! » Avant de s'inquiéter : « Michel était une sorte de colosse. Il avait déjà un certain âge. J'ai vraiment craint qu'il ne se soit, lui aussi, brisé quelque chose… »

« Nous avions tous envie de rire mais personne n'osait vraiment », se souvient un autre participant.

Heureusement François-Poncet est solide. Il se relève tant bien que mal. Rien de cassé. On ne peut pas en dire autant de la chaise. David de Rothschild, pour ne pas en rajouter et éviter de rappeler le prix de l'objet, se contente de préciser, avec une suprême élégance, que la chaise en question était « très vieille ». Spontanément, François-Poncet rétorque, dans un premier degré déconcertant qui cache en réalité un vrai sens de l'humour : « Ah, si c'est une vieille chaise, alors ce n'est pas très grave ! »

Hilarité générale.

Car la « bande à Bébéar » perd rarement son sens de l'humour.

La conversation peut reprendre.

La bataille aussi.

L'interdit de Trichet

Quelques mois plus tard, au tournant du nouveau siècle, tout le monde attend le verdict des autorités de tutelle. *Quid* de Paribas ? *Quid* de la Société Générale ? *Quid* de la BNP ?

À l'issue d'une fameuse réunion du Comité des établissements de crédit et des entreprises d'investissement (CECEI), présidée, ironie du sort, par Jean-Claude Trichet, le gouverneur de la Banque de France que Michel Pébereau serait probablement devenu s'il avait poursuivi sa carrière dans l'administration rend son verdict : il autorise Pébereau à prendre le contrôle de Paribas mais lui interdit de toucher à la Générale.

Le verdict, pourtant, ne satisfait aucun des deux camps, que ce soient les partisans de la fusion BNP-Paribas-Société Générale ou ceux de la fusion Société Générale-Paribas.

Michel Pébereau fait donc contre mauvaise fortune bon cœur. Après tout, la bataille boursière lui a permis de ramasser 65 % du capital de Paribas. Cette victoire-là est totale. Et il réalise au passage, selon sa propre analyse, « la plus vaste opération de rapprochement bancaire en France ». Avec à la clé la naissance d'un poids lourd européen.

Il n'est pas (encore) numéro un comme il en aurait rêvé, mais déjà très bien placé dans le peloton de tête, juste derrière le Crédit Agricole et le géant britannique HSBC.

Certes, sa banque a grossi mais elle est encore trop petite dans la compétition mondiale. Il sait qu'il n'a d'autre choix que de croître. Pour lui aussi, c'est l'époque du « grandir ou mourir ».

Il y a urgence.

En attendant, le 23 mai 2000, l'assemblée générale mixte entérine la création du nouveau groupe BNP Paribas.

Autre revers de la médaille, le discours stratégique du nouvel ensemble a du plomb dans l'aile. Durant la bataille boursière, Pébereau, en effet, n'a cessé de mettre en avant les synergies qu'offrirait le rapprochement des deux réseaux de la BNP et de la Société Générale. Laissant Paribas dans l'ombre…

C'est pourtant avec l'ombre qu'il devra désormais faire de la lumière.

Fusion sans effusion

Très vite, BNP Paribas devient l'exemple d'une fusion exemplaire.

C'est un mariage « *win-win* », comme on ne le dit pas encore.

Sur le papier, tout le monde y gagne. Les deux établissements sont complémentaires. Une banque de dépôt issue des Trente Glorieuses d'un côté, un pur-sang de la banque d'affaires de l'autre.

Au sein du nouvel établissement, on évoque souvent, à l'époque, le « mariage du grand bourgeois et de la femme de chambre ». En oubliant un peu vite qu'en l'occurrence, c'est la femme de chambre qui vient de racheter le grand bourgeois !

Au quotidien, dans le fonctionnement des équipes, le choc est double. Côté BNP, on découvre les salaires, les voitures de fonction et les bonus des banquiers de Paribas. Côté Paribas, on découvre les comités d'entreprise, les pots de départ à la retraite et les sapins de Noël avec boules et guirlandes de BNP.

Très vite, c'est la « culture Paribas » qui l'emporte.

L'ensemble change de taille et surtout de style. Ouvrant la porte aux années « FriFri », fric et frime. Il faut dire que le contexte de l'époque s'y prête. Le début des années 2000 reste marqué par une spéculation financière débridée. C'est la *golden decade*, sur fond d'explosion d'Internet, de nouvelle économie et d'accélération de l'ouverture à l'international.

En 1993, la banque compte 56 000 collaborateurs. Dix ans plus tard, en 2003, elle en comptera près de 90 000.

Désormais, son socle est européen. Son rayonnement est mondial. Son président, lui, est incontournable. Il est « LE » grand banquier de la France, dont il finance à la fois l'État et l'économie à travers des cascades de holdings et de participations croisées.

Dès lors, plus rien, ou presque, ne l'arrêtera.

Michel Pébereau est notamment le principal conseiller financier de Nicolas Sarkozy lorsque celui-ci arrive au pouvoir en 2007. Une sorte de « *shadow* ministre des Finances » (au grand dam du vrai ministre des Finances...).

Les deux hommes se connaissent depuis longtemps. « Je l'ai rencontré lorsqu'il était maire de Neuilly. Moi, à l'époque, j'étais président du CCF. Il connaissait aussi ma passion pour l'enseignement. Alors il m'avait invité à faire une petite conférence devant un club d'habitants de sa ville. Quand je suis arrivé, il avait rempli tout un théâtre de Neuilly. »

Grossir ou mourir

C'est à son initiative que la séparation des postes de président et directeur général au sein de BNP Paribas est décidée en 2003. Michel Pébereau conserve les fonctions de président du conseil d'administration du groupe BNP Paribas. Mais il nomme Baudouin Prot en qualité de directeur général.

En 2008, la faillite de Lehman Brothers déclenche une crise financière mondiale. Tout le monde se souvient de la fameuse photo publiée dans *Paris Match*, dans le bureau de la « vraie » ministre des Finances, Christine Lagarde. Il est 2 heures du matin et tous les regards convergent vers… Michel Pébereau !

Les banques françaises sont relativement mieux gérées et protégées que les banques américaines. L'État français décide pourtant d'un plan d'urgence à hauteur de 20 milliards pour sauver les banques françaises… dont 5 milliards pour BNP Paribas !

Rassérénée quand les autres tremblent encore, elle en profite pour racheter Fortis, banque belge au bord de la faillite. Pébereau, lui aussi, se souvient de la fameuse phrase de Nietszche : « Tout ce qui ne nous tue pas nous rend plus fort… »

Après ce rachat, la BNP devient la plus grosse banque européenne.

Elle sort de la crise plus puissante encore qu'elle n'y était entrée.

L'arrivée de la gauche avait été – sans que Pébereau le sache – une première chance, qui l'avait fait obliquer de l'autoroute des hauts fonctionnaires vers celle, plus risquée, de la haute finance.

L'échec de la double OPA pour ramener la Société Générale dans son giron en sera une autre, qui l'obligera à aller grossir en Europe faute de pouvoir grandir en France. Ce sera, pendant des années, l'obsession du nouveau tamden que Michel Pébereau forme désormais avec son directeur général, Baudouin Prot.

La BNP grossira donc en Belgique, en Italie, et deviendra très vite un joyau de la banque européenne.

Après le départ de Baudouin Prot de la présidence le 1er décembre 2014, Pébereau abandonnera son siège d'administrateur à l'issue de l'assemblée générale du 13 mai 2015.

En quelques mois, le tamdem « historique » qui aura donné à la banque française ses lettres de noblesse prend du recul. Pébereau s'applique à lui-même les principes qu'il avait partagés dans sa jeunesse, sur le campus de Polytechnique, avec Claude Bébéar, qui n'était pas encore son ami : il cède la place.

Ombre et lumière

À l'heure du bilan, pourtant, impossible de ne pas souligner quelques zones d'ombre, plus ou moins connues du grand public, et qu'un documentaire récent est venu rappeler : dérives de sa filiale suisse, amende record aux États-Unis, utilisation des paradis fiscaux…

« Mais si l'on regarde la *big picture* et le long terme, Michel Pébereau a compris, l'un des premiers, l'importance de la finance en période de mondialisation. Il a été probablement l'un des plus grands banquiers de la fin du siècle précédent et du début de ce siècle, explique l'un de ses "collègues" banquiers. Il voulait offrir à la France une puissance mondiale sur les marchés financiers. De ce point de vue aussi, le pari est gagné. »

En France, BNP Paribas est probablement plus puissante que chacune des entreprises du CAC 40. Pour une raison très simple : c'est elle qui les finance ! Comme elle finance l'État français et sa dette, qui dépasse aujourd'hui largement les 100 % du PNB.

À l'étranger, BNP Paribas est présente dans 70 pays et emploie près de 200 000 salariés dans le monde.

C'est la quatrième plus grande banque de la planète.

Michel Pébereau n'a pas à rougir de son grand œuvre.

Le professeur

Aujourd'hui, celui qui conserve le titre de président d'honneur et la présidence de la Fondation BNP Paribas est moins un « parrain » qu'un « vieux sage », que l'on consulte encore régulièrement. Ou plutôt un « professeur », même s'il vient d'arrêter les cours qu'il a rituellement donnés pendant plus de trente ans, tous les lundis matin, à Sciences Po.

À défaut d'inspirer toujours l'empathie, le professeur inspire toujours le respect. « Personne ne peut dire qu'il est ami avec Michel Pébereau, s'amuse l'un des plus grands banquiers de la place, admiratif. Mais quelle intelligence ! »

De fait, Michel Pébereau pense juste et parle clair. À la fois analytique et synthétique, poli, courtois, précis, il s'exprime toujours sans affect apparent dans une sorte de débit à la précision chirurgicale, un peu à la manière d'un Valéry Giscard d'Estaing, mais sans l'affectation chuintante (et drôle…) de ce dernier.

Austère, le grand banquier l'est assurément resté. Il le répète, ce n'est vraiment pas pour la qualité des dîners qu'il fréquentait Entreprise et Cité. Au sein du club, en revanche, il a apprécié de rencontrer des profils atypiques (« Les amis de Claude ! ») qu'il n'aurait jamais rencontrés dans le monde souvent gris et feutré de la banque. Plus que tout, c'est la nourriture intellectuelle qui l'intéressait. Et dans laquelle il excellait. Au sein d'Entreprise et Cité, c'est lui qui, systématiquement, récupérait la synthèse, à la fin des tours de table. « Il n'avait pas son pareil pour condenser, résumer et mettre en perspectives toutes nos conversations », me répétera souvent Claude Bébéar.

En janvier 2020, dans le bureau qu'il a conservé au siège historique de Paribas, rue de la chaussée d'Antin, revenant avec un plaisir non dissimulé sur ces « années Bébéar », Pébereau avoue qu'il n'était pas au courant de la fameuse volonté de son ami Claude de ne prendre « aucun banquier » au sein d'Entreprise et Cité. L'information, d'ailleurs, le ferait (presque) rire : « C'est drôle parce qu'au moment de la dissolution d'Entreprise et Cité, l'un d'entre nous, je ne sais plus lequel, avait fait remarquer qu'il y avait justement trop de banquiers ! Et surtout trop de BNP Paribas : Michel François-Poncet, Amaury de Sèze, André Lévy-Lang et moi-même. »

De cette période, il ne garde « que de bons souvenirs, personnels et professionnels ». Même si, une fois de plus, il insiste, précise son propos de façon quasi chirurgicale : « Il faut être clair : l'amitié est une chose, le business en est une autre. Nous n'aurions jamais fait des affaires ensemble uniquement parce que nous étions amis, analyse-t-il froidement. C'était beaucoup plus subtil que ça. Nos dîners et nos rencontres étaient une forme de "sécurisation" des relations que nous avions nouées et développées. Entreprise et Cité nous permettait d'avoir, chaque mois, confirmation réciproque de nos personnalités. Au bout d'un certain temps, nous nous connaissions suffisamment pour savoir que, dans telle ou telle situation, nous ne serions plus surpris. Dans nos métiers, c'est capital de connaître ses interlocuteurs en profondeur. De connaître la valeur de la parole de chacun. En ce sens, c'était une expérience irremplaçable. »

Merci qui ?

En retraçant les grandes lignes de son parcours, lui aussi est obligé de reconnaître, avec le recul, qu'il doit tout – en tout cas beaucoup – à la gauche qui a forcé son exfiltration de l'administration et sa conversion à la banque.

« Merci, Mitrand ! » (*bis*)

Mais lui aussi sait tout ce qu'il doit à Claude Bébéar, pour lequel il ne cache ni son amitié ni son admiration.

« Ce qu'a fait Claude est tout simplement... incroyable. Passer en si peu de temps des Mutuelles Unies, petite mutuelle régionale, à AXA, leader mondial de l'assurance, c'est quand même quelque chose... d'extravagant, de prodigieux. »

Dans la bouche d'un homme aussi mesuré que Michel Pébereau, le compliment, comme au jeu de Scrabble… compte triple !

Un propos en écho direct, presque mot pour mot, avec ceux d'un certain… David de Rothschild.

On l'aura compris : Claude Bébéar n'aime pas les banquiers.

Sauf certains.

Qui le lui rendent bien.

Vivendi va mieux que bien !

— Incroyable ! C'est quoi, cet avion ?

Les copains d'Entreprise et Cité n'en reviennent pas.

La petite bande, on l'a vu, ne rate jamais un match de rugby important. Ce 16 février 2002, ils se retrouvent donc au Bourget afin de prendre l'avion tous ensemble pour Cardiff, où la France affronte le pays de Galles dans le Tournoi des 6 nations. Sur le tarmac, les « fans » des Bleus sont presque au complet : Bébéar, bien sûr, mais également Lachmann, Fourtou, Kampf, Breton…

Par un incroyable coup du sort, l'avion qu'ils ont loué ce jour-là s'avère être l'Airbus 319… de Vivendi ! Un avion qui, officiellement, n'existe pas... Dont Vivendi, en tout cas, fait tout pour nier l'existence.

Les copains comprennent vite pourquoi. À l'intérieur, tout n'est que luxe, calme et volupté. Cuir fin, bois précieux, cristal, porcelaine, douche... « C'était Versailles ! », se souvient Bébéar.

L'année précédente, Jacques Chirac en personne avait, paraît-il, demandé à le visiter car on lui avait rapporté qu'il était mieux équipé que son propre avion présidentiel.

Mort de rire, Jean-Pierre Rives, le joueur mythique des Bleus, en profite même pour chambrer ses amis patrons : « C'est quand même pas mal, d'être milliardaire, non ? Vous, vous ne savez pas y faire ! Ce n'est pas comme lui... »

« Lui », c'est bien entendu Jean-Marie Messier, 45 ans, patron du deuxième groupe de communication au monde. Un empire au bord du gouffre et qui ne cesse de faire parler de lui depuis quelques mois. Tout comme la folie des grandeurs de son P-DG.

L'« avion de fonction » ne fait que la confirmer. Ce sera la goutte d'eau... qui mettra le feu aux poudres.

Certes, il s'avérera que Jean-Marie Messier, sentant venir le scandale, a vite renoncé à utiliser l'appareil qu'il avait pourtant spécialement commandé à Airbus pour faciliter ses allers-retours et ceux de son équipe entre la France et les États-Unis. Mais le mal est fait.

Et ce jour-là, tous les copains en conviennent : en plus d'être un gros cachottier, le jeune P-DG a visiblement perdu le sens des réalités.

Comment a-t-on pu en arriver là ?

Vieilles dames

Là encore, on n'échappera pas à un peu d'histoire.

Il était une fois... la Générale des Eaux et la Lyonnaise des Eaux. En poussant l'allégorie, j'aurais pu démarrer par « Nous sommes deux sœurs jumelles... » car la France, à la fin des années 1980, se partage entre ces deux groupes aussi similaires que tentaculaires et opaques.

La Générale des Eaux d'un côté, la Lyonnaise des Eaux de l'autre. Tellement incontournables, tellement inscrites dans le paysage, que l'on parle en toute simplicité de « la Générale » et de « la Lyonnaise » comme on évoque deux vieilles connaissances.

Elles sont les « meilleures ennemies », non pas du monde mais de l'Hexagone, puisqu'elles se partagent, partout sur le territoire, l'approvisionnement en eaux et la fourniture de services d'assainissement (traitement des ordures...) de la plupart des communes et des entreprises. Leur emprise est totale sur l'économie et sur le quotidien des Français.

Ce sont deux « vieilles dames » très dignes ou très indignes, c'est selon. Car les deux groupes n'ont pas leur pareil pour gérer et alimenter les « réseaux », dans tous les sens du terme. En clair, elles sont aussi des pompes à financement pour les partis politiques, toutes tendances confondues. Ni l'une ni l'autre, d'ailleurs, ne faillira dans cette mission. Il faut dire que, à l'époque, les lois sur le financement de la vie politique en général et des partis politiques en particulier sont pour le moins floues. Pendant de longues, très longues années, même, dans une sorte de pacte tacite de non-agression, elles se partageront ainsi les secrets de la République. Un Yalta de la corruption.

Les deux groupes sont alors présidés par deux patrons emblématiques, mais dont les noms n'évoqueront probablement plus rien aux plus jeunes lecteurs. Guy Dejouany est à la tête de la Compagnie Générale des Eaux. Jérôme Monod, lui, préside la Compagnie Lyonnaise des Eaux.

Les collaborateurs de Jérôme Monod ne s'en cachent pas : « Le business tournait tout seul ou presque. Les ingénieurs et les techniciens faisaient leur travail. Le vrai job de Monod était avant tout d'être un ami de Chirac. Il était à son service. Chirac ne lui demandait que deux choses : placer ses amis et financer ses campagnes. Ce qu'il a toujours fait, avec zèle et constance. »

Son meilleur ennemi, Guy Dejouany, n'est pas en reste. Le plus étonnant est que personne ne s'en cache vraiment. Dans une interview pour *L'Obs* en décembre 2015, qu'il reprendra lui-même presque mot pour mot dans ses mémoires, André Rousselet, l'exécuteur testamentaire de Mitterrand après avoir été son conseiller, mais aussi patron de Canal + et des taxis G7, revient sur la fameuse campagne de 1981. Il précise tout d'abord que la règle de Mitterrand, en fin politique, se résumait à un : « Je ne veux pas savoir. » Qu'il fallait naturellement interpréter en : « Aucune trace, tout en liquide. » S'ensuivent quelques anecdotes savoureuses, toujours racontées par André Rousselet : « Je vois arriver Guy Dejouany, patron de la Générale des Eaux, il entre dans mon bureau, une sacoche à la main. Et, dans la sacoche, en grosses et moyennes coupures, trois millions de francs ! »

En toute modestie, Rousselet ajoute : « De tous les financiers qui se sont occupés de campagnes électorales, le seul qui soit sorti indemne de son travail dans l'obscurité, c'est moi [...]. J'ai simplement été plus discret et plus prompt à faire disparaître en fumée [...] ce qui ne devait pas survivre à la durée d'une campagne. »

De J2M à J6M

On n'en rajoutera pas. Mais c'est bien dans cet univers à la fois très conservateur et très conspirateur qu'entre en scène un autre personnage de roman qui, très vite, va bouleverser à sa manière ce « vieux » capitalisme.

Son nom ? Jean-Marie Messier.

Déjà connu sous le sobriquet de « J2M » (quelques mails dans mon ordinateur témoignent encore qu'il signait lui-même ainsi…), il le sera bientôt sous celui de « J6M » (c'est le titre qu'il choisira pour signer son autobiographie…).

Au *Figaro* où je débute à la fin 1986, Jean-Marie Messier est déjà l'une des « sources » d'Alain Vernay, mon patron de l'époque, qui ne cesse de me répéter : « Suivez-le de très près : il ira loin ! »

Il ira loin, certes… mais en reviendra vite.

Messier est également intime de Philippe Villin, le patron du *Figaro*. Pour cause : polytechnicien, il est lui aussi énarque et, surtout, inspecteur des finances. De quelques années son aîné, Villin est en quelque sorte son parrain à l'Inspection des finances.

Alain Minc, autre inspecteur des finances et conseiller de l'ombre, l'a également pris sous sa coupe. Messier a été son élève à l'ENA. Il le trouve « sage, classique », et ne perçoit ni son ambition hors normes ni sa grande audace. « Il y a chez Messier du Giscard de la grande époque, la sympathie en plus, c'est-à-dire une extrême sophistication dans la manœuvre, une grande capacité de calcul et une attention permanente aux détails, aux symboles, aux gestes. Il y a aussi du Bonaparte. »

Les Giscard de la grande et de la petite époque apprécieront.

Messier commence sa carrière en 1986 comme directeur de cabinet de Camille Cabana, le ministre délégué chargé de la privatisation. À 29 ans à peine, il est même le plus jeune directeur de cabinet de la Vᵉ République. Il impressionne. À l'époque, Cabana dit de lui qu'il est « totalement dépourvu d'arrogance, de cette morgue qui caractérise bon nombre d'énarques ». Encore un visionnaire ! Car, s'il brille encore par ses qualités, Messier, on va le voir, ne manquera pas de briller aussi par ses défauts.

En 1988, il rejoint le cabinet du ministre de l'Économie, Édouard Balladur, en tant que conseiller technique chargé des privatisations. Il est déjà un « bon client » pour beaucoup de journalistes qui, comme moi, le croisent parfois aux conférences de presse de son patron.

Très vite, on comprend que l'homme a surtout beaucoup d'ambition… pour lui-même ! Personne n'est donc vraiment surpris de le voir basculer dans le privé (« pantoufler », comme on le dit de ces hauts fonctionnaires qui passent sans vergogne des affaires du monde aux monde des affaires), où il devient, à 32 ans à peine, le plus jeune associé gérant de la banque Lazard. Là, dans les secrets de l'une des banques d'affaires les plus puissantes au monde, il fera plusieurs rencontres capitales.

Celle, tout d'abord, de Didier Pineau-Valencienne, DPV, le puissant patron de Schneider. À ses côtés, Messier travaille sur la fameuse OPA de Schneider sur Square D, une brillante opération qui installera Schneider aux États-Unis. Lorsque DPV sera incarcéré en Belgique (avant d'obtenir un non-lieu... vingt ans plus tard !), c'est ce même Messier qui traitera les affaires courantes. Sous le charme, DPV proposera même au jeune ambitieux de le rejoindre pour, à terme, prendre sa suite. Mais le jeune Messier déclinera. L'industrie ? Très peu pour lui...

Il dira « oui », en revanche, à la suite d'une autre rencontre, avec Guy Dejouany cette fois-ci. Ce dernier, séduit par le jeune banquier qui lui fait littéralement la cour, cherche un successeur. Il en parle à... Ambroise Roux. « Pourquoi pas Messier ? »

Enthousiaste mais prudent, Dejouany décide de le tester en lui confiant une mission délicate : l'aider à prendre le contrôle de Canal +, dont il est actionnaire mais dont le président fondateur André Rousselet fait tout pour maintenir l'indépendance.

À l'époque, la chaîne (payante) dépasse les 4 millions d'abonnés. Elle est la plus riche d'Europe ! Messier trouvera très vite une solution en signant un pacte d'actionnaires avec Havas et la Société Générale. Rousselet, du coup, n'est plus maître chez lui. Furieux, il démissionne de la présidence de Canal+, non sans avoir publié une tribune au vitriol dans *Le Monde* du 17 février 1994, volontairement titrée « Édouard m'a tuer ». Une allusion à l'une des fautes d'orthographe les plus célèbres de l'histoire criminelle : l'assassinat, trois ans auparavant, d'une veuve fortunée, Ghislaine Marchal, dont la phrase accusatrice « Omar m'a tuer » écrite en lettres de sang sur une porte, semblait imputer le crime à son jardinier Omar Raddad.

À 40 ans à peine, Messier quitte donc Lazard, en 1996, pour succéder à Guy Dejouany, 73 ans, vieillissant et, surtout, rattrapé par les affaires.

Messier a déjà pris goût aux médias.

Il ne pourra plus s'en passer.

Claude Bébéar, comme tous ses amis d'Entreprise et Cité, observe lui aussi avec curiosité les premiers pas de ce trublion qui l'intrigue. Il ne sera pas déçu.

Dès son arrivée, le jeune patron bouscule la « vieille dame ». Et la force même à entamer une véritable révolution à marche forcée. Homme de communication dans l'âme, Messier va vite, tranche dans le vif et n'hésite jamais à se mettre en scène. Une hérésie pour l'époque, réservée aux *bad boys* de l'establishment comme Bernard Tapie. Mais Messier n'en a cure.

Le jeune patron n'entre pas dans la modernité, il y saute à pieds joints.

Il adore la vitesse.

Et pour ceux qui en douteraient encore : il s'aime !

Vivre ensemble

La révolution commence par le changement de nom. Là où un Bébéar avait commencé la transformation de son groupe (alors une grosse PME de l'assurance) avant d'adopter un nouveau nom, lui commence par changer le nom de son (énorme) groupe avant de le transformer.

Sans transition, on passe ainsi de « La Compagnie Générale des Eaux », calligraphié en lettres rondes à l'ancienne, à « Vivendi » en typo ultra-moderne. Quelques mois plus tard, après l'acquisition d'Universal, aux États-Unis, le nom « Vivendi Universal » mariera le latin et l'américain, le passé et l'avenir, les racines et les ambitions. Brillant.

Bien des années plus tard, l'ensemble n'a pas pris une ride.

« Vivendi, cela veut dire vivre ensemble, rappelle Messier à longueur d'interviews. C'est tout l'enjeu des différentes sociétés du groupe et de toutes celles qui vont nous rejoindre. »

Car la révolution se poursuit avec le changement de stratégie. Un bouleversement de stratégie, devrait-on dire. Messier répète qu'il veut maîtriser à la fois le « contenu » et le « contenant », au propre et au figuré. En clair : les tuyaux (les canalisations pour l'eau, les câbles pour les télécommunications) et tout ce qu'ils transportent (l'eau, mais également les flux d'informations et les programmes).

Lorsqu'il parle des médias en particulier, il commence à déployer une sorte de sous-discours dont il ne se départira jamais. Il use (et abuse) du qualificatif de « convergence », notamment lorsqu'il évoque la complémentarité entre les industries des télécommunications et les programmes.

Là encore, le raisonnement n'a rien perdu de son actualité. Vincent Bolloré (qui occupera ce même fauteuil quelques années plus tard) est le premier à le reconnaître aujourd'hui : « Dans nos métiers, tout le monde ne parle plus que de complémentarité et de convergence. Nous les premiers. Avec le recul, Messier avait raison. Si ce n'est qu'avoir raison trop tôt… c'est avoir tort. »

Car le problème, c'est que la technique de l'époque était en retard sur les raisonnements. D'autres entrepreneurs et visionnaires, plus modestes, s'y sont cassé les dents.

Jacques Rosselin, cofondateur de *Courrier international*, est alors l'un des premiers à s'engouffrer dans les thèmes chers à Jean-Marie Messier. Celui que la presse française surnomme le « Don Quichotte du Web » crée CanalWeb, pour diffuser la télévision sur le Web. Lui aussi parie sur la convergence et sur l'éclatement du paysage traditionnel, que l'on appelle encore le « PAF » (Paysage Audiovisuel Français). Au point qu'il organise régulièrement des séances de « pétage de téléviseurs », durant lesquels ceux qui se voient déjà comme les futurs rois de l'audimat défoncent physiquement de vieux téléviseurs « en direct » sur Internet.

Il explique alors, sans rire : « Dans cinq ans, nos concurrents, ce seront Murdoch, Vivendi, Canal... »

Problème : la bande passante de l'époque est insuffisante, et le parc de spectateurs potentiels quasiment inexistant.

Don Quichotte rend vite les armes, et CanalWeb dépose le bilan en 2002.

Au moment-même où, très symboliquement, Vivendi mettra aussi genou à terre...

Gros Cul

Pour l'heure, le jeune Messier intrigue, séduit, bouscule, dérange ou fascine. Mais il ne laisse personne indifférent.

Sur Canal +, la chaîne cryptée et payante du groupe, alors à son apogée, les tout-puissants « Guignols de l'info » et leurs fameuses marionnettes ont choisi leur camp. Ils poussent l'impertinence à son apogée. Par allusion à son surnom « J2M », ils surnomment ainsi leur propre patron « J6M », pour « Jean-Marie-Messier-Moi-Même-Maître-du-Monde », un titre que Messier reprendra lui-même, on l'a vu, dans son autobiographie (*J6M.com*). À la dérision, il croit malin de répondre par l'autodérision. Malin, mais insuffisant : les Guignols en rajouteront jusqu'à l'obscène en le surnommant… « Gros Cul » ! Allusion fine à ses quelques kilos en trop, son début de double menton et cet air poupin dont il ne se départira jamais.

Le fameux « esprit Canal », intéressant et plutôt rafraîchissant dans les premières années, est en train de virer au rance. De décalé et drôle, il devient délétère.

Le mal est fait. Pour Messier, c'est le début de la fin. Pour Canal + aussi.

Le 16 avril 2002, Messier annonce le licenciement de Pierre Lescure, le patron de Canal +, avec lequel l'admiration et l'amitié des débuts ont laissé place à la haine, et son remplacement par Xavier Couture. Ce départ, il en est persuadé, passera inaperçu. Les Français ne sont-ils pas concentrés sur le premier tour de l'élection présidentielle ?

Il se trompe. Les salariés s'emparent de l'antenne pour soutenir Lescure et organisent des manifestations devant le siège de Vivendi. Cette fois, J6M y est brocardé, par les personnel de la chaîne cryptée, en « Menteur Mégalo Malhonnête Manipulateur Mesquin Messier ». Il n'en a cure. Et poursuit la transformation de son groupe à marche forcée.

La France est trop petite pour lui ? Il a déjà foncé en Amérique, où il enchaîne, à prix d'or, les acquisitions douteuses, à commencer par les studios Universal, après une fusion avec le canadien Seagram qui en était propriétaire.

Il s'est même installé avec femme et enfants dans un duplex luxueux à New York. Sur Park Avenue. Il s'affiche avec l'actrice Jodie Foster ou le réalisateur Steven Spielberg. Et continue de naviguer entre la France et les États-Unis.

À la presse américaine, il se présente comme « le plus non-Français des Français ». À ses amis, il répète : « Je suis un homme international. » Bref, le maître du monde, à l'image de la marionnette de Sylvester Stallone et de sa World Company, vedettes des « Guignols » de Canal + .

À Paris, ce départ est vécu comme un abandon. En réalité, la France ne l'intéresse plus. Son groupe de communication n'est « que » le numéro deux au monde ? Il veut en faire le numéro un.

Quoi qu'il en coûte.

Rien n'est trop beau ou trop cher pour satisfaire son ambition. Il multiplie alors les acquisitions de « tout et n'importe quoi pourvu que ça brille », se souvient un banquier d'affaires français. Et enfonce le groupe dans un « délire stratégique » que plus personne ne comprend vraiment.

En parallèle, il se lance dans une politique tout aussi incompréhensible de rachat de ses propres actions que, là encore, même ses plus proches conseillers ne comprennent pas… et tentent même de freiner, directeur financier en tête. « En un peu plus de deux ans, Messier a dépensé près de 11 milliards d'euros pour racheter ses propres titres ! Cela s'est traduit par une destruction nette de plus de 5 milliards pour le groupe… C'était totalement incompréhensible », analyse rétrospectivement Claude Bébéar.

Tout cet argent jeté par les fenêtres de l'avenue de Friedland va très vite lui manquer. Mais, encore une fois, Messier n'en a cure : il est sûr de sa stratégie et certain de son triomphe.

Lui qui était toujours mal habillé, en léger surpoids, a changé. Il s'habille bien. Mieux, en tout cas. Il maigrit. Apparaît toujours bronzé. Et de plus en plus passionné par lui-même…

Il ne revient plus en France que pour « communiquer ». Il multiplie les interviews, s'invite chez Michel Drucker aux côté de vedettes comme Sophie Marceau, ne cache pas son salaire de 3 millions d'euros annuels, et va jusqu'à s'étaler dans *Paris Match* dans tous les sens du terme. Chacun se souvient d'une photo désormais fameuse, avachi sur son lit, où l'on aperçoit surtout… un trou dans ses chaussettes ! Négligence ? Coup de com pour rappeler ses origines modestes, lui, le modeste Grenoblois « monté » un jour à Paris et qui brille aujourd'hui jusqu'à Hollywood ?

Mais à quel prix !

Trop c'est trop

En moins de deux ans, le titre en Bourse est passé de 90 euros à… moins de 20 euros ! Il perdra un jour plus de 20 % en une seule séance. Les actionnaires font leurs comptes. En dix-huit mois, ils auront perdu… 7,2 milliards d'euros !

Début 2001, Messier avait claironné que le groupe avait « zéro dette ». Elle montera en moins d'un an à près de 15 milliards d'euros. Auxquels s'ajoutent 8,5 milliards d'euros à court terme, sans parler du hors bilan, des engagements divers et des projets tous azimuts auxquels ce président frénétique et boulimique refuse de renoncer (EchoStar, USA Network…).

« Le marché a toujours raison, mais il n'a pas raison tous les jours », répète-t-il, certain de l'effet de son bon mot. Mais, lorsqu'il présente l'addition de sa stratégie de convergence, on comprend que l'exercice 2001 s'est traduit par... une perte abyssale de 13,6 milliards d'euros ! La plus grosse perte jamais affichée par un groupe français ! Plus que le total des ardoises laissées par le Crédit Lyonnais sur plusieurs années. Or Vivendi Universal n'existe que depuis un an... Pas mal pour un premier anniversaire ! Surtout, il ose, devant une assemblée sidérée, prétendre que « Vivendi Universal va mieux que bien » ! Un mélange de désinvolture et d'arrogance. Et surtout un incontestable déni de réalité.

Trop, c'est trop.

Claude Bébéar a pu, un instant, être fasciné par ce jeune homme pressé qui n'est peut-être pas sans lui rappeler un certain Gascon qui s'était, lui aussi, donné comme ambition de conquérir les États-Unis, puis le monde... Mais il s'est vite fait son opinion : cet homme est dangereux. Lui-même sait qu'il lui a fallu des années de conquête, de travail et de consolidation avant de hisser le groupe AXA au premier rang mondial. Messier, lui, construit trop vite, sur du vent et sur du bluff.

Bébéar fait le tour de ses amis d'Entreprise et Cité. Tous le confortent dans son jugement : Vivendi Universal (VU) court à la catastrophe.

Début mars 2002, le groupe compte 350 000 salariés. Son chiffre d'affaires est de 58 milliards d'euros. C'est le deuxième conglomérat de médias au monde.

Sa puissance de feu est, peu ou prou, celle d'un État. Mais d'un État en sursis…

Au plus haut niveau de l'État français, justement, Messier perd alors, un à un, tous ses soutiens. Les actionnaires américains du groupe, qui perdent énormément eux aussi, voudraient que VU se déleste de Cegetel, de Canal + … Impensable pour Jacques Chirac, furieux lui aussi de la tournure que prennent les événements et qui ne supporte pas Messier. D'autant que le malotru a osé menacer Henri Proglio, avec lequel il est très lié, qui préside toujours l'autre pilier du groupe, moins médiatique mais puissant, Vivendi Environnement (futur Veolia).

Un instant menacé, Proglio, lui, opposera une résistance efficace. Il faut dire qu'il préside l'une des rares branches (très) rentables de l'empire !

Messier, pour la première de sa vie, devra faire machine arrière…

Un géant aux pieds d'argile

C'est ici qu'entre en scène un analyste financier complètement inconnu à l'époque. Il s'appelle Édouard Tétreau et travaille pour une petite entreprise filiale du Crédit Lyonnais. C'est le premier à tirer la sonnette d'alarme.

Ce 12 mars 2002, le voici dans le bureau de Guillaume Hannezo, le directeur financier de Vivendi Universal.

De l'autre côté de l'Atlantique, en visioconférence depuis son bureau new-yorkais, « J6M » en personne.

Autant Messier paraît détendu, autant Hannezo semble tendu. Il faut dire que Tétreau se prépare à publier une note d'analyste suffisamment décapante pour que les deux dirigeants de Vivendi en aient été informés au préalable et qu'ils aient jugé bon d'en parler en détail avec lui avant publication. On comprend pourquoi. Dans moins d'une semaine, la note sera accessible à plusieurs milliers de lecteurs, et donc d'investisseurs. « Cette note, c'était de la dynamite ! », reconnaît Tétreau.

Sa conclusion est simple : Vivendi Universal n'est qu'un géant aux pieds d'argile. Le groupe est au bord de la faillite et son P-DG risque d'être débarqué. Cette dernière hypothèse, certes, est pondérée d'une probabilité très faible, 5 %. Mais c'est la première fois qu'elle est évoquée ouvertement.

Une hérésie dans le milieu feutré du CAC 40.

Sur l'écran en face des deux hommes, Messier joue la sérénité. Après tout, le maître du monde, c'est lui. Et il s'adresse à un microbe ! Il balaye donc toutes les questions et toutes les objections d'un revers de la main : « Détrompez-vous : j'ai une excellente relation avec mon conseil d'administration ! » À distance, Édouard Tétreau sait pourtant qu'il a touché, sans s'en rendre compte, le vrai point sensible. Très sensible même. De fait, pendant plus d'une demi-heure, c'est bien ce point précis de la gouvernance et du rapport au conseil d'administration, et non pas les différents choix stratégiques et financiers pourtant calamiteux, qui sera au cœur des échanges entre un petit analyste anonyme et l'un des hommes d'affaires les plus puissants de la planète.

Finalement, les deux hommes trouvent un terrain d'entente : la probabilité de débarquement du P-DG est relevée à 10 %, mais la note est publiée avec une recommandation d'achat du titre Vivendi Universal. Elle accorde même un crédit de 60 % au scénario de retour à la normale. Tout le monde a l'air satisfait. En apparence. « Messier était content, et moi aussi. Nous nous sommes quittés en nous promettant de nous revoir vite. Mais cette vidéoconférence a été mon dernier contact avec lui... », se souvient Édouard Tétreau.

Et pour cause.

La fin d'une exception

La note est diffusée le 20 mars 2002 sous le titre : « Vivendi, la fin d'une exception ». Plutôt que de revoir Édouard Tétreau, Messier demande alors sa tête à son président, Jean Peyrelevade. Ce dernier me confirmera, quelques années plus tard, que non seulement il la lui a refusée, mais en outre qu'il a « couvert » son analyste dont il partage d'ailleurs l'analyse et le point de vue.

La rumeur commence à se propager dans les milieux les plus informés. Dans l'entourage de Bébéar, c'est Dominique Senequier, brillante dirigeante d'AXA Private Equity, qui confirme à son patron, un soir, la gravité de la situation. La discussion a lieu à l'Opéra Bastille, le 10 avril 2002, pendant l'entracte du *Barbier de Séville*, devant Henri Lachmann et Thierry Breton. Philippe Villin, qui s'est déjà fait virer du *Figaro* et pas encore de chez Lehman Brothers France, laisse traîner une oreille et ne perd pas une miette de la conversation. Bébéar avertit son ami Henri des risques qu'il prend : « L'heure est grave, vraiment. Si tu ne fais rien, ta responsabilité est engagée. Et celle de nos amis administrateurs aussi. » Bien entendu, la conversation doit rester secrète. Mais, le lendemain, tout Paris est prévenu des menaces de Bébéar. Messier le premier. Chacun sait que Philippe Villin a parlé. Ce qui lui vaudra, entre autres, d'être définitivement écarté d'Entreprise et Cité.

En attendant, Bébéar n'a plus le choix. Lui qui hésitait encore doit passer à l'action. Plusieurs noms ont été évoqués pour remplacer Messier : on propose très mollement celui de Charles de Croisset, le président du Crédit Commercial de France (CCF), mais surtout quelques « copains » d'Entreprise et Cité comme Thierry Breton.

Dès le début, bien entendu, le nom de Bébéar a été évoqué, notamment par les actionnaires américains. Mais lui ne veut même pas en entendre parler. Il ne veut surtout pas que l'on pense qu'il s'agit d'une affaire personnelle entre lui et Messier, ou d'un complot fomenté pour prendre sa place, comme le suggérera un écho mal informé du *Nouvel Observateur*.

En réalité, depuis le début, Bébéar a un nom en tête : celui de son ami Jean-René Fourtou, dont il est persuadé qu'il est l'un des rares à pouvoir redresser la barre à temps après avoir développé Bossard et restructuré Rhône-Poulenc. Problème : Fourtou est justement en train de redresser la barre… au sens propre, au beau milieu de l'Atlantique !

Après son brillant parcours, en effet, il a décidé de raccrocher. Enfin la retraite ! De retour à terre, il va se retirer sur les terres de son enfance, dans ce Pays basque espagnol qu'il aime temps. En attendant, il s'est éclipsé au grand large en toute discrétion avec quelques amis, dont son successeur chez Rhône-Poulenc, Igor Landau.

Ah, là, là, là, là !

Averti, Bébéar n'en modifie pas ses plans pour autant : « On retrouvera bien Jean-René un jour où l'autre ! »

« Jean-René », justement, se souvient parfaitement de cette période.

Quand je prononce le nom de Vivendi, chez lui, à Neuilly-sur-Seine, Fourtou s'enfonce dans son fauteuil et répond par un cri du cœur spontané, à la fois amusé, désabusé et nostalgique qui en dit long : « Vivendi ! Ah, là, là, là, là… ! »

C'est peu dire que l'épisode l'a marqué.

« Mettez-vous à ma place : j'ai commencé à travailler à 23 ans à ma sortie de l'X. Je n'ai jamais arrêté. À la fin, j'ai contribué à restructurer et à consolider l'industrie pharmaceutique française. Bref, j'ai le sentiment d'avoir fait mon devoir. Alors, à ce moment-là, je prends l'une des décisions les plus importantes de ma vie, qui est justement… de changer de vie : prendre ma retraite, retourner en Espagne, ne plus parler français, me remettre à ma langue natale, donner tout ce que j'ai à mes enfants et à une fondation familiale… Ici, en France, je suis un agité. Là-bas, je suis bien décidé à ne rien f… Bref, dans ma tête, je suis déjà parti ! »

Depuis quelques mois, pourtant, Claude Bébéar ne cesse de lui parler de Vivendi. « Il en parlait aussi à tous nos copains d'Entreprise et Cité. Il en rajoutait sa cesse : la stratégie, la gouvernance, le management, les pertes… Mais je ne me sentais plus concerné. »

Pression

En quelques mois, pour marquer leur désapprobation avec la stratégie suivie, tous les copains d'Entreprise et Cité, justement, ont quitté un à un le conseil d'administration de VU : Jean-Louis Beffa, Bernard Arnault… Une hécatombe. Seul Henri Lachmann reste. Mais tous font pression sur leur ami Jean-René.

« Les Américains, eux aussi, voulaient virer Messier. C'est là qu'Henri, qui était au conseil, et Claude, qui n'y était pas, ont commencé à se faire vraiment insistants. D'un côté, c'était sympa, ils me disaient : “Tu dois t'en occuper. Il n'y a que toi qui peux le faire.” Mais je n'en avais aucune envie. Ma tête était déjà ailleurs. »

Les amis insistent et insistent encore. Fourtou se souvient d'un déjeuner très particulier, le 26 juin 2002. « Nous avions l'habitude de déjeuner régulièrement tous les quatre : Giscard, Kampf, Bébéar et moi. Ce jour-là, nous avons déjeuné à trois, Giscard, Bébéar et moi. Ils ont encore remis le couvert. Sur le thème : “C'est un désastre. Tu dois y aller ! Si tu n'y vas pas pour toi, vas-y au moins pour la France ! Tu mets de l'ordre dans le portefeuille, tu trouves un bon DG, tu recrutes un successeur et ensuite tu repars à la retraite”… » Fourtou, pourtant, résiste toujours. « Ce jour-là, quand même, la pression est encore montée d'un cran. Giscard lui aussi a insisté sur le fait que c'était l'intérêt de la France, mais je n'ai toujours pas dit OK. »

Bébéar, comme à son habitude, décidera pour deux. « C'est Claude qui a finalement dit OK pour moi », s'amuse aujourd'hui Fourtou.

L'opération de sauvetage s'est lancée « à l'insu de son plein gré ». Aux manettes, Henri Lachmann, bien sûr. Que Bébéar s'empresse de rassurer : « Tu peux y aller, c'est bon : Jean-René a dit "oui". »

La messe est dite.

Pendant que Fourtou finit de naviguer, Messier commence à couler.

La goutte d'eau qui met le feu aux poudres

Jusqu'au dernier moment, Henri Lachmann a hésité. « Je ne peux pas, c'est un ami. » Longtemps, il n'a pas voulu affronter son « ami » Jean-Marie. Mais il a fini par se rendre à l'évidence : Jean-Marie court à la catastrophe. Surtout, il est en train d'entraîner le groupe Vivendi dans sa chute. Un incident, mineur, a achevé de le convaincre : l'affaire de l'Airbus 319.

Quelques semaines après le fameux aller-retour à Édimbourg, Lachmann prend donc son courage à deux mains. Le 28 juin 2002, il va rencontrer « Jean-Marie ». Il est accompagné, ce jour-là, d'un autre administrateur, Jacques Friedmann, l'ex-président de l'UAP, autre proche de Messier. Tous les deux redoutent cette entrevue, partagés entre la nécessité de préserver leur ami et celle de lui dire ses quatre vérités. Lors de la discussion, dans son immense bureau au dernier étage du siège de

Vivendi, avenue de Friedland, Messier se montre très combatif. Pas question de démissionner ni même de remettre quoi que ce soit en question. Il est persuadé d'être victime d'un complot. Il n'en démordra jamais.

« Tu n'es pas victime d'un complot, tu es victime de toi-même et de tes erreurs ! », lui rétorque Lachmann.

Sonné, Messier refuse pourtant de démissionner. Au contraire, il convoque ses salariés pour s'expliquer et les impliquer dans l'avenir du groupe.

Mais la pression est trop forte. Et l'équilibre des forces… déséquilibré.

D'un côté, les soutiens de Jean-Marie Messier : l'ENA, l'Inspection des finances, Polytechnique, le Siècle, le Club des Cent…

De l'autre, ses détracteurs : Jacques Chirac, qui le déteste, Entreprise et Cité, dont certains poids lourds, on l'a vu, ont fini par se retirer du conseil de Vivendi (Bernard Arnault, Jean-Louis Beffa…), et les Américains, qui n'ont jamais accepté le « Frenchie » parmi les noms qui comptent à Hollywood. Sans parler de Claude Bébéar…

Voici que les banques s'en mêlent. L'agence Moody's vient rabaisser les créances de Vivendi parmi les plus risquées du marché. Ce sont désormais des quasi-*junk bonds*. Des « financements pourris »…

Le dimanche 30 juin, dans la soirée, c'est tout le conseil d'administration qui se réunit cette fois au domicile d'Henri Lachmann. Au téléphone, Messier comprend que c'est la fin. À 19 heures, il finit par capituler. Non sans exiger plus de 27 millions d'euros d'indemnités ! Pas mal pour un groupe en quasi-faillite, et pour un homme qui n'a jamais cessé de s'opposer aux *golden parachutes* ou de fustiger tout ce qui ressemble à une « prime à l'échec » !

Exit Messier, donc. Le principe est acté. Mais pas n'importe comment. Pas question pour lui de démissionner en plein conseil, ce qui reviendrait à reconnaître ses torts. Son départ, qu'il a lui-même réglé comme du papier à musique, donne droit à une nouvelle séquence émotion devant les caméras du monde entier. Tout le monde se souvient de la sortie, à pied, du patron déchu, donnant encore le change sous les applaudissements du personnel qui lui fait une haie d'honneur. « Je pars pour que Vivendi vive ! », explique-t-il, bravache et ému. Beau comme l'Antique.

Chacun applaudit. Tout le monde pleure.

Probablement les employés de Vivendi applaudiraient-ils un peu moins s'ils connaissaient la véritable situation de l'entreprise et s'ils savaient que leur patron les quitte, certes, avec les larmes aux yeux, mais avec également les indemnités au portefeuille ! (Auxquelles il sera tout de même obligé de renoncer par la suite contre une promesse d'arrêt des poursuites aux États-Unis.)

Sans compter les pertes subies par tous les actionnaires du groupe, personnel en tête…

Ce 3 juillet 2002, sous la pression des « chiens dociles de l'establishment », comme il le commentera lui-même, Jean-Marie Messier quitte donc la présidence de Vivendi Universal à quelques heures de la cessation de paiements annoncée.

Par la grande porte.

Au même moment, Fourtou, lui, entre par la petite…

Président malgré lui

Dans mes notes de l'époque, j'ai écrit, sous forme de boutade : « Jean-Marie s'en va et Jean-René s'en vient. Ambiance surréaliste au siège de Vivendi Universal. Il faudra un miracle pour redresser la barre. Mais c'est un peu l'ambiance ici : le départ de Messier et l'arrivée… du Messie ! »

Dix-huit ans plus tard, Jean-René Fourtou ne me donne pas tort. Il se souvient lui aussi comme si c'était hier de cette journée de juillet. « À peine mon bateau a-t-il accosté qu'on vient me chercher. Je débarque en short, les cheveux longs… Je n'ai même pas le temps de repasser chez moi et, quelques heures plus tard, je me retrouve au siège de l'avenue de Friedland. Vous n'imaginez pas le monde dans les couloirs ! Partout des *lawyers*, des banquiers, des journalistes, le personnel... Oui, ce n'est pas faux : on aurait dit que tout le monde attendait le Messie ! »

Fourtou replonge immédiatement dans le bain, au cœur d'une multinationale en sursis... dont il ignore tout, ou presque !

« Donc, ce jour-là, ils me cooptent président. La vérité, c'est que je ne connaissais RIEN à ce dossier de Vivendi Universal ! D'ailleurs, c'est ce que je commence, dès mon arrivée, à expliquer à tous mes interlocuteurs. Au moins, je me trouve cohérent avec le discours que je tiens à Claude depuis des semaines. Bref, j'explique de nouveau : je ne suis là que de passage, je remets un peu d'ordre... et je repars ! »

On ne sait pas

Le conseil déroule son ordre du jour dans un silence pesant. Actualité oblige, on insiste très vite sur... le point financier. On invite alors le directeur financier du groupe à rejoindre les débats. Il entre, flanqué d'une armée de consultants, de banquiers d'affaires et de financiers en tout genre...

« Je n'en revenais pas, explique Fourtou. Ils étaient plus nombreux que les membres du conseil ! Là, j'ai compris que c'était encore plus grave que ce que j'imaginais. »

Chacun s'installe tant bien que mal autour de la table ou sur des chaises le long des murs. Pendant un long moment, les financiers distribuent d'énormes paquets de feuilles, de compilations de chiffres, de tableaux en tout genre, et se relaient pour les commenter sans aucune conviction.

Fourtou se résigne. Et en profite pour scruter un à un les membres du conseil. « Il y en avait un seul qui suivait ! Le comptable de chez Accor, je crois, je ne sais plus exactement. Mais tous les autres faisaient semblant… » Ce petit manège le met hors de lui : « C'était insupportable. Non seulement je ne comprenais rien, mais en plus je voyais que je n'étais pas le seul. Au bout d'un moment, je leur dis : “Bon, on va arrêter là : je ne sais pas si c'est parce que je suis nouveau que je ne comprends rien à ce que vous dites, mais il me semble quand même que ce n'est peut-être pas normal…” Il y a eu un grand silence… et ils ont continué ! »

Fourtou interrompt alors les débats et demande aux banquiers de sortir. Surpris, ils s'exécutent.

Le nouveau président reprend la parole. Certes, il ne comprend rien au dossier, mais il saisit l'essentiel : Vivendi ne manque pas de potentiel, mais manque cruellement d'argent… et encore plus cruellement de cash pour passer les échéances qui se présentent. Et elles sont nombreuses.

Le groupe est vraiment au bord du gouffre, lequel est bien plus profond qu'on ne le croyait.

S'ensuit ce discours surréaliste :

— Il manque combien ? Un milliard ? demande Fourtou.

— Un milliard, oui, ça c'est sûr... lui répondent timidement les financiers du groupe.

— Alors combien précisément ? Trois milliards ?

— Il ne faut pas l'exclure...

— Cinq milliards ?

— On ne sait pas. Peut-être...

Cet échange, raconté mot pour mot par le principal intéressé, résume bien l'ambiance de l'immédiat après-Messier.

« Je ne sais pas si vous imaginez, mais j'ai découvert un groupe tentaculaire, avec 2 000 ou 3 000 filiales, on n'a jamais su vraiment, qui n'avait pas de trésorerie centrale ! Je n'avais jamais vu ça. Ajoutez-y l'héritage de la Générale des Eaux, ce qui n'était pas rien non plus, et vous avez une idée du b... »

Fourtou n'a pas le choix. Cette fois, c'est lui qui fait du Bébéar : « Sans même lui demander son avis, on a coopté Claude comme administrateur. Et, dans la foulée, on l'a même nommé à la présidence du comité financier. »

Pour le reste, en bon consultant et en bon patron, Fourtou n'hésite pas un instant : « Il faut vendre ! Et vite... » Tout le monde acquiesce. Très vite, la question suivante devient : « Oui, mais on vend quoi ? » Chacun replonge le nez dans ses dossiers...

Un premier tour de table suggère de se débarrasser de SFR (qui ne sera finalement vendu qu'en 2014). Une seule décision, pourtant, fait l'unanimité ce jour-là : la vente de Canal. « Il faut dire que, de mémoire, la société avait perdu plus de 900 millions ! » Fourtou réunit les cadres de VU, leur demande de préparer un dossier et appelle Jean-Luc Lagardère en lui proposant Canal+ « en priorité ». La vente, finalement, ne se fera pas.

Après le conseil d'administration, Fourtou invite à dîner le plus gros actionnaire du groupe, le patron de Seagram qui avait fusionné son groupe avec Vivendi : Edgar Bronfman Jr., l'un de ceux qui avaient le plus poussé pour l'éjection de Messier.

Là encore, une anecdote savoureuse en dit long sur l'état du groupe. Fourtou se souvient : « Avec Edgar, nous partons dîner chez Ledoyen. Pendant tout le repas, je remarque un type derrière nous, qui ne me quittait jamais des yeux. Il était incroyablement prévenant, limite obséquieux. Toute la soirée, j'ai eu droit à des courbettes. » Un instant, Fourtou se demande s'il n'est pas espionné. Le lendemain, en retournant au bureau, il s'en ouvre à sa nouvelle assistante, qui éclate de rire : « Mais c'est normal, monsieur ! Le pavillon Ledoyen nous appartient. Vous ne le saviez pas ? »

Il ne le savait pas.

Pendant les mois qui suivent, Fourtou ira ainsi de découverte en découverte, de surprise en surprise.

Mais, pour l'instant, son esprit est encore à l'urgence absolue : le groupe est toujours à deux doigts de la faillite.

« Quelques heures plus tard, je reçois un coup de fil de l'agence de notation Moody's qui me dit en substance : "Vous ne passez pas les échéances dans quinze jours." Je leur rétorque qu'il y a quatre cent mille emplois en jeu... J'obtiens un délai du jeudi au lundi suivant pour trouver... un milliard d'euros ! »

Toutes affaires cessantes, Jean-René Fourtou cherche alors à joindre Bébéar. Problème : son ami est parti quelques jours à la chasse au gros. Il est au fin fond de l'Afrique.

Prévenue, son assistante comprend l'urgence. « On le cherche... » De longues heures plus tard, on finit par le trouver.

— Pour ton information, tu as été nommé administrateur de Vivendi Universal. Ah oui, tu as aussi été nommé président du comité financier. Et, si ça t'intéresse, je t'informe aussi qu'on est... en faillite ! Bref, tu rentres...

Bébéar, bien sûr, range son fusil. Et rentre à Paris.

Les trois jours qui suivent sont encore, heure par heure, dans la mémoire de tous ceux qui ont travaillé sur le dossier.

« Si je me souviens bien, on avait 43 milliards de dettes, éparpillés dans 27 banques, dit Fourtou. On appelait chacun nos contacts sur le thème : “Michel, tu sais combien tu as chez nous ? Cinq milliards ? OK. Alors tu remets cent millions d’ici à lundi, sinon tu perds tout…” On se battait comme des chiffonniers. Contre tout le monde, y compris les juristes, qui empêchaient les banquiers de remettre au pot en expliquant que, en cas de faillite, ils auraient été accusés de “soutien abusif” à une entreprise en difficulté. Vous imaginez l’ambiance ! »

On imagine.

À ce niveau de responsabilités, pas question de faire négocier par des seconds couteaux. Ce sont donc surtout Bébéar et Fourtou qui s’y collent en direct. Avec leurs équipes rapprochées, ils passent le week-end au siège de l’avenue de Friedland. Pas même le temps de sortir pour déjeuner ou dîner. C’est dire la gravité de la situation…

Heureusement, les copains d’Entreprise et Cité savent qu’ils peuvent toujours compter sur un autre copain : l’ami Guy Savoy, dont le restaurant, à l’époque, est encore installé rue Troyon, à quelques pâtés d’immeubles : « Dans tout ce chaos, il y avait au moins une bonne nouvelle : on mangeait mal, mais on savait aussi que, si on voulait, on pouvait bien manger ! » Lorsqu'ils n'en peuvent plus des pizzas froides et des sandwichs, il leur arrive donc de filer rue Troyon. Comme ce soir-là, où, tard dans la nuit, épuisés, ils y entraînent Edgar Bronfman Jr. « Guy nous avait attendus et nous avait fait à dîner en pleine nuit », se remémore Bébéar avec gratitude.

Après le dîner, au moment de remonter au bureau, devant le siège de Vivendi, vers 2 heures du matin, ils tombent sur… une prostituée ! Souriante, aguichante même, elle insiste lourdement auprès de l'Américain : « Tu viens, chéri ? »

Il ne viendra pas.

Une autre fois, c'est un banquier américain qui se déplace à Paris pour essayer de sauver sa créance sur Vivendi. « Pour ces financiers-là, la France est une petite province quelque part sur la carte. Ils n'ont aucune considération pour nous, et il ne faut pas hésiter à employer la manière forte », raconte Bébéar. Très vite, la discussion se tend. Sous un prétexte quelconque, Bébéar, rompu depuis des années aux négociations avec les Américains, demande alors au banquier de lui montrer son passeport. Et à la grande stupéfaction de celui-ci… refuse de le lui rendre ! « Vous voyez ce passeport ? Tant que nous n'avez pas signé, je le garderai ! »

Le banquier signera.

Et Bébéar lui rendra son passeport.

Rencontre après rencontre, coup de téléphone après coup de téléphone, les efforts finissent par payer. Mais pas suffisamment. « À un moment, on a calé. On n'y arrivait pas, se souvient Fourtou. Le lundi à l'aube, il nous manquait encore 10 millions. Avec Claude, nous avons alors décidé de les avancer de notre poche. Sinon, c'était foutu… »

Heureusement, le lundi matin, l'agence Moody's accorde vingt-quatre heures supplémentaires au groupe.

« Le lundi soir, on avait notre milliard ! », se souvient Bébéar.

Un sauvetage par fax

Tout le monde respire. À commencer par Jean-René Fourtou, qui doit se rendre impérativement à Strasbourg où il assiste à un conseil d'Aventis. Le déplacement ne l'enchante pas, mais il n'a pas le choix : les actionnaires allemands ont fait le déplacement. Impossible de leur poser un lapin. La fatigue et le stress accumulés les derniers jours commencent à se faire sentir. Pour ne rien arranger, il fait une chaleur épouvantable en Alsace. À peine arrivé dans son petit appartement de fonction, Fourtou… s'effondre sur son lit.

En pleine nuit, la sonnerie stridente du téléphone le réveille. Au bout du fil, Claude Bébéar et Henri Lachmann, affolés...

— Tu n'as pas signé les bons papiers ! La Bourse ouvre à 9 heures et, si on ne récupère pas les documents signés, c'est foutu...

Le mauvais film recommence. Un instant abattu, Fourtou, dans un éclair de lucidité, se souvient alors qu'il a aperçu un jour, au fond du placard... un fax ! « Je ne sais pas trop ce qu'il faisait là, mais c'était un fax tout neuf. Il était encore dans son carton d'emballage. Inutile de vous dire que je ne m'étais jamais servi d'un fax de ma vie... » Pour la bande de copains, pas d'autre solution : c'est le fax de la dernière chance.

Il faut imaginer les heures qui suivent. Bébéar, Lachmann, Fourtou et son épouse, appelée en renfort, étudiant la notice d'utilisation dudit fax : branchements, pages test, niveau d'encre, réglages initiaux, modem de communication... « C'était presque plus compliqué que la restructuration financière ! »

Mais, à l'heure dite, les papiers arrivent chez les juristes. La Bourse de Paris ouvre avec l'annonce, presque inespérée, d'un accord sur la dette de Vivendi.

« C'est vraiment passé *in extremis*... », commente sobrement Fourtou. Qui ajoute, en riant : « Le deuxième groupe de médias au monde est sauvé par fax, vous vous rendez compte ! »

On se rend compte.

En attendant, Vivendi est sauvé.

Pour combien de temps ?

La politique autrement

Petit, Claude Bébéar voulait être président de la République. « Comme tout le monde ! », se justifie-t-il aujourd'hui dans une boutade. Comme tout le monde, il déchantera vite.

Encore jeune, il se souvient d'avoir été très impressionné par la lecture de *L'Enfance d'un chef* de Sartre. Au hasard du livre, on retrouvera quelques passages qui ont probablement inspiré le futur patron :

« Lucien voulut savoir comment papa parlait aux ouvriers quand il était à l'usine, et papa lui montra comment il fallait s'y prendre, et sa voix était toute changée.

— Est-ce que je deviendrai aussi un chef ? demanda Lucien.

— Mais bien sûr, mon bonhomme, c'est pour cela que je t'ai fait.

— Et à qui est-ce que je commanderai ?

— Eh bien, quand je serai mort, tu seras le patron de mon usine et tu commanderas à mes ouvriers. [...] Il faudra que tu saches te faire obéir et te faire aimer. »

Certes, le père de Bébéar n'était pas chef d'entreprise. Certes, il n'a légué à son fils aucune usine. Mais l'impératif « te faire obéir et te faire aimer » a forcément résonné d'un écho tout particulier aux oreilles du petit Claude.

Devenir chef, comme j'en parle avec lui soixante-dix ans plus tard, n'a pourtant jamais été un but en soi. « J'ai toujours cherché à être meilleur que les autres. Pas pour le seul plaisir d'être le meilleur, mais parce que mes parents m'ont d'abord inculqué, je crois, le sens de l'utilité : être utile aux autres, à la société... Oui, c'est quelque chose qui est présent chez moi depuis l'enfance : être le meilleur pour mieux servir les autres. »

Seconde nature

On l'a compris : la politique, chez Claude Bébéar, même si elle ne dit pas son nom et même s'il ne l'a jamais quasiment exercée directement, est une seconde nature.

Au cours de sa longue expérience professionnelle, à cheval sur deux siècles, il a connu, fréquenté et parfois apprécié tout le « personnel politique » qui compte, en France et à l'étranger.

Proche de tous, il n'a jamais été intime qu'avec quelques-uns. Il n'est pas exagéré de dire qu'il a été séduit par Giscard, aux antipodes de son monde et de son mode de fonctionnement, mais polytechnicien comme lui et dont il a apprécié la jeunesse (à l'époque), la vision, l'optimisme et la volonté de réformer la France. Plus près de nous, il apprécie Nicolas Sarkozy, pour sa liberté de ton, son énergie et sa capacité d'entraînement hors du commun. Les deux hommes sont toujours très proches.

Il y a aujourd'hui prescription, et l'on peut dire qu'il n'avait pas, en revanche, une grande considération pour Jacques Chirac. Certes, il appréciait sa capacité à « cheffer », comme le disait lui-même l'ancien Président, dans laquelle il se retrouvait. Mais, pour Bébéar, contrairement à ce que pensaient certains de ses amis d'Entreprise et Cité, fervents « chiraquiens », Chirac n'était rien d'autre qu'un sous-produit du gaullisme « canal historique », incapable jusqu'au bout de se hisser à la hauteur intellectuelle et morale de la statue du Commandeur.

Ce qui n'empêchera pas sa « petite bande » de se prononcer pour Chirac « par défaut » lorsqu'il s'agissait de choisir… entre la peste et le choléra. Ainsi, en 1995, lors de la « primaire » de la droite, un vote secret entre copains d'Entreprise et Cité, à l'issue d'un dîner, donnait Chirac largement gagnant devant Balladur.

Une bonne occasion, on l'imagine, de continuer à se chamailler... Lachmann se souvient : « Moi, j'étais très copain avec Chirac, ce qui énervait Claude, qui était plutôt proche de Giscard. Il me disait toujours : "Ton ami Chirac..." Mais mes liens avec lui étaient surtout personnels. Heureusement, d'ailleurs : Chirac trahit souvent en politique, mais jamais en amitié ! » Lachmann sera d'ailleurs l'un des responsables de son comité de soutien en 1988. Coïncidence : tous les deux ont, un temps, partagé leur inquiétude pour une « Laurence ». Celle de Chirac (sa fille), on le sait, était lourdement malade et séjournait régulièrement à l'hôpital. Lorsque la belle-fille d'Henri Lachmann (Laurence elle aussi) se retrouvera à son tour à l'hôpital, miraculeusement rescapée de l'accident d'avion du mont Sainte-Odile, en 1992, Chirac l'appellera à plusieurs reprises pour prendre des nouvelles. Les deux hommes resteront amis. Ils se tutoyaient. Ce que relativise Lachmann, non sans humour : « Chirac a toujours tutoyé tout le monde... sauf sa femme ! »

Dans la série des « amitiés d'hôpital », Claude Bébéar lui aussi, s'est retrouvé un jour dans une salle d'attente aux côtés d'Édouard Balladur, dont il n'était pas proche. « Il n'avait jamais cessé de me mettre des bâtons dans les roues. Dans l'affaire de l'UAP par exemple, il ne supportait pas qu'une mutuelle puisse racheter une société anonyme. Cela allait contre toutes ses valeurs ! » Mais les deux hommes, un peu forcés, échangent quand même à propos de leurs enfants qui se font soigner au même moment. « Là, on a un peu sympathisé », se souvient-il. Ils en resteront là.

Pour le reste, le vide sidéral qu'incarnait Chirac, à droite, Bébéar le retrouvera à gauche avec... François Hollande, « qui dit toujours en privé le contraire de ce qu'il fait en public ».

Tous ceux qui ont la chance de les connaître ou de les fréquenter le savent bien : de Gaulle, c'était une certaine idée de la France ; Giscard, une certaine idée de la présidence de la République ; Mitterrand, une certaine idée de lui-même ; Chirac, une certaine idée des autres, et Hollande, une certaine idée... de la Corrèze !

Mongénéral

Bébéar, on l'a vu, a grandi dans la France de « Mongénéral », comme l'appelait *Le Canard enchaîné*, dans un mélange d'ironie qui peinait à masquer une certaine admiration. Toute sa vie, il entretiendra avec le grand homme un rapport... compliqué.

« Claude ne vous dira que du mal de De Gaulle ! », m'avait d'ailleurs prévenu Henri Lachmann.

Oui et non.

Même s'il s'en défend, la vraie figure du chef « par défaut », pour Bébéar, ressemble pourtant bien à celle de De Gaulle. Même si, pour lui, comme pour beaucoup d'autres Français passés par l'Afrique du Nord, la rencontre sera d'abord un rendez-vous manqué pour cause d'« Algérie française » qui n'allait pas le rester longtemps.

De Gaulle, aujourd'hui encore, incarne la rencontre, rarissime, entre l'Histoire (la grande) et un homme (grand, lui aussi, dans tous les sens du terme) autour d'une valeur cardinale : l'exemplarité. Mais de Gaulle, il ne faut pas l'oublier, c'est aussi la puissance d'un « récit national » construit sur... un « mensonge national » ! Que nous raconte ce grand récit ? Que la France a gagné la guerre. Que la France a résisté. Et que la France est grande.

Triple mensonge en réalité.

Gagner la guerre ? Non seulement la France ne l'a pas gagnée, mais en plus elle s'est effondrée en quelques jours. Et n'a dû sa victoire finale qu'à l'embrasement quasi généralisé de la planète et au secours massif de ses alliés.

Résister ? La « Résistance », aussi ancrée dans l'imaginaire collectif français que les cow-boys dans l'imaginaire américain, était en réalité un phénomène très marginal. La plupart des Français ont été d'une « neutralité malveillante » avec l'occupant, lorsqu'ils n'ont pas tout simplement collaboré avec lui. « Beaucoup ont pris le maquis non pas pour résister, mais pour se planquer... », écrira très justement le journaliste Jean Cau, prix Goncourt 1960. Là encore, les faits sont têtus. Les chiffres aussi : on verra surtout les rangs de la Résistance enfler de façon sensible en 1943 avec l'instauration du STO, le travail obligatoire (en Allemagne...), et surtout de façon spectaculaire... à la Libération !

Une grande puissance ? Au XVIIIe siècle, probablement. Mais la France qu'a connue Bébéar, à l'ombre du Général, n'est plus, depuis longtemps, qu'une puissance moyenne, dont on sait qu'elle continuera de se rêver grande même lorsqu'elle se réveillera petite.

Peu importe, d'ailleurs. De Gaulle, en Commandeur solitaire, épaulé par beaucoup de grognons et quelques grognards, dont Malraux, autre grand manitou du mensonge d'État dans son rôle surjoué de « Goebbels des Lumières », comprendra comme nul autre l'importance de bâtir cette France fantasmée qui vit encore dans l'imaginaire de beaucoup de nos concitoyens.

Si Bébéar a été déçu par « de Gaulle l'Algérien », s'il ne partage pas sa volonté d'omnipotence de l'État, nul doute qu'il épouse en partie sa conception du progrès (à commencer par la « participation » dans les entreprises, si chère à Mongénéral, et qui lui sera d'ailleurs fatale...)

et qu'il garde, au fond de lui, une vraie admiration pour la geste gaullienne et sa passion de la France.

Claude Bébéar est, peut-être sans le savoir, un vrai gaulliste.

Nul doute qu'il y a en tout cas dans son épopée et celle de sa « petite bande » un mélange unique qui tient à la fois du « capitalisme gaulois » et du « capitalisme gaullien ».

Kennedy français

Sa première expérience politique sera pourtant à des années-lumière de cette France des sommets. Son « bizutage politique » est intimement lié à sa rencontre avec un leader centriste largement oublié aujourd'hui : Jean Lecanuet.

Lecanuet ? Le nom ne dit probablement plus rien aux plus jeunes. Rien que de très normal. L'inventeur du centre « moderne » est aussi oublié aujourd'hui qu'il était populaire hier : les feux de l'actualité ne sont jamais bien loin des oubliettes de l'Histoire.

Charmeur, souriant, décontracté, beaucoup voyaient pourtant en lui, à l'époque, le « Kennedy français », pour reprendre l'un de ces raccourcis hasardeux dont raffolent et abusent tant les médias français et que le temps finit par renvoyer, impitoyablement, à leur ridicule rétrospectif. À leur décharge, la carrière de Lecanuet a effectivement commencé par un vrai fait d'armes : c'est lui qui, aux élections présidentielles de 1965, a mis en ballottage… le général de Gaulle ! Tout de même… Pour autant, il n'aura le destin ni de JFK ni de Mongénéral. Loin s'en faut. Il se fera élire maire de Rouen… et le restera.

Claude Bébéar, s'il l'avait vraiment souhaité, aurait pu lui succéder. Il ne le voudra finalement pas.

Tout commence pendant les grandes grèves de 1974, où une majorité du personnel est en grève « dure » aux Mutuelles Unies. En 1974, on l'a vu, le siège social est même occupé. Une partie des dirigeants est retenue en otage. Comme la situation menace de dégénérer, le jeune Bébéar se rend alors au domicile personnel du maire pour solliciter son aide et obtenir l'intervention des forces de l'ordre en dernier recours.

Jean Lecanuet, à l'époque, est d'autant plus puissant qu'il est en même temps ministre de la Justice. Lui seul semble capable de débloquer la situation. Mais il est surtout très embêté à l'idée que la police puisse potentiellement « charger » ses administrés… Un bel exemple de conflit d'intérêts à une époque bénie (ou maudite, c'est selon…) où le cumul des mandats, généralisé, tenait souvent de la multiplication des pains.

Voilà en tout cas le maire en conflit direct avec le ministre. Et donc avec lui-même.

Lecanuet, fin politique, en a vu d'autres. Il téléphone à son collègue ministre du Travail, Michel Durafour, pour que ce dernier avertisse directement les syndicats de la probabilité d'une charge policière. Dès lors, deux opérations se mènent en parallèle. D'un côté, la gendarmerie étudie les plans détaillés des lieux et prépare consciencieusement la charge du siège de Mutuelles Unies. De l'autre, les négociateurs du ministère du Travail se débrouillent pour laisser fuiter l'information vis-à-vis des syndicats récalcitrants. Un peu effrayés par la tournure des événements, ces derniers acceptent finalement d'évacuer les lieux et de retourner à la table des négociations.

C'est une double victoire, pour Lecanuet et pour Bébéar, qui découvre au passage, très concrètement, l'intérêt de l'action politique, même si c'était, alors, de la politique « à l'ancienne »...

Double pontage

Nous voici quelques années plus tard, en 1988. À force de se croiser et de se fréquenter depuis l'épisode fameux de la grève, les deux hommes finissent par s'apprécier. Au point que Lecanuet propose un jour à Bébéar de se présenter sur sa liste comme premier adjoint. Et donc de prendre sa succession, à terme, à la mairie de Rouen.

À cette époque, Bébéar vient de prendre le contrôle de la Compagnie du Midi. Il n'est pas encore empêtré dans son premier marathon administratif américain qui, on l'a vu, l'occupera de longs mois. Ses affaires sont plutôt sous contrôle, et il est « un peu plus disponible » qu'à l'habitude. Quant à l'envie de « servir », elle le démange comme elle ne cessera jamais de le faire. Il accepte donc la proposition avec enthousiasme.

Tout commence au mieux : le 12 mars 1989, Lecanuet est réélu, et Bébéar, lui, officiellement élu pour la première fois de sa vie. Le voici donc premier adjoint et successeur putatif du maire emblématique de la « ville aux cent clochers ».

Lecanuet est alors au sommet de sa puissance. La presse, toujours elle, le surnomme « le roi Jean ». Pour l'instant, Bébéar n'est donc encore que prince, et officiellement en charge de « défendre la cause de Rouen auprès des industriels ».

Très vite, hélas, il comprend que les dossiers n'avanceront pas aussi vite qu'il le voudrait. Après de nombreuses années passées à transformer sa ville en profondeur, Jean Lecanuet semble en effet frappé par le « syndrome Chaban », du nom de l'ancien Premier ministre de Pompidou et maire de Bordeaux, lui aussi surnommé par les mêmes journalistes de l'époque le « Kennedy français » (décidément...) mais qui, à la fin de son mandat, faisait aussi peu pour Bordeaux que Lecanuet pour Rouen.

Daniel Laurent s'en souvient : « Lorsque l'opposition intervenait en séance du conseil municipal, Bébéar adorait entamer le dialogue. Lecanuet, lui, en vieux briscard, les empêchait le plus possible de s'exprimer. L'un ouvrait le dialogue, l'autre le fermait. Ça ne pouvait pas fonctionner longtemps… »

En bon « patron » obsédé par son entreprise, Bébéar est surtout très déçu de se retrouver entouré de gens qui font passer leur confort ou leur réussite personnelle avant l'intérêt général. Pourtant, il veut y croire : « À titre personnel, j'avais déjà tout ce que je voulais ou presque. Ce qui me passionnait, dans cette aventure, c'était de réaliser quelque chose au bénéfice de la collectivité. J'étais peut-être un peu naïf, mais ce que je découvrais, honnêtement, je ne m'y attendais pas… »

Bébéar a compris : ce monde-là n'est pas pour lui. En juin 1990, moins d'un an après son élection en mars 1989, il rend son mandat. Officiellement « pour des raisons professionnelles et médicales ». Ce qui est factuellement exact : il vient de subir un double pontage cardiaque. Mais la cassure est bien plus profonde.

Ce qui ne l'empêchera pas de garder avec Jean Lecanuet des relations cordiales jusqu'à la mort de celui-ci, en 1993.

L'ami Jean-René

Déçu tout au long de sa vie par la politique, Bébéar s'y fera quand même quelques amis fidèles. À commencer par Jean-René Fourtou.

À l'époque, Fourtou est encore président de Bossard Consultants, un cabinet de conseil français qui a le vent en poupe. Inconnu du grand public, il commence à être très connu sur les campus des grandes écoles françaises où Bossard recrute à tour de bras. Ses concurrents sont les grands cabinets américains, les fameux « Big Four », aussi surnommés « Fat Four » pour leur côté « grosses machines hollywoodiennes de l'audit et du conseil » et leur promesse d'« accompagner » leurs clients « partout sur la planète », comme ils le déclinent à longueur de plaquettes luxueuses et bilingues.

Le cabinet français, lui, a développé un positionnement original. Une approche agile et décalée, à la limite du conseil en stratégie et en management, quelque part entre la sociologie et la théorie du jeu. Fourtou et ses équipes dirigeantes ne manquent pas une occasion de se mettre en avant pour convaincre les grands chefs d'entreprises privées et publiques de « signer » avec Bossard.

Un soir, Fourtou se retrouve ainsi à un dîner avec le ministre de l'Intérieur, Michel Poniatowski, « Ponia », comme tout le monde l'appelle alors. L'un des rares intimes de Giscard. « Par chance, j'étais assis à côté de lui. J'en ai profité pour lui vendre ma salade de consultant : la sociodynamique, le concept de l'époque à la mode, l'art de la guerre, la théorie du jeu de go... » Bref, Fourtou, ce soir-là, sort le grand jeu. Au point de se faire moquer par sa femme sur le chemin du retour : « Tu en as tellement fait qu'ils ne t'appelleront jamais ! » Le lendemain, pourtant, Ponia rappelle. Visiblement séduit par les théories du jeune patron, il le met en rapport avec ses équipes. Mais ce sera un faux départ : « Il y avait déjà trop de consultants dans la bergerie. Je me suis donc retiré. »

Au début des années 1980, Fourtou apprend que l'UDF va mal et accepte, cette fois, de regarder le dossier de plus près. Entre-temps, un peu à la surprise générale, Giscard avait quand même gagné les législatives de 1978 alors que Chirac avait tout fait pour lui scier la branche.

Officiellement, le trésorier de l'UDF est un financier d'origine polonaise, également champion de bridge, Romain Zaleski (polytechnicien, lui aussi...). Mais, en pratique, Zaleski n'est qu'un homme de paille. Le « vrai » trésorier de l'UDF est un certain... Claude Bébéar.

Fourtou se souvient de leur rencontre : « Nous étions tous les deux polytechniciens, tous les deux du Sud-Ouest, fils d'instituteurs, passionnés de bon vin, de bonne bouffe, de rugby... » Bref, comme il existe l'amour *at first sight*, il existe l'amitié *at first sight*. Ce que Fourtou résume avec ces mots : « Avec Claude, on ne s'est plus jamais quittés. »

Les deux hommes tombent en amitié et tomberont aussi très vite en affaires. Fourtou sera notamment administrateur, puis vice-président d'AXA. Nous n'en sommes pas encore là.

Pour l'instant, le bureau de l'UDF commande un diagnostic officiel à Bossard Consultants. Mais lorsque Giscard perd les élections en 1981, Bébéar se retire. Zaleski aussi. Fourtou, lui, continue à travailler sur son diagnostic… pour la beauté du geste. « Ils ne m'ont jamais payé, et pour cause : ils étaient virtuellement en faillite ! Ils n'arrivaient même plus à faire les salaires… Alors, au lieu de réclamer mes honoraires, j'ai même fait la manche pour eux. »

Exit Giscard, donc, que toute la France, *Canard enchaîné* en tête, commence à surnommer « l'Ex ».

Giscardisme et modernité

Fourtou rencontre Giscard pour la première fois quelques semaines après sa défaite. À peine remis de sa « gueule de bois électorale », il le séduit pourtant comme il avait séduit, quelques mois plus tôt, son ami Ponia.

Autour de l'Ex gravite encore toute une vieille garde (Raymond Barre, Simone Veil, André Rossinot…), mais aussi tous les caciques du Centre des démocrates sociaux (CDS), comme Pierre Méhaignerie et René Monory.

Autour des « ex » rôdent surtout tous les « futurs ». Ils sont jeunes et déjà dévorés par l'ambition. La vieille garde est menacée par cette « jeune garde de jeunes loups ». La plupart sont adhérents du parti républicain (PR), autoétiquetés droite « refondatrice », alors que beaucoup viennent en réalité de la droite « dure » : François Léotard, Gérard Longuet, Alain Madelin, Charles Millon...

Fourtou se souvient : « Là, avec Giscard, je recommence le grand jeu : la sociodynamique, l'art de la guerre, le jeu de go... » Et ça marche encore ! Giscard le rappelle. En y ajoutant une suggestion un peu surprenante : « Je voudrais comprendre ce qu'est vraiment l'informatique », explique-t-il, parfaitement conscient que l'époque est en train de changer... et qu'elle a peut-être même commencé à changer sans lui.

Va pour l'informatique !

Fourtou en parle à son ami Serge Kampf, qu'il connaît depuis 1968, qui est actionnaire important de Bossard, et surtout « vrai giscardien devant l'Éternel ». Ce qui amuse encore aujourd'hui le très chiraquien Henri Lachmann : « Serge avait une admiration sans bornes pour Giscard ! Il serait venu à pied de Grenoble pour le rencontrer ! »

Ni une ni deux : Kampf met sur pied, en accéléré, un séminaire informatique « spécial Giscard ».

« Nous avons tous débarqué pendant une semaine à Deauville avec des experts, des professeurs d'informatique, des conférenciers... », se souvient Fourtou qui rameute surtout tous les amis d'Entreprise et Cité : Philippe Midy, Igor Landau... Tous gardent de ce séminaire un souvenir ému. À la fois pour le « sérieux » et le « moins sérieux »...

« Côté sérieux, raconte Fourtou, on a commencé de zéro, et même de "zéro zéro", par l'algèbre de Boole. Il y avait une grande concentration de polytechniciens, à commencer par Giscard. Je dois reconnaître qu'il était d'une curiosité scientifique réelle. Il faut dire que l'époque était passionnante. Nous en étions aux balbutiements de l'informatique moderne. On sortait à peine des cartes perforées et des bandes magnétiques. C'était l'apparition des premiers disques. Je venais de mettre en place le Gamma 10 de Bull, vous vous rendez compte ? »

Je me rends compte.

Côté moins sérieux, tous se souviennent aujourd'hui encore de Giscard, chaque soir, racontant « histoire sur histoire », parlant toujours de lui-même lorsqu'il parlait des autres, toujours dans son style inimitable. « C'était drôle ! se souvient Fourtou, qui ajoute : Qu'est-ce qu'on a bu ! Et pas que du vin rouge... »

Le succès du séminaire informatique est tel que les amis d'Entreprise et Cité remettent ça. Toujours autour de l'Ex. Mais à Fontainebleau cette fois. À l'Aigle Noir, un superbe hôtel quatre étoiles, juste en face du château. « Et là, pendant les dîners, nous avons de nouveau eu droit aux commentaires de Giscard, toujours intarissable, mais cette fois-ci sur le moindre tableau un peu olé olé du château. Il les connaissait tous par cœur. C'était toujours aussi impayable ! »

Chasseur par hasard

Bébéar, lui, ne goûte pas particulièrement à l'informatique, à laquelle il s'est toujours intéressé, mais uniquement pour des raisons professionnelles. Son truc à lui, son jardin secret, sa passion dévorante, c'est… la chasse !

En bon Gascon, il connaît Gaston Fébus, prince pyrénéen, seigneur de Béarn, et son ouvrage sur la chasse à courre. Écrit en français (et non en gascon…), le fameux *Livre de chasse*, rédigé à la toute fin du XIVe siècle, est en effet une référence, jusqu'au début du XIXe siècle, pour tout chasseur qui se respecte. On peut y lire, en préface : « Il n'y a pas de plus grand bonheur pour un homme que de partir à la chasse. Il n'y a pas de plus grand bonheur que de revenir le soir bien fatigué à son logis, de manger un peu de lard de cerf, de boire, de savourer la torpeur de la vesprée et de se coucher dans de bons draps frais. » Phébus conclut même, merveilleusement et naïvement lyrique : « Tous les chasseurs vont au paradis ! »

Ce n'est pas Bébéar qui le contredira.

La chasse, donc. Avec le temps, il est même devenu une fine gâchette, même si ce n'était pas gagné. Car lui qui est devenu « assureur par hasard » est aussi devenu « chasseur par hasard ». « Quand j'habitais à Rouen, se souvient-il, je voulais un chien. J'ai pris un labrador. Un copain m'a alors expliqué que c'était un merveilleux chien de chasse et qu'il fallait le faire chasser. C'est donc par le chien que je suis arrivé à la chasse. »

Comme la plupart des chasseurs, il commence par la chasse « classique » : perdreaux, faisans, sangliers... Un peu plus tard, un ami de son père lui offre « une excellente carabine » et un autre copain l'entraîne en Afrique. Là, sur son tout premier tableau de chasse, il inscrit deux buffles et un éléphant !

Bébéar se souvient d'un « autre temps », d'une « ambiance extraordinaire » presque en dehors de la civilisation et « en contact absolu avec la nature ».

La passion ne le quittera pas. Dès lors, il chassera surtout « les gros animaux », buffles, éléphants, lions, un peu partout dans le monde, en Afrique, bien sûr, mais jusqu'au Kazakhstan. « Tout cela était très réglementé par les autorités locales. Il n'était pas rare que des enfants se fassent dévorer par un lion en allant à l'école. Alors on chassait toujours les fauves pour rendre service à la population locale. Tout le monde y trouvait son compte. On laissait d'ailleurs systématiquement les animaux aux habitants des villages. C'est toujours eux qui profitaient du festin. » Lui aussi est intarissable sur le sujet. « Le lion ou l'éléphant, c'est quand même autre chose que le perdreau, vous ne trouvez pas ? »

Ne chassant ni l'un ni l'autre, je ne trouve rien du tout. Mais impossible de ne pas voir, aujourd'hui encore, la passion intacte dans les yeux de Claude Bébéar qui a pourtant raccroché les fusils. Et qui méprise tous les « viandards » (un terme qu'il emploiera plusieurs fois) qui ne pensent qu'au nombre de trophées et pas à la qualité de la traque.

À 84 ans, il ne chasse plus. Mais, dans le bureau qu'il occupe toujours dans l'hôtel particulier d'AXA, avenue Matignon, impossible de ne pas remarquer quelques trophées : pieds de buffle ou d'éléphant, qui servent de cendrier ou, pour les plus grands, de corbeille à papier.

« Tirer de très gros animaux, des fauves, c'est probablement ce qu'il y a de plus excitant. La chasse, la vraie, c'est suivre l'animal pendant des heures, pendant des jours. Et, n'en déplaise à certains, c'est quand même une activité dangereuse. Quand on tire un lion ou un éléphant et qu'il vous charge, on s'en souvient toute sa vie ! Cela m'est arrivé... Pour limiter les risques, même quand on est un bon chasseur, il faut être avec un très bon professionnel. Cela ne suffit pas toujours. Une fois, il m'est d'ailleurs arrivé de sauver le professionnel... »

Sa dernière chasse ? « C'était en Afrique et c'était un guépard. C'est l'animal le plus rapide au monde. Il dépasse parfois les cent kilomètres à l'heure. Mais il ne peut maintenir cette vitesse que sur quelques centaines de mètres. Lorsqu'il est vaincu, il s'arrête et se couche. Là, on sait que c'est terminé. Ce jour-là, c'était doublement terminé. C'était ma dernière émotion de chasse. »

En réalité, l'émotion lui revient, un peu artificiellement, plusieurs fois par jour, dès qu'il reçoit un appel téléphonique. Car Bébéar est probablement le seul grand patron à avoir choisi cette sonnerie si particulière : son portable ne sonne pas... il aboie !

Devant ou derrière le fusil

Bébéar n'échappe jamais, on s'en doute, à la comparaison entre le monde de la chasse et celui des affaires. Lui-même ne la renie pas, même s'il la nuance. Tous ceux qui ont été en affaires avec lui ou qui ont travaillé à ses côtés le confirment pour en avoir fait l'expérience concrète. Et pour cause : durant sa longue carrière, nombreux sont ceux qui se sont retrouvés devant ou derrière le fusil…

« Claude est un chasseur obsessionnel. Si on ne l'a pas compris, on n'a rien compris, explique celui qui fut un de ses très proches collaborateurs pendant une dizaine d'années et qui détaille au passage le mode de fonctionnement de son ancien boss : D'abord, il faut préciser que c'est quelqu'un d'assez unique, à son niveau, par cette incroyable capacité à déléguer, à faire confiance à ses équipes et à ses collaborateurs. Pour avoir travaillé avec beaucoup de grands patrons, je peux vous dire que c'est non seulement rare, mais rarissime ! Claude met en confiance. En fonction de leurs responsabilités, il rencontre ses proches collaborateurs tous les huit ou quinze jours. Les réunions avec lui sont toujours très directes et très fluides. Il délègue tout, mais il contrôle tout. C'est à la fois très rassurant et très motivant. Il y a une seule règle : ne jamais le trahir. Sinon, il peut être dur. Très dur, même… Et là, le chasseur n'est jamais très loin ! »

Ses anciens collaborateurs qui ont accepté de me parler (souvent discrètement) me le confirmeront : Bébéar fait rarement dans la demi-mesure. On est avec lui ou on est contre lui. D'où l'image de « quasi-secte » qui colle parfois à la peau d'AXA et qui n'est, en réalité, comme me le précisera l'un d'entre eux, que l'influence à tous les niveaux d'un « mâle dominant, mais dominant toujours avec loyauté, sourire et poigne ».

Une main ouverte et un poing fermé.

Là encore, Bébéar ne renie pas la comparaison, même s'il la nuance. « Dans les affaires, il faut souvent plaire, charmer, même. Pour ma part, j'ai toujours cherché à rester ami, si possible, et en tout cas à ne jamais humilier. Faut-il aussi tuer ? Parfois oui, bien sûr. Mais je n'aime pas le terme. Disons qu'il faut savoir éliminer ses concurrents. Et si vous éliminez mal, comme à la chasse, ça se retourne toujours contre vous... C'est donc utile d'être un bon tireur ! »

Comme à la chasse, lorsqu'il a décidé d'en finir, Bébéar passe immédiatement à l'action, ne revient jamais en arrière et semble même prendre, parfois, du plaisir à « exécuter », dans tous les sens du terme. « Je l'ai vu, parfois, comme le chat qui balade la souris entre ses pattes, se souvient un collaborateur. S'il peut faire un peu courir le gibier pour le fatiguer et mieux l'achever, il le fera ! Il y a toujours, chez lui, le besoin de rappeler : regarde qui a le pouvoir, rappelle-toi qui est ton chef ! Ce n'est pas un salaud. Pas du tout. Il est simplement intraitable. Ce qui peut passer parfois pour de la dureté ou de la cruauté relève en réalité, chez lui, de l'ordre naturel des choses. Comme dans la nature sauvage... »

Un mâle dominant, on vous dit...

Jurisprudence

La chasse, pour Bébéar, est donc associée à de magnifiques souvenirs. Elle est aussi indissociable de quelques tragédies, comme celle de son ami Bernard Dumon, copain de promo de l'X, cofondateur et pilier d'Entreprise et Cité.

Dumon a mené, lui aussi, une magnifique carrière. À la tête du groupe Saint-Louis, tout d'abord, que sa famille, très riche, avait racheté. À la tête du groupe Lesieur ensuite. « Partout, il avait laissé l'image d'un excellent patron, se souvient Daniel Laurent, qui l'a bien connu et beaucoup aimé. Il était très sérieux et très actif à Entreprise et Cité. » Françoise Colloc'h, qui l'aimait beaucoup également, se souvient d'un « très, très grand sportif ». Dumon pratiquait en effet de nombreux sports, toujours avec sérieux, méthode et un engagement total. La boxe, notamment. Des années plus tard, tous ses anciens camarades se souviennent autant du récit de ses KO que du fait qu'il était l'un des rares de la bande à ne boire… que du Coca-Cola ! Une véritable hérésie au milieu de tous ces hédonistes…

L'homme, méthodique, tenait son agenda « à la minute » et son fusil « à la perfection », confirme Bébéar. « C'était un excellent tireur, mais c'était surtout, d'une façon générale, un homme aussi solide que modeste, ce qui va très rarement de pair. »

À la chasse, Dumon avait connu quelques situations compliquées et même quelques drames. Comme ce jour où il s'était fait déposer en hélicoptère sur le plateau du Pamir, à l'est du Tadjikistan, qui abrite des sommets perchés à plus de sept mille mètres d'altitude. Lacs turquoise, glaciers géants, déserts infinis… L'une des régions les plus isolées du monde. Un paradis pour chasseurs ! Mais le paradis va très vite se transformer en enfer.

Nous sommes à l'été 1991. L'ancienne Union soviétique, historiquement désorganisée, est en train de virer au chaos. Le Président de l'époque, Mikhaïl Gorbatchev, est victime d'un putsch organisé par une poignée de nostalgiques de la ligne dure du parti communiste qui le retiennent quelques jours en otage. Le pays n'a d'yeux que pour ce mini-coup d'État qui échouera en trois petits jours mais accélérera la dislocation de l'URSS qui ne sait pas encore qu'il ne lui reste que quelques mois à vivre.

Au cœur de la grande Histoire se cache toujours la petite. Celle de Dumon, elle aussi, est dramatique. Pour cette expédition risquée, le petit groupe de chasse s'est fait accompagner par un grand professionnel des conditions extrêmes, guide à Val d'Isère, et par un médecin. Au cas où, l'hélicoptère leur a également déposé une radio de secours et des bouteilles d'oxygène, souvent nécessaires à cette altitude. Mais la radio ne fonctionne pas et les bouteilles sont vides. Personne n'a rien vérifié.

Lorsque le guide fait un malaise (le fameux mal des montagnes), impossible de l'oxygéner. Il meurt d'un œdème pulmonaire dans les bras de Bernard Dumon. Et lorsque l'hélicoptère finit par revenir, quelques jours plus tard, c'est pour ramener un cadavre.

Ironie du sort, quatre ans plus tard, c'est en partant à la chasse que Bernard Dumon va mourir lui aussi. Au moment du décollage de son avion privé, sur l'aéroport du Bourget, il se passe brusquement ce que redoutent tous les pilotes : des oiseaux sont brutalement aspirés dans les réacteurs. « Normalement, sur tous les aéroports du monde, on effraye les oiseaux avec d'autres oiseaux, rappelle Claude Bébéar. Mais là, il y avait eu, peu avant, des plaintes de riverains qui avaient réussi à obtenir un moratoire sur ces mesures de sécurité… »

Le 20 janvier 1995, la nouvelle tombe sur les téléscripteurs du monde entier : Bernard, le P-DG du groupe Saint-Louis, et son frère Yves sont morts brutalement dans un accident d'avion.

Des oiseaux ont tué des chasseurs.

Le monde des affaires est sidéré. Toute la bande d'Entreprise et Cité est plongée subitement dans le deuil. Claude Bébéar le premier, qui apprend la nouvelle depuis Tokyo. Il perd en même temps l'un des fondateurs de son club, un ami fidèle et… un compagnon de chasse irremplaçable.

Giscard

D'une façon générale, la chasse, pour Bébéar, est l'occasion de fréquenter « au plus près » ses amis, mais aussi de cultiver ses réseaux d'affaires et de politique. Un homme, notamment, l'accompagnera en Afrique : Valéry Giscard d'Estaing. Lui aussi est un grand chasseur devant l'Éternel et un amoureux de l'Afrique.

Charles Pasqua, ancien grognard de Chirac, rappellera en 2016 cette anecdote du moment où Chirac annonce à Giscard, avec lequel il ne s'entend plus, qu'il va démissionner de son poste de Premier ministre : « Giscard n'a pas fait d'efforts extraordinaires pour le retenir. Il a simplement demandé à Chirac de retarder d'un mois l'annonce de son départ… parce qu'il allait lui-même chasser en Afrique ! »

On ne plaisante pas avec l'essentiel.

« Il y a des millions de chasseurs dans le monde. Plus que des joueurs de football », se défend l'Ex, qui se souvient de la moindre de ses chasses. Notamment d'avoir tiré un très grand éléphant en République centrafricaine ou, une autre fois, un grand koudou, sorte d'immense antilope aux cornes spiralées.

Tous ceux qui ont accompagné l'ancien Président – j'en rencontrerai plusieurs – ont rapporté des trophées et des anecdotes toutes plus savoureuses les unes que les autres. Par discrétion, ils préfèrent souvent qu'on ne les raconte pas. Mais on ne résistera pas à évoquer la fois où, invité par Bébéar et voyageant avec l'avion privé d'AXA, tous deux atterrissent dans une capitale africaine. Là, Giscard, sans se retourner, tend machinalement à Bébéar sa sacoche en lui disant : « Tenez-moi ça »... Et il descend, seul, de la passerelle, pour saluer le chef d'État venu l'accueillir. Laissant Bébéar quelques pas derrière, avec la sacoche présidentielle !

Ambiance.

« Bébéar ne voulait faire prendre aucun risque à son invité. Ni à sa sécurité ni... à son amour-propre. Giscard savait tirer, mais il n'était pas aussi fine gâchette que d'autres, se souvient cet autre habitué de ces parties de chasse toujours particulières. Alors on le faisait toujours suivre par une très fine gâchette qui ne le quittait pas d'une semelle et qui tirait toujours en même temps que lui. Dans le doute, Giscard, qui devait quand même n'être pas totalement dupe, faisait toujours comme si c'était à lui que l'on devait le coup de fusil fatal. »

L'Ex connaissait forcément cette autre citation fameuse de Clemenceau : « On ne ment jamais autant qu'avant les élections, pendant la guerre et après la chasse. »

Nul doute que ses chasses auraient fait les beaux jours des « Guignols de l'info », qui n'existaient pas encore. Certains lecteurs se souviendront en revanche de la parodie française de leurs ancêtres, le fameux « Muppet show », dans lequel Mitterrand était caricaturé en grenouille et Giscard en vieillard à moitié sourd. « Giscard est vraiment devenu sourd à cause de la chasse à l'éléphant », me répétera (en hurlant) l'un de ses compagnons de battues aux grands fauves, lui-même très dur de la feuille !

L'Ex a finalement renoncé à chasser l'éléphant, depuis qu'il a compris que l'espèce était en danger, et renoncé à chasser en Afrique parce que sa fille le lui reprochait. Mais la passion, chez lui, reste intacte. En 2013, il confie au *Figaro* : « En Afrique, j'ai vu la planète telle qu'elle devait être depuis les origines. C'est vrai que le chasseur est dans une relation étrange avec les animaux : on ne tue plus pour la nourriture, l'industrie s'en charge, désormais. Alors quand un grand animal tombe, on éprouve une sensation de nostalgie, une émotion triste. Tous les chasseurs connaissent ce sentiment curieux. »

Bébéar, lui, ne se souvient que de moment heureux avec son prestigieux partenaire de chasse. Même s'il ne peut jamais s'empêcher de sourire en se remémorant quelques « moments Giscard » tellement typiques : « Souvent, à la fin du repas, il me prenait à part et me disait : “Cher ami, allons marcher tous les deux un moment : je voudrais vous parler de la France.” Naturellement il parlait toujours… de lui ! »

« Le meilleur d'entre nous »

Ensemble, les deux hommes parleront quand même aussi beaucoup de la France. Même si l'élection présidentielle suivante sera, pour Giscard, une nouvelle occasion de reparler... de lui.

En 1995, François Mitterrand, malade et très affaibli, achève son second et dernier mandat. Jacques Chirac, inamovible maire de Paris et ancien Premier ministre, a placé son « ami de trente ans » Édouard Balladur au poste de Premier ministre. En embuscade, il attend son heure, qui ne devrait plus tarder. Mais rien ne se passe comme prévu.

Porté par les sondages, Édouard Balladur décide finalement de trahir son ami et mentor et d'« y aller », comme on dit en politique lorsqu'on fait le choix de se présenter à une élection. Sidéré, Chirac se retrouve d'un seul coup lâché par tous ses amis, à commencer par Nicolas Sarkozy qui rejoint le « camp des traîtres ».

Balladur, pourtant, dont le sérieux apparent pouvait presque paraître séduisant au moment où il se lance en campagne, se révèle très vite d'un classicisme déprimant, raide et méprisant. « Le problème, c'est que, sur le terrain, il avait le charisme d'une mouche morte... confie l'un de ses anciens lieutenants de campagne. On a très vite compris qu'on allait dans le mur... »

Chirac, lui, bénéficie « à l'insu de son plein gré » de la popularité croissante de sa marionnette des « Guignols de l'info », sur Canal +, alors au sommet de leur gloire. Elle le rend sympathique en candidat martyr, trahi par tout le monde, comme le symbolisent avec humour un agenda désespéremment vide et des dizaines de couteaux sanguinolents plantés dans son dos. La marionnette va jouer un rôle décisif.

Au bout de quelques semaines, contre toute attente, les sondages frétillent légèrement en faveur de Chirac qui se remet à y croire. À ce moment-là, c'est peu connu, mais un troisième homme se remet à y croire également : Giscard, qui attend lui aussi depuis 1981 que la France le rappelle. Lui aussi est tenté « d'y aller ». Certains sondages le placent même en tête devant Chirac et Balladur. Il renoncera pourtant. Et s'en expliquera plus tard : « D'abord parce que je prenais le risque de la division, et donc celui de faire perdre mon camp. Ensuite parce que la mécanique était trop enclenchée. C'était déjà trop tard… »

À la suite d'un suspense haletant et d'une *remontada* aussi inédite qu'improbable (même si personne n'employait encore ce terme si populaire aujourd'hui), Chirac coiffe Balladur au poteau du premier tour. Et l'emporte contre Lionel Jospin au second.

Le 7 mai 1995, Jacques Chirac est élu président de la République avec 52,6 % des voix.

Peu de temps après, il appelle Claude Bébéar et lui propose d'être son ministre des Finances. Les deux hommes se connaissent assez mal. Mais, à leur manière, ce sont deux grands fauves. L'un de la politique, l'autre des affaires. Que le « parrain » de la droite française choisisse le « parrain » du monde des affaires, voilà qui aurait assurément de la gueule et qui serait probablement une bonne nouvelle pour le pays !

Pour la forme, Chirac l'envoie tout de même rencontrer Alain Juppé, son Premier ministre, avec lequel il a développé un rapport quasi filial et dont il ne manque jamais, en public ou en privé, de rappeler qu'il est « le meilleur d'entre nous ».

Échaudé par sa première expérience à Rouen, Bébéar est néanmoins une nouvelle fois tenté, mais partagé entre l'enthousiasme de servir son pays et la peur d'être déçu par les serviteurs déjà en place.

Bref, il se méfie…

Sur le papier, les deux hommes auraient pu s'entendre. Né à Mont-de-Marsan, Juppé est lui aussi un « homme du Sud-Ouest ». Et il est, lui aussi, amoureux de Montaigne, leur compatriote commun. « Le problème, me rappelle un élu des Pyrénées Centrales, c'est que Juppé, c'est un peu le Sud-Ouest… constipé ! » À droite et à gauche, les avis sont unanimes, et les langues se délient facilement : Juppé fait partie de ces

« cons intelligents » qui encombrent la haute administration française, surdiplômés et sous-émotifs, mais toujours « droits dans leurs bottes », une expression que Juppé popularisera d'ailleurs en défendant, seul contre tous, un projet de réforme des retraites qui mettra la France dans la rue.

François Hollande a dit de lui, on s'en souvient : « Alain Juppé incarne physiquement l'impôt. » Une remarque d'autant plus intéressante que « François Hollande, lui, incarne physiquement… le vide », comme l'explique un journaliste qui les connaît bien tous les deux. Et qui précise : « C'est toujours formidable de voir l'hôpital se moquer de la charité. »

Cassant, arrogant, l'homme, surtout, ne fait rien pour améliorer son image. Lorsqu'il le rencontre pour parler de son futur ministère, Juppé explique en substance à Bébéar : « Je connais ce ministère par cœur. Alors je vous propose de vous occuper de l'euro. Tout le reste, c'est moi. La communication, c'est moi ; le budget c'est moi… »

« Bref : “Tout, c'est moi !” », résume aujourd'hui en souriant un Bébéar qui aurait éventuellement été d'accord pour « cheffer », comme le lui avait promis Chirac, mais certainement pas pour « sous-cheffer »…

Un autre argument, d'actualité, le fait aussi beaucoup hésiter : « À l'époque, je n'avais pas encore repris l'UAP, mais j'avais énormément de travail pour développer et consolider AXA. On avait vraiment besoin de moi en première ligne. Je ne me voyais pas abandonner mon groupe… »

Ce sera donc « non ». Et il déclinera ainsi, poliment, un offre que peu d'hommes, à son niveau, auraient déclinée.

Il en parle aujourd'hui avec beaucoup de recul. Et de lucidité. « Au fond, je n'avais pas la formation, je n'étais pas assez familier des arcanes internes des grosses administrations. » Ses amis pensent la même chose. « Je ne suis pas certain qu'il aurait fait un excellent ministre. Il n'a pas les bons codes. Claude est avant tout un homme d'engagement, d'efficacité. Les tergiversations, les arbitrages, la politique politicienne, c'est tout sauf son univers. »

Entre-temps, Alain Juppé révélera son vrai visage : suffisant, mais pas nécessaire.

Dans l'ombre de son mentor Chirac, il grandira sans sourciller au cœur de l'une des plus belles machines à détourner de l'argent de la Vᵉ République : adjoint aux finances de la Mairie de Paris, trésorier du RPR…

Au cœur de la « mafia chiraquienne » qu'il fera semblant de découvrir lorsqu'il sera jugé, il trébuchera quand même un jour. Pour une broutille. « Comme Al Capone, Juppé est tombé pour fraude fiscale », rappellent ses ennemis (qui ne manquent pas…).

Condamné en première instance à dix-huit mois de prison avec sursis et à dix ans d'inéligibilité, la peine sera ramenée, en appel, en 2004, à respectivement quatorze mois et un an dans des circonstances juridiques troubles.

Après sa traversée du désert (de glace, au Canada), il se replie à Bordeaux, jure que rien ni personne ne l'éloignera jamais plus de sa ville. Quelques mois plus tard, il fera le contraire en se présentant à la présidentielle, où il sera largement battu dès la primaire.

Au premier coup de grisou, pendant la crise des Gilets jaunes, il abandonnera en quelques heures cette ville qu'il devait « ne plus jamais quitter », promis juré craché.

En pratique, les langues se délient : « Si c'est vraiment lui "le meilleur d'entre nous", à quoi ressemble le pire ? »

Depuis le 12 mars 2019, Alain Juppé siège au Conseil constitutionnel où il continue à jouer les vieux sages qui donnent la leçon.

Toujours droit dans ses bottes.

C'est qui, ce type ?

Aujourd'hui encore, Bébéar est partagé entre la dureté du métier d'élu, qu'il reconnaît bien volontiers, et la baisse générale de qualité des « politiques », avec leur méconnaissance souvent crasse de la vie des entreprises, leur incapacité à proposer un véritable récit national, un projet cohérent, entraînant et pragmatique, qui soit autre chose que la mise en scène compulsive de leur propre ego.

Plus que jamais, la politique, même quand elle se pique aujourd'hui d'écologie, lui apparaît surtout encombrée d'egologie.

Pendant des années, le sujet sera au cœur des discussions avec ses amis d'Entreprise et Cité, tous passionnés de politique, et pour la plupart désespérés aussi bien par le paysage politique, syndical que… patronal. Ainsi Pierre Bellon, « grande gueule » assumée, obsédé depuis toujours par la création d'emplois, me raconte de nouveau cette anecdote incroyable. En 2014, alors qu'il participe à un dîner-débat avec Michel Sapin, il interpelle le ministre sur le thème « Monsieur le ministre, comment empêcher les entrepreneurs français de quitter le territoire ? » Michel Sapin ne lui répond pas et se tourne, étonné, vers ses voisins de table en demandant, avec un air un peu méprisant qui n'échappe pas à l'un d'entre eux : « Mais c'est qui, ce type ? » Le voisin en question lui explique que « ce type » est tout simplement l'un des plus grands entrepreneurs de l'histoire de France.

Et le premier employeur français.

Michel Sapin était pourtant déjà ministre en 1991, sous François Mitterrand.

L'impossible synthèse

Bien conscient de tous les blocages, Claude Bébéar ne se décourage pas. Peut-être un autre de ses amis, Didier Pineau-Valencienne (DPV), lui a-t-il fait lire les réflexions du jeune Albert Camus sur l'action politique ? DPV, on ne le sait pas forcément, fut au début de sa carrière un proche collaborateur d'Albert Camus alors qu'il travaillait aux éditions Gallimard. Ce dernier, on s'en souvient, fut dans un premier temps très proche du parti communiste avant d'aller de déception en déception et de s'en éloigner. Dans ses *Carnets*, en 1937, je retrouve ceci : « La politique et le sort des hommes sont formés par des hommes sans idéal et sans grandeur. Ceux qui ont une grandeur en eux ne font pas de politique. »

Comme beaucoup de Français, Bébéar a probablement longtemps espéré l'irruption sur la scène politique d'une sorte de dirigeant nouveau qui soit la synthèse de tous les dirigeants anciens : la grandeur et l'exemplarité du général de Gaulle, le (bon) sens de la tradition et de la modernité de Pompidou, le décalage visionnaire de Giscard, l'âme littéraire et le côté « France éternelle » de Mitterrand, la conscience à la fois paysanne et planétaire de Chirac, l'énergie transgressive de Sarkozy, la simplicité de Hollande, la jeunesse et l'ambition de Macron…

Comme tout le monde, hélas, il a vite compris que ce portrait idéal n'était qu'une pure vue de l'esprit. Une impossible synthèse. Exactement ce que pressentait Camus en son temps. Par ses livres, par son comportement, par son engagement, par l'exemple qu'il donnait, il s'était d'ailleurs, lui aussi, résolu à faire de la politique, mais de la politique « autrement ».

En cette fin de XXe siècle, c'est bien ce que Bébéar est décidé à faire. Sa décision est prise : il va inventer une nouvelle « aventure dans l'aventure ».

Lui aussi fera de la politique « autrement ».

Ce sera l'Institut Montaigne.

Premiers pas

Depuis un moment déjà, lui et ses amis n'ont cessé de proposer sans cesse des idées ou des pistes de réforme. En bons chefs d'entreprise, ils les ont même expérimentées.

Dès la fin des années 1980, c'est Henri Lachmann, alors P-DG de Strafor, qui mobilise les membres du club pour promouvoir l'apprentissage. Pour lui et pour eux, c'est une priorité nationale. Il se réfère pour cela à l'exemple allemand (que Lachmann, l'Alsacien, connaît bien...) et affiche un objectif ambitieux de 500 000 apprentis.

Mais les idées ont la vie dure. En France, les apprentis ont mauvaise presse. La voie d'excellence chez nos amis d'outre-Rhin reste désespérément une voie de garage de notre côté du grand fleuve. Quelque trente ans plus tard, l'objectif officiel d'Henri Lachmann n'est toujours pas atteint : au 1er janvier 2020, il n'y avait encore que... 490 000 apprentis en France. Avec tout de même un motif de satisfaction, puisque la tendance, ces dernières années, semble (enfin) s'inverser.

Autre initiative spectaculaire : le chèque syndical, souhaité cette fois par Claude Bébéar sur le modèle du chèque restaurant. Autour de cette idée simple : l'une des explications du blocage français reste le très faible taux de syndicalisme. Il faut donc encourager les salariés à se syndiquer, tout en encourageant le financement direct des syndicats.

Là encore, Claude Bébéar montre l'exemple. Dès 1990, il lance concrètement son idée de chèque syndical chez AXA. Au-delà de l'enthousiasme théorique, les résultats s'avèrent décevants. Vingt-cinq ans plus tard, AXA reste la seule entreprise à avoir adopté le chèque syndical... Même si, une fois de plus, les optimistes peuvent entrevoir une petite lueur d'espoir, car la mesure figurait dans le programme du candidat Macron et qu'elle est inscrite au menu de la réforme du Code du travail préparée par la ministre du Travail, Muriel Pénicaud. Mais, pour l'instant, le chèque syndical ne connaît pas le même succès que le chèque restaurant.

Autre idée de Bébéar : le CV anonyme. Elle sera largement reprise, plus tard, par l'Institut Montaigne. « En réalité, c'est une idée qui est née un jour, sur un coin de table, au hasard d'une discussion. Elle s'est très vite imposée d'elle-même par sa simplicité, sa force et son évidence », se souvient Daniel Laurent. Là encore, tout part d'une remarque de bon sens : la plupart des candidats à un poste se retrouvent en situation de désavantage selon qu'ils sont d'un certain âge, femme, handicapé, issue d'une zone géographique de mauvaise renommée, d'origine étrangère... Dès lors, pourquoi ne pas imposer, comme cela se pratique couramment en Grande-Bretagne par exemple, la pratique d'un CV gommé de toutes ces aspérités qui peuvent entraîner, selon les spécialités, un « biais de jugement », et se concentrer sur le cœur de l'expérience et de la réussite professionnelle, qui doit rester au centre de la décision d'embaucher ou non ?

La proposition, on l'imagine, fait couler beaucoup d'encre. La gauche, on s'en doute aussi, se trouve bien ennuyée pour critiquer cette idée qu'elle n'a jamais eu le talent d'inventer ou le courage d'imposer. Ici encore, AXA reste à ce jour l'une des rares entreprises à avoir expérimenté le CV anonyme.

Pas facile d'être prophète en son pays.

Jardin privé et jardin public

Lorsque arrive l'an 2000, le retrait opérationnel d'AXA est donc, pour Claude Bébéar, l'occasion de franchir une nouvelle étape dans son engagement au service de la réforme du pays.

Il va passer du jardin privé au jardin public. Entreprise et Cité est déjà son « jardin privé professionnel », l'Institut Montaigne sera son « jardin public personnel ».

Pourquoi « Montaigne », d'ailleurs ? « Je me reconnais en lui. Nous sommes du Périgord tous les deux. C'est un homme sage, qui prend toujours du recul sur les événements. Et c'est un homme qui doute. Pour moi, le doute est une grande qualité. »

Bébéar n'est ni un théoricien ni un dogmatique. Il se revendiquerait plutôt comme stoïcien (comme le Montaigne penseur, bien sûr) en même temps que praticien (comme le Montaigne élu local, aux commandes de sa cité bordelaise). Il n'oublie pas non plus la dimension très spécifique de l'amitié entre Montaigne et La Boétie : « Parce que c'était lui, parce que c'était moi… »

Pour l'anecdote, dans les années 1980, pendant la période d'ascension de Bébéar, l'Institut La Boétie est encore un institut très actif. Il fera d'ailleurs bénéficier l'Institut Montaigne de son fonds documentaire. Et son fondateur, Bernard de La Rochefoucauld, sera nommé membre d'honneur de l'Institut Montaigne. Quant à l'Institut Montaigne lui-même, ses locaux sont aujourd'hui situés au 59, rue de... La Boétie !

Un intellectuel modeste

Montaigne, La Boétie... Pour Bébéar, la fréquentation de la Pléiade, c'est d'abord la fréquentation... du réel. On ne le répétera jamais assez : c'est avant tout un pragmatique. Pas question pour lui de faire des propositions pour le pur plaisir de développer de belles idées. Une proposition, à ses yeux, n'est digne d'intérêt que si elle peut changer les choses concrètement. D'où le recours systématique, dès les débuts de l'Institut Montaigne, au *benchmarking* (analyse objective et comparaison avec ce qui se pratique ailleurs) et au *lobbying* (consistant à « pousser » les mesures que l'on valide afin qu'elles soient appliquées ou, à tout le moins, expérimentées).

« Toute ma vie, j'ai essayé de rester concret. Je suis le premier à dire qu'il faut être animé par une sorte de dépassement, par un grand rêve. Mais je ne suis pas pour autant un utopiste. Pour moi, ce dépassement auquel on aspire doit être réalisable. Ce réalisme, ce pragmatisme, si vous voulez, c'est probablement un trait de caractère que je tiens de mes origines paysannes. »

Il faut écouter le journaliste Philippe Manière, qui dirigera l'Institut Montaigne, parler de Claude Bébéar dans l'ouvrage d'entretiens qu'il mènera en 2003, *Ils vont tuer le capitalisme*, et qui annonce de façon prémonitoire la crise financière de 2008 : « Claude Bébéar est en effet, même sans le savoir, le pédagogue idéal. Il est difficile d'en avoir le soupçon, car l'homme, plutôt discret, plus intuitif que cérébral, n'est pas de ces nombreux P-DG français soucieux d'être regardés aussi comme des “intellos” que l'on voit briller sur les plateaux de télévision ou qui livrent leurs oracles dans des tribunes publiées à la une du *Monde*... Bébéar est d'abord un “praticien du capitalisme”, pas un décrypteur dûment répertorié. C'est ce qui rend sa parole bien plus intéressante que celle des pythies officielles. Avec lui, les choses sont d'autant plus claires qu'elles sont ou ont été vécues. »

Certes, à l'époque, Bébéar était encore le « patron » de Manière. Mais, aujourd'hui, alors que les deux hommes, restés en bons termes, ne se fréquentent plus qu'en pointillé, ce dernier va même encore plus loin. Il souligne que Bébéar n'a jamais cherché à imposer sa culture, qui est réelle. « Tout le monde sait que c'est quelqu'un qui a beaucoup fait. On sait moins qu'il a beaucoup lu, beaucoup réfléchi. » Par comparaison avec des intellectuels « un peu cuistres » ou « qui la ramènent volontiers », Bébéar serait au contraire une sorte d'« intellectuel modeste », solide, qui parle peu mais bien, et dans le seul souci, toujours, d'agir juste.

L'influence anglo-saxonne

En juillet 2000 donc, à 65 ans, Claude Bébéar, toujours président d'Entreprise et Cité, cesse officiellement, comme il s'y était toujours engagé, ses fonctions exécutives au sein d'AXA. Il confie à son « poulain » Henri de Castries les rênes opérationnelles du groupe. Il en conserve simplement la présidence du conseil de surveillance. Et lance officiellement son nouveau « bébé » : l'Institut Montaigne.

C'est également à cette époque, au tournant des années 2000, que la France découvre les *think tanks*, littéralement ces « boîtes à idées » qui viennent en appui des formations politiques traditionnelles et qui sont, aujourd'hui encore, très répandues à l'étranger, à commencer par les États-Unis.

En France, ce terrain intellectuel est encore relativement vierge. Il est essentiellement occupé par deux think tanks… qui n'en sont pas vraiment, au sens anglo-saxon du terme, car dépendant directement ou indirectement de l'État français.

En 1979, avec le soutien de Valéry Giscard d'Estaing et de son Premier ministre, Raymond Barre, l'État français est en effet à l'origine de la création et du financement de l'Institut français des relations internationales (IFRI), qui lui permettra, espère-t-il, de rester dans la course diplomatique. Dès le début, l'IFRI est présidé et dirigé par l'inoxydable Thierry de Montbrial qui, quarante ans plus tard, le préside encore !

Dans le même esprit, deux ans plus tard, en 1981, le même Raymond Barre est aussi à l'origine de la création, au sein de la Fondation des Sciences politiques, de l'Observatoire français des conjonctures économiques (OFCE). Un observatoire très proche de Sciences po et plutôt classé « à gauche ».

« Dans le cas de ces deux organismes, ce serait abusif de parler de think tanks. Il serait plus exact de parler d'"instituts de conjonctures" financés sur fonds publics », précise Philippe Manière.

Montaigne, donc.

Claude Bébéar le lance officiellement avec ses amis Henri Lachmann (alors président de Schneider Electric), administrateur d'AXA, et Alain Mérieux, président du groupe pharmaceutique éponyme et ancien premier vice-président du conseil régional Rhône-Alpes dans l'équipe de Charles Millon.

Les premiers travaux de l'institut sont lancés dès la rentrée de septembre 2000. Un premier groupe de travail, à Lyon, présidé par Alain Mérieux, commence à réfléchir aux questions d'enseignement supérieur et de compétitivité internationale. À Paris, un autre groupe planche sur les questions de sécurité. Ce n'est qu'un début.

Dès 2001, c'est au jeune Bruno Erhard, ancien chef de cabinet de Jimmy Goldsmith, que revient la lourde tâche de lancer et de déployer l'institut, hébergé alors, pour des raisons pratiques, chez AXA.

Dès le début, Bébéar a posé deux conditions. D'abord, il ne veut pas de financement public. Il assume au contraire un positionnement libre et libéral. Seconde condition : pour garantir la pluralité des opinions, il ne veut pas « que tel ou tel financeur privé puisse jouer un rôle prédominant au sein de l'Institut ». Idéalement, aucune cotisation ne peut donc excéder 2 % du financement total. Très vite, le groupe des financeurs s'élargit donc. Celui des partenaires et des contributeurs aussi.

En 2004, pour donner un nouvel élan médiatique au jeune institut, Claude Bébéar débauche le journaliste Philippe Manière, éditorialiste radio à BFM Business, qui dirige également la *Lettre de l'Expansion*. Un choix d'autant plus surprenant que Manière n'avait, auparavant, jamais caché ses doutes sur l'initiative de Bébéar. « Maintenant, il y a prescription, mais, à l'époque, j'étais le premier surpris et même un peu embêté qu'il vienne me chercher, se souvient Manière. J'avais dit partout que je ne croyais pas à son institut. Ni qu'il allait le lancer, ni que ça allait marcher. Et pourtant, il l'a lancé... et ça a marché ! J'avais péché par pessimisme. Bien sûr, j'ai été très heureux de me lancer à mon tour dans cette aventure. J'en garde un formidable souvenir. »

Avant d'accepter, Manière et Bébéar s'accordent sur de nouvelles orientations, et notamment sur le fait d'équilibrer les contributions « de gauche » et celles « de droite », fidèles en cela à la conviction du journaliste (de gauche) Jean Daniel, selon lequel « la vérité a toujours un pied dans le camp d'en face ». On voit ainsi s'enrichir et se réorganiser la gamme des administrateurs, des contributeurs et des experts autour de Guy Carcassonne (le célèbre constitutionnaliste, décédé en 2013), Nicolas Baverez (avant qu'il devienne notre « déclinologue » officiel...), Christian Forestier (un haut fonctionnaire parmi les plus influents de l'Éducation nationale, proche de Laurent Fabius et franc-maçon notoire), Ezra Suleiman (professeur de sciences politiques à l'université de Princeton et maillon capital de l'amitié franco-américaine), Olivier Blanchard (professeur au MIT et économiste en chef du FMI), des ingénieurs, dont des femmes...

Cordon ombilical

Manière insiste aussi pour couper le cordon ombilical avec AXA, largement fictif, mais qui pouvait, selon lui, venir troubler l'image de l'institut.

Le nouveau directeur veut lui aussi diversifier les sources de financement de l'institut. Il devra d'abord résoudre un autre problème auquel il n'avait pas vraiment pensé. « Au début, à ma grande surprise, ce n'est même pas l'Institut Montaigne que je devais vendre à mes futures partenaires. Il fallait d'abord que je revienne à la notion même de think tank, qui était non seulement inconnue en France, mais également très impopulaire dès que l'on commençait à l'expliquer, se souvient Manière. Mes interlocuteurs étaient sidérés : je leur parlais de gens non élus, ni fonctionnaires ni universitaires, qui avaient la prétention de donner leur avis sur des grands sujets de société ! En fait, nous incarnions… tout ce qu'ils détestaient ! »

Mais Manière y croit. Bébéar et lui se mettent même d'accord, dès le début, sur une part variable de son salaire, indexée sur le *fund raising*. Et ça marche : il y avait moins d'une quarantaine d'entreprises partenaires au moment de son arrivée, il y en aura près d'une centaine à son départ.

Dans les premiers temps, Claude Bébéar mobilise en priorité, bien sûr, ses amis… d'Entreprise et Cité.

Tous sont priés de passer à la caisse. Tous le font avec plaisir. « Parce que c'était lui, parce que c'était nous ! », s'amuse même Henri Lachmann, fidèle parmi les fidèles, et réputé, en bon Alsacien organisé, pour payer sa contribution rubis sur l'ongle.

Bébéar n'hésite pas à mettre la main à la pâte lorsqu'il le faut. « J'ai souvenir d'un patron du CAC 40 qui était en retard de paiement et qui ne répondait pas à mes messages, se souvient Manière. Quand j'en ai parlé à Claude, il a décroché son téléphone devant moi et réglé le problème en moins de cinq minutes. Avec franchise, sourire… et fermeté ! Pourtant, nous étions en 2008. Il était déjà très largement "retiré des affaires", mais il avait conservé, et il conserve encore, cette aura naturelle, cette capacité d'entraînement et d'adhésion qui est tout à fait hors du commun. »

Manière poursuit : « Assez vite, nous avions même presque trop d'argent par rapport à nos besoins réels. Nous avons donc mis sagement une bonne partie de notre budget en réserve, anticipant des jours moins fastes. Exactement le contraire de ce que faisait l'État français ! »

Et de conclure : « Avec le recul, entre le carnet d'adresses de Bébéar et le mien, l'Institut Montaigne est devenu une sorte d'"institut de place", une véritable institution. Y cotiser était naturel pour de très nombreuses entreprises. Presque aussi naturel que de s'abonner à l'électricité ou à l'eau courante… »

À force de persévérance, Manière réussit non seulement à élargir la base des cotisants, mais également, ce qui n'était pas du tout gagné non plus, à imposer l'Institut Montaigne dans les médias et auprès de ses anciens collègues qui n'étaient pas, doux euphémisme, les plus faciles à convaincre.

Crédibilité universitaire

Directeur après directeur, la montée en puissance de l'institut se poursuit.

Claude Bébéar recrute Laurent Bigorgne, qu'il nomme ensuite directeur au départ de François Rachline, lui-même successeur de Philippe Manière.

Il a été séduit par ce fils de proviseur d'un lycée professionnel et d'une mère enseignante en logistique. Biberonné dans sa jeunesse à Michel Rocard et à sa nouvelle gauche, militant Unef-ID par la suite, Bigorgne a surtout grandi dans l'ombre d'un premier mentor, Richard Descoings, le charismatique et très sulfureux patron de Sciences Po, qui trouvera la mort dans des conditions troubles dans une chambre d'hôtel new-yorkais, en avril 2012, après avoir profondément bouleversé – pour le meilleur et le moins meilleur – la vieille institution parisienne.

À la mort de Descoings, Bigorgne se trouvera un nouveau mentor en la personne… d'Emmanuel Macron, le futur président de la République. Il fait partie du petit cercle d'amis qui ont convaincu le jeune banquier de se lancer dans l'aventure présidentielle. Et ne cesse, dès lors, de l'approvisionner en notes et en conseils de tous ordres. Au point que Macron, en contrepartie, lui proposera de diriger son mouvement En Marche !, ce que Bigorgne refusera.

Sous sa direction, l'Institut Montaigne franchit une nouvelle marche. « Le lien très fort de Laurent avec Sciences Po s'est avéré déterminant. Il a apporté à Montaigne une dimension supplémentaire : la crédibilité universitaire », analyse Manière. Avec Bigorgne, l'Institut Montaigne, pensé hexagonal, affiche aussi une nouvelle ambition : elle est désormais internationale. La presse « achète » à la fois l'ambition et l'ambitieux. « Sous sa gouverne, écrit notamment *Le Figaro* en 2020 dans un portrait laudateur, le think tank libéral et tricolore se transformera en véritable machine de guerre à portée internationale. »

De fait, Bigorgne ouvre un petit bureau à Londres, passe des accords de partenariat avec des instituts à l'étranger, aux États-Unis notamment, multiplie les sujets d'étude aux quatre coins de la planète et n'hésite pas à faire monter la pression sur ses équipes. À l'extérieur, il dit : « Nous travaillons à être les premiers en Europe. » À l'intérieur, il martèle à son équipe son objectif « Montaigne 20-20 ». Prononcer : « Montaigne 2020 ». Et comprendre : nous devons être le premier think tank en Europe à l'horizon 2020.

Le pari n'est pourtant pas gagné…

Minorités visibles

Dès sa naissance, au début des années 2000, même si l'on y croise beaucoup de personnalités « de gauche », l'Institut est très vite qualifié de « libéral », ce que revendique d'ailleurs Claude Bébéar. Paradoxalement, c'est pourtant sur des thèmes bien « de gauche » et sur lesquels on ne l'attendait pas qu'il se fera très vite remarquer.

En 2004, un rapport intitulé « Les oubliés de l'égalité des chances », signé par Yazid Sabeg, assisté de Laurence Méhaignerie, avance quelques propositions concrètes et iconoclastes autour de la notion de « discrimination positive ». Il rencontrera un écho favorable puisque, une dizaine d'années plus tard, en juin 2015, un article du *Parisien* soulignait que près de 3 400 entreprises s'étaient mobilisées autour des recommandations de la « charte de la diversité » prônée par le rapport.

Un premier pas.

À la suite de cette publication très largement reprise et commentée, le Premier ministre Jean-Pierre Raffarin charge officiellement Claude Bébéar d'une mission qui débouche sur un autre rapport, lui aussi très remarqué, intitulé : « Les entreprises aux couleurs de la France ».

Nous sommes encore en 2004. Officiellement, la lettre de mission est envoyée par le Premier ministre au président d'Entreprise et Cité. Mais tout le monde comprend cette fois que c'est Claude Bébéar qui monte au front avec ses trois casquettes : une casquette Entreprise et Cité, une casquette AXA et une casquette personnelle qui ne le quitte jamais.

Claude Bébéar, qui écrit et signe si peu, écrit et signe ce rapport au Premier ministre. C'est la première fois que l'on emploie officiellement, en France, l'expression « minorités visibles », inspirée du modèle canadien qui les reconnaît et les définit ainsi : « Font partie des minorités visibles les personnes autres que les autochtones, qui ne sont pas de race blanche ou n'ont pas la peau blanche. »

Bébéar regrette, dans le préambule de l'étude, que « le principe d'égalité des chances sonne creux à l'oreille de millions de personnes ».

Rien de naïf chez lui : « La discrimination des minorités visibles en entreprise est révoltante sur le plan de l'éthique et de la morale, mais elle est également aberrante sur le plan économique. C'est pourquoi lutter contre la discrimination en entreprise n'est pas affaire de compassion, mais plutôt d'intérêts bien compris. Dans un contexte de vieillissement de la population active, et alors que certains envisagent le recours à l'immigration comme remède au manque prévisible de main-d'œuvre, nos entreprises peuvent trouver sur le territoire national des forces vives susceptibles de créer des richesses. » C'est dit. C'est même écrit.

Dans le rapport en question, aucun discours pontifiant ou lénifiant. Tout se résume à la mise en perspective d'une série de vingt-quatre propositions très concrètes, avec leurs fiches pratiques.

Du « prêt-à-l'emploi », dans tous les sens du terme.

Symboliquement, la première proposition consiste à réaliser annuellement une photographie statistique annuelle des entreprises, à travers un questionnaire anonyme, dans lequel chaque salarié déclarerait, sur une base volontaire, s'il appartient ou non à une minorité visible. La pratique est courante au Canada, mais serait révolutionnaire en France, où les statistiques ethniques sont toujours interdites.

La deuxième proposition vise à rendre les CV systématiquement anonymes, comme Bébéar, on l'a vu, n'a jamais cessé de le prôner. Là encore, il voudrait que ce qu'il pratique déjà chez AXA puisse s'étendre à d'autres entreprises.

Toutes les autres suggestions vont dans le même sens, de l'offre de stages non discriminants à la diversification du recrutement des grandes écoles en passant par des partenariats actifs avec les régions ou l'Éducation nationale. Le rapport propose même de mettre l'accent sur les quartiers sensibles *via* la création de cellules « Entreprises et Quartiers » (tiens, tiens...) pour impulser des actions et des expérimentations hors cadre administratif.

Il conclut : « À la croisée des chemins, nous sommes obligés de réagir afin d'éviter une dérive communautariste et donner un sens à l'intégration française. » Là encore, une analyse prémonitoire.

Comme beaucoup de rapports, celui-ci sera très largement commenté et... ignoré. Claude Bébéar n'en a cure. Il sait qu'il faut enfoncer le clou et montrer l'exemple, comme il l'a toujours fait dans son groupe.

Avec le recul, l'Institut Montaigne est quand même parvenu à imposer dans le débat public ce thème de la diversité, jusqu'à la publication de *Banlieue de la République* en 2011, fruit d'une enquête conduite à Clichy-sous-Bois et Montfermeil, en Seine-Saint-Denis, où avaient éclaté, en 2005, de terribles émeutes. L'ouvrage, publié sous la direction de Gilles Kepel, politologue et spécialiste du monde arabe, s'intéresse à l'ensemble des dimensions qui permettent à la fois de « faire société » et de « faire économie », les deux thèmes chers à Claude Bébéar.

Identité nationale

Très régulièrement, au milieu d'études souvent très « classiques » (sur l'éducation, les retraites, la santé...), l'Institut Montaigne continue à se positionner là où on ne l'attend pas.

Quelques années plus tard, c'est cette fois sur un autre thème éminemment glissant qu'il s'aventurera : l'identité nationale.

Élu président de la République, Nicolas Sarkozy a en effet mis cette question ô combien clivante au cœur de sa présidence. En 2007, il a même créé de toutes pièces un ministère de l'Immigration, de l'Intégration, de l'Identité nationale et du Codéveloppement. Le nouveau ministère sera d'abord confié à son fidèle Brice Hortefeux, puis à Éric Besson, avant d'être supprimé en 2010.

Le 4 décembre 2009, l'Institut Montaigne se saisit officiellement de la question en organisant un séminaire sur le thème « Qu'est-ce qu'être Français ? », autour de quatorze intervenants, dont Jeannette Bougrab et le philosophe Roger-Pol Droit.

Un document de travail indique : « La France est diverse. Il n'y a pas une identité française, mais probablement plusieurs. Il faut accepter l'idée que tous les Français ne sont pas identiques. » Le Premier ministre, François Fillon, vient conclure les travaux en personne.

L'Institut Montaigne essaye d'avoir un débat d'avance. On ne cessera de le lui reprocher. Mais la ténacité de Bébéar à s'intéresser à tous ces sujets sur lesquels il n'a, on s'en doute, que des coups à prendre, impressionne aujourd'hui encore jusqu'à ses plus proches amis.

« Si la notion de "sage des affaires" existait, Claude en serait un, commente aujourd'hui l'un des patrons du CAC 40. Mais ne le dites pas trop, d'abord parce qu'il n'aime pas ça, et ensuite parce que cela le desservirait, et l'Institut avec lui. »

On ne le dira donc pas trop.

Liaisons dangereuses

C'est dans les années 2000, on l'a vu, qu'ont vraiment émergé une série de cercles ou de clubs de réflexion privés exclusivement financés sur fonds privés. Mais, en même temps qu'ils s'éloignaient de l'État, certains d'entre eux ont été tentés de se rapprocher, sans le dire ou en le disant, de partis politiques.

À droite, c'est sous la présidence Sarkozy que le rapprochement avec l'Institut Montaigne est devenu tangible, on vient de le voir, au travers de la question des minorités, des banlieues et même de l'islam, « préemptée » à une gauche tétanisée sur ces sujets.

À gauche, impossible d'ignorer le think tank Terra Nova, fondé quelques années plus tard, en 2008, par Olivier Ferrand (décédé en 2012) et dirigé aujourd'hui par Thierry Pech. Historiquement, François Hollande s'est appuyé sur Terra Nova pour nourrir sa campagne présidentielle de 2012. Après la débâcle de la gauche et de son « Président normal », on peut penser aujourd'hui que les choses se sont inversées. Pour beaucoup d'observateurs, c'est désormais le parti socialiste (ou ce qu'il en reste...) qui peut apparaître comme une émanation politique de Terra Nova !

Le temps des polémiques

Claude Bébéar peut être fier de son « bébé », aujourd'hui bel adolescent de 20 ans, qui vit désormais sa vie... sans lui ! Mais avec le succès viennent toujours les polémiques. Et la jalousie. L'Institut Montaigne ne fera pas exception à la règle.

Il faut dire que l'Institut, volontairement ou non, donne parfois l'impression d'avoir baissé la garde sur quelques sujets sensibles. À commencer par le lien avec AXA... Comme il l'a fait pour son groupe, Bébéar a laissé la présidence de son institut à Henri de Castries.

Pour certains, ce choix d'Henri de Castries est d'autant plus surprenant que ce dernier présidait alors, depuis 2012, une autre célèbre institution, le groupe de Bilderberg, qui rassemble chaque année quelque cent trente décideurs, essentiellement américains et européens, autour des grandes questions transatlantiques.

Par ailleurs, les mêmes qui reprochent à Henri de Castries sa trop grande proximité avec le capitalisme américain, ou, plus tard, d'avoir été le potentiel ministre des Armées de François Fillon avant que la candidature de ce dernier explose en vol, ne se gênent pas pour reprocher également à son directeur général, Laurent Bigorgne, sa proximité avec… le nouveau président de la République, Emmanuel Macron.

Le président de l'institut serait donc ouvertement « filloniste » et son directeur général ouvertement « macronien » ? La présentation officielle de l'institut insiste pourtant sur son caractère « généraliste », « indépendant de l'État et de son financement », et sur le fait qu'il est « totalement indépendant des partis politiques ».

Rien de choquant, bien sûr, à ce que des dirigeants aient également des opinions politiques et des engagements personnels. Mais lorsque le site Mediapart révèle que le mouvement politique d'Emmanuel Macron En Marche ! est enregistré officiellement… au domicile privé de Laurent Bigorgne, Claude Bébéar doit une nouvelle fois monter au créneau pour rappeler que l'institut qu'il a fondé est « totalement indépendant » des partis politiques. Ce qui ne l'empêche pas de tout faire, bien entendu, pour promouvoir ses idées et de pousser ses hommes aux postes de décision, et si possible au gouvernement.

Depuis, Laurent Bigorgne ne cesse de répéter qu'il sépare son engagement personnel et son engagement politique qu'il mène pourtant... « en même temps » ! Certains lui reprochent d'avoir trop élargi le champ d'intervention de l'institut. « Aujourd'hui, nous avons décidé de nous intéresser à “tout”. Il est forcé que nous nous intéressions aussi à “n'importe quoi”. On se positionne aussi bien sur les taxes de production en France que sur la politique de production en Chine, de cybersécurité en Europe de l'Est, de droit d'asile... Impossible d'être les meilleurs sur tous ces sujets ! Et, en même temps, si nous avions une originalité, elle est noyée, invisible... », regrette un ancien salarié.

Le jeune institut, bouillonnant et disruptif, aurait laissé la place à une machine de guerre plus laborieuse et convenue ? L'Institut Montaigne se soucierait plus, aujourd'hui, de faire parler de lui, à grand renfort de communication tous azimuts, que de préparer concrètement l'avenir de la France ?

Stop ou encore

Bébéar le répète sans cesse : l'objectif d'un think tank est d'être en avance. De lancer des idées. Quitte parfois à surprendre, voire à déstabiliser : « Un bon think tank doit d'abord être indépendant. Ensuite, il doit être ouvert, très libre et ne pas hésiter à émettre des idées qui sont parfois un petit peu choquantes. » C'est un combat de chaque instant.

Tous les amis d'Entreprise et Cité « canal historique » ont aussi leur avis. « Moi, je pense qu'il faudrait fermer l'institut, avance l'un des piliers d'Entreprise et Cité, qui estime lui aussi que, à force de se positionner sur tous les sujets, Montaigne ne se positionne plus sur aucun en particulier. À trop essayer d'être le spécialiste de tout, on n'est plus le spécialiste de rien. »

« Et si on regardait plutôt le verre à moitié plein ? argumente au contraire un autre fondateur. Même si tout ce que nous disons n'est pas toujours spectaculaire, nous avons réussi à faire progresser quelques idées dans la société et nous avons aujourd'hui quelques alliés au gouvernement. C'est le plus important, non ? »

Les « compagnons de la première heure », s'ils ont des avis tranchés et souvent différents sur la question, partagent au moins un point commun : l'admiration et la reconnaissance pour Claude Bébéar qui, une fois encore, les a « bluffés ».

Didier Pineau-Valencienne, en dépit de quelques réserves, on l'a vu, sur la dimension « trop festive et pas assez sérieuse » d'Entreprise et Cité, a là aussi un jugement bien tranché : « Avec le recul, ce n'était pas gagné, et c'est une vraie réussite ! C'est un think tank moderne et ambitieux. Incontestablement, c'est Entreprise et Cité qui a permis l'Institut Montaigne. Il en a été l'antichambre. Ne serait-ce que pour ça, je suis fier d'avoir participé à cette aventure ! » Il n'est pas le seul. Beaucoup estiment aujourd'hui, avec deux décennies de recul, que l'apport concret de l'institut est bien supérieur à celui de beaucoup de partis politiques ou d'organisations patronales ou syndicales. « À sa manière, Claude nous a tous fait faire un peu de politique, au sens le plus noble du terme ! », dit l'un d'entre eux.

Ce n'est pas Bébéar qui démentira.

Les Bretons et les Gascons

— Encore ce Bolloré ? Mais qu'est-ce que tu lui trouves ? On ne va quand même pas en parler tous les jours !

— Tu verras, on risque d'en parler souvent…

Ce petit bout de dialogue, noté machinalement dans l'un des petits carnets Moleskine noirs qui ne me quittent jamais depuis plus de trente ans, résume à peu près l'état d'esprit de l'époque.

Nous sommes un matin de 1987, au cœur de la rédaction du *Figaro*, au 37, rue du Louvre, à Paris. Un immense paquebot Art déco, aussi spectaculaire à l'extérieur que vieillot et crasseux à l'intérieur. C'est là, au deuxième étage du journal, que se tient la conférence de rédaction matinale du *Fig-Éco*, le fameux « cahier saumon » qui bouscule depuis quelques mois la presse économique traditionnelle. C'est là aussi que j'entends pour la première fois prononcer le nom de Vincent Bolloré.

Le jeune patron, qui vient de reprendre l'empire familial en pleine déconfiture et de mettre la main sur la SCAC, a impressionné tous mes copains journalistes qui l'ont approché. Toutes mes copines, surtout…

Comme tous les jours, chacun se bat pour placer son opinion ou son papier, si possible les deux.

— Tu t'intéresses à Bolloré parce qu'il a une belle gueule ?

— Non ! Il a une belle gueule, c'est vrai, mais surtout il sait parler, il sait compter, il a un culot monstre et il n'a peur de rien ! Ça fait beaucoup, non ? Vous verrez : il ira loin…

Un jour où le sujet revenait une nouvelle fois sur le tapis (et il revenait souvent), je me souviens d'avoir lancé, pour rire : « On ne va tout de même pas créer une rubrique "OPA de Bolloré" ! »

Avec le recul, on aurait pu.

Sans rire.

Le petit prince du cash-flow

Dès le début, j'ai été moi aussi très intrigué par la personnalité de Bolloré et son allure d'« éternel adolescent » qui ne changeait (presque) jamais, quelles que soient les images que nous faisait parvenir le service photos du journal.

Je ne l'avais jamais rencontré, mais je sentais un décalage un peu étrange entre son apparence de jeune homme souriant, de gendre idéal, d'entrepreneur à succès, et la violence du milieu dans lequel il était en train de se construire.

La presse française, on l'a vu, a toujours le sens du cliché et rarement celui du ridicule. Pour Jean-François Hénin, financier à la mode et aujourd'hui oublié, elle avait déjà inventé le sobriquet de « Mozart de la finance ».

Dans le même esprit, elle a tout de suite qualifié Bolloré de « petit prince du cash-flow ».

Dans les années qui ont suivi, beaucoup de mes amis ont croisé le petit prince en question. Certains ont fait des affaires avec lui, travaillé pour lui ou même directement avec lui. Certains ont été écartés sans aucun ménagement. D'autres étaient – ou sont encore aujourd'hui – parmi ses plus proches collaborateurs et se feraient au contraire « tuer » pour lui. Difficile, dans ces conditions, de se faire sa propre idée.

Jusqu'ici, je n'avais fait que le croiser au hasard de rencontres professionnelles. Et encore, très rarement : contrairement à beaucoup d'autres patrons, il évite de faire parler de lui, ne sort quasiment jamais et se montre encore moins.

J'ai eu ainsi, tout au long de mon parcours, de très nombreux sons de cloche. Je n'avais pourtant jamais encore visité le clocher…

C'est aujourd'hui ! En effet, près de trente ans plus tard, Vincent Bolloré, devenu l'un des plus puissants et des plus discrets patrons français, m'a fait répondre qu'il serait ravi d'évoquer avec moi l'aventure d'Entreprise et Cité. En allant le retrouver dans le désormais célèbre bureau qu'il occupe au sixième étage du siège de Vivendi, avenue de Friedland, je repense bien entendu à toutes ces vieilles conversations « du temps du *Figaro* ».

Mais, avant de le rejoindre, il nous faut commencer par un petit détour par la Bretagne. Car si Claude Bébéar est profondément gascon, Vincent Bolloré, lui, est breton jusqu'au bout des ongles.

Son histoire sent bon l'iode et les menhirs.

Le grand large et les terres extrêmes.

Les pirates et les flibustiers.

Dynastie

Le nom « Bolloré » ne remonte pas à la nuit des temps, mais suffisamment loin pour que l'on puisse parler d'une dynastie, au même titre que beaucoup d'autres grandes familles françaises. Dans l'histoire économique de notre pays, on évoque ainsi « les Bolloré » comme on dit « les Rothschild », « les Wendel », « les Peugeot » ou « les Michelin ». Autant de noms véritablement ancrés dans le passé, à côté desquels « les Dassault », « les Ricard », « les Decaux » ou même « les Bouygues », dynasties bien plus récentes, feraient presque figure de perdreaux de l'année. Sans parler des Pinault ou des Arnault qui, avec tout le respect qu'on leur doit, n'en sont encore aujourd'hui qu'à la deuxième génération pour le premier et à la première pour le second. La « dynastie », pour eux, attendra encore un peu.

Pour ce que l'on en sait, le plus ancien des Bolloré, Alain, fait parler de lui dès la fin du XVe siècle. Vincent, lui, incarne (fièrement) la sixième génération. Et se prépare officiellement à passer le flambeau à la septième.

Lorsqu'il évoque sa famille, dans quelques rares interviews, il emploie presque toujours la même expression : ses ancêtres seraient de « hardis marins bretons qui défendaient les embouchures des rivières ».

En réalité, dans la listes des ancêtres, à en croire son oncle Gwenn-Aël, bien connu pour avoir fouillé les archives départementales du Finistère, on trouve de tout : des matelots, des maîtres de chaloupe, des capitaines, quelques paysans, un prêtre et deux voleurs, dont… un faux-monnayeur !

Le berceau de la famille se situe dans la région de Quimper, chef-lieu du Finistère, capitale de la Cornouaille, au bout de la Bretagne, qui est elle-même déjà un peu le bout de la France.

Julien Gracq le note magnifiquement dans ses *Carnets du grand chemin* : « Dans ce sachet presque fermé, jeté tout au bout de la Bretagne, dont Quimper serre les cordons au fond de sa rivière de l'Odet, la terre déjà se fait île aux trois quarts : il y a là, tout au fond du réduit celtique, une tache bretonnante plus dense et plus foncée, et, dans l'exotisme déjà si marqué de la péninsule, le jet d'une touche de couleur plus exotique encore. »

C'est bien là, sur les rives de l'Odet, que se trouve le « cœur qui bat » des Bolloré, dans le petit village d'Ergué-Gabéric, à quelques kilomètres de Quimper.

Vincent Bolloré me le confirmera : « Mon histoire, c'est d'abord l'histoire de plusieurs générations avant moi. Nous avons traversé des guerres, des révolutions, nous avons connu trois rois, un empereur et… vingt-six présidents de la République ! J'ai presque deux cents ans d'histoire sur les épaules. Ce n'est pas un fardeau. Au contraire, c'est un honneur. Et un engagement, surtout, à ce que cela continue après moi. »

Bref, sa feuille de route est toute tracée. Il ne compte pas en dévier d'un pouce et répète inlassablement à tous ses interlocuteurs, depuis des années, qu'il cédera lui-même les rênes l'année de ses 70 ans et le jour des 200 ans du groupe. Ce sera très exactement le 17 février 2022. Sur son téléphone mobile, une application décompte les jours… « Ça tombe un jeudi ! », précise-t-il pour tous ceux qui seraient tentés de ne pas le prendre au sérieux.

On verra qu'ils sont encore nombreux.

Nos ancêtres les Bretons

Si l'histoire de la dynastie est très ancienne, l'histoire « industrielle » des Bolloré commence, elle, au début du XIXe siècle, autour d'une idée qui n'a rien de spécifiquement breton : le papier. En février 1822, avec son associé Nicolas Le Marié, l'ancêtre de Vincent, René-Guillaume Bolloré, pose la première pierre d'une petite manufacture de papier à cylindre « à la cuve ». Très vite, les papeteries se développent et se modernisent. En quelques décennies, elles fabriquent toutes sortes de papiers (papier d'emballage, papier bulle, papier pour cahier…). Elles deviennent surtout spécialistes du « papier fin » (papier à cigarettes et papier bible), qui fera leur réputation et leur fortune. De ces usines sortiront notamment les fameux petits paquets plats de papier à cigarette OCB, créés en 1918 à partir du nom des deux sites industriels et de celui de la famille (Odet, Cascadec, Bolloré).

Autour des usines, on construit des cités ouvrières pour le personnel. Le capitalisme est encore catholique, paternaliste et bienveillant. C'est là que René Bolloré II, le grand-père de Vincent, qui dirigera les papeteries de 1905 à 1935, fera aussi construire son « château », comme disent les habitants du village, le fameux Manoir d'Odet, mélange de breton pur sucre et d'imitation de Viollet-le-Duc, lui-même imitateur de gothique flamboyant. Dès sa construction, le Manoir devient ce que l'on pourrait appeler un « siège généalogique ». Le cœur du cœur ou, dans cette famille profondément catholique, le saint du saint.

La famille Bolloré, qui s'est embourgeoisée et surtout enrichie très rapidement, mène grand train. Elle est l'une des plus fortunées de France : yacht, résidences secondaires, personnel de maison, voyages à l'étranger… Tout le gotha industriel, financier et intellectuel y défile. Elle incarne la France qui compte, dans tous les sens du terme.

L'entreprise, elle, connaîtra des hauts et des bas, mais globalement plus de hauts que de bas. Jusqu'à la chute, brutale et inexorable, victime impuissante d'un retournement de conjoncture internationale, de choix stratégiques hasardeux et de défaillances de management. À l'époque, on parlera plutôt de « mauvais choix de la direction ».

Le jeune Vincent ne connaîtra pas l'empire au temps de sa splendeur mais au temps de sa déchéance. Il verra le groupe se fissurer, puis s'effondrer. Son enfance heureuse, mais un peu étrange, se déroulera entre bonheur de carte postale et crainte de l'avenir.

Aujourd'hui encore, il en parle rarement, mais laisse entendre qu'il a souffert de voir les efforts de son père, qu'il admire, pour tenter (vainement) de redresser la barre face aux banquiers qui avaient pris le pouvoir…

Dans la saga Bolloré, la fin des années 1970 marque donc la fin de la « saison 1 ».

Sur une blessure intime.

Va pour la banque !

Jean Bothorel, biographe « officiel » de la famille et croisé lui aussi rue du Louvre, au *Figaro*, note fort justement dans son livre *Vincent Bolloré, une histoire de famille* : « Il y a, en réalité, très peu de fils ou filles de famille qui sont devenus plus riches et plus puissants que ne l'étaient leurs parents. En revanche, il y en a énormément qui mettent leurs pieds dans des chaussons dorés et qui, sans bouger, s'en portent très bien. C'est cela la "reconduction sociale" si chère à Pierre Bourdieu, le sociologue marxiste : sauf à être stupides, les fils ou filles de famille ont, dès le berceau, une assurance vie et ils auront rarement des problèmes de fin de mois… Avec Vincent Bolloré, on sort du schéma de la “reconduction sociale”. Il ne va pas choisir le confort des chaussons dorés, il va démultiplier son héritage et partir à l’assaut d’un monde économique dans lequel ses atouts étaient, au moment où il se lance, assez faibles. »

De fait, en 1969, alors qu’il n’a encore que 17 ans et un bac littéraire en poche, le jeune Vincent sait que travailler dans l’entreprise familiale n’est même pas une option : la papeterie est trop petite et trop fragile pour garantir une « situation » à toute la famille.

Grâce aux relations de son père, il débute donc sa vie professionnelle comme simple employé à la banque de l’Union européenne, puis à la Compagnie financière Edmond de Rothschild où il prend alors très régulièrement une pause-café avec Henri Emmanuelli, futur cacique et ombrageux premier secrétaire du parti socialiste. Mais travailler ne lui suffit pas. Il a toujours voulu approfondir ses études. En parallèle, il décroche donc un DESS de droit.

En 1977, il épouse Sophie Fossorier, petite-fille de l’ancien maire de Deauville et ex-fondateur de la Société commerciale d’affrètements et de combustibles, plus connue sous son acronyme, la SCAC : un énorme conglomérat ou un vaste fourre-tout, c’est selon, qui a tissé des liens industriels et commerciaux très forts avec l’Afrique.

À l'époque, Vincent ne se rêve pourtant ni en avocat ni en banquier d'affaires, comme on l'a souvent écrit. Il sait même (ou croit savoir) ce qu'il veut faire. Son avenir tient en quatre lettres : « Rien ! » Et il assume parfaitement : « Chez les Bolloré, il y avait la branche des "René", qui dirigeait le groupe, et la branche des "Michel", qui n'avait pas besoin de travailler. Moi, j'étais de la branche des Michel, et j'étais parfaitement préparé… à ne rien faire ! Pour être très honnête… ça m'allait très bien ! »

« Au fond, Vincent était "programmé" pour vivre la vie de Brett Sinclair dans la série *Amicalement vôtre* », me confirme l'un de ses amis. Qui précise au passage : « Même s'il y a aussi, chez lui, un petit côté Danny Wilde ! »

Le destin, quoi qu'il en soit, va en décider autrement.

À Ergué-Gabéric, on l'a dit, les difficultés s'accumulent, et l'avenir se précipite. Le papier bible se vend moins car on fabrique moins de missels. Le papier carbone souffre du développement des photocopieuses. Et le papier, d'une façon générale, commence à être concurrencé par le polypropylène. Surtout, à la suite de deux dévaluations du franc, la conjoncture internationale se retourne pour la firme bretonne qui s'était risquée à dépendre plus largement des marchés étrangers.

Jusqu'alors, trois frères Bolloré sont aux commandes de l'entreprise. Entre eux, il n'y a, c'est le cas de le dire, pas l'épaisseur d'un papier à cigarettes. Mais, depuis quelques mois, les visions divergent, les stratégies s'opposent, les tactiques se heurtent. L'entente familiale éclate. La compagnie Edmond de Rothschild, si proche de la famille, en profite pour placer un directeur maison qui fait de très mauvais choix d'investissement : là où il aurait fallu vendre le papier et investir dans les plastiques, comme le voulait le père de Vincent, il fait… exactement le contraire.

La tempête se rapproche, l'orage gronde…

Bref, les Bolloré ne s'appartiennent plus tout à fait.

Fils prodigue

La communauté industrielle et financière en est désormais persuadée : les papeteries vont mettre la clé sous la porte. À cette époque, elle a probablement raison de le penser. C'est compter sans le retour du fils prodigue que personne, à commencer par le principal intéressé, n'aurait imaginé.

« Si l'entreprise familiale avait été prospère, j'aurais probablement tenté ma chance ailleurs. Mais elle était en danger de mort. Et j'étais comme habité par une sorte de sentiment dynastique. Je n'avais pas de plan particulier, pas de stratégie miracle, mais je n'avais pas le choix : je devais sauver l'entreprise familiale. Je crois que c'est cette volonté et elle seule qui a fait la différence. »

Avec son frère, Michel-Yves, il décide donc de reprendre l'entreprise familiale. Non pas pour 1 franc symbolique, mais pour 4 francs symboliques, 2 francs par frère, car le groupe était détenu à travers 2 sociétés.

Vincent Bolloré sera donc papetier. Pas par hasard et encore moins par vocation. Tout simplement par destin.

Le voici nommé P-DG du groupe familial.

Le 6 février 1981, pour sa première apparition à l'usine, il grimpe sur un petit tas de palettes, dressées pour l'occasion, et galvanise ses troupes. Ce jour-là, il leur montre, comme l'avaient compris mes camarades du *Figaro*, qu'il sait parler. Il leur promet surtout qu'il va agir et tout faire pour maintenir l'emploi. Pour cela, il leur demande de baisser significativement leurs salaires. Un discours que personne ne tenait à l'époque ! Pour la première fois (ce ne sera pas la dernière...), il met tout le personnel dans sa poche. CGT comprise.

Le voici à la tête de huit cents salariés... et d'une dette considérable.

Il a tout juste 29 ans.

C'est le vrai début de l'aventure.

Même pas peur !

Le retour de Vincent « à la maison », ou plutôt au Manoir, coïncide à quelques semaines près avec l'arrivée de la gauche au pouvoir. En me racontant cette période, il se souvient que tous les patrons français, à l'époque, « crevaient de trouille ». Mais, pour lui, ce n'est pas un problème : « Franchement, je n'avais même pas peur ! François Mitterrand était un ami de mes parents. Toute la famille le connaissait depuis toujours. Moi-même, je l'avais connu petit. Il était venu plusieurs fois à la maison. Mon père, qui était un très grand bibliophile, faisait même relier certains de ses livres par Danielle Mitterrand. Dans la bibliothèque familiale, on a encore les *Mémoires de guerre* du général de Gaulle dédicacées "À Michel Bolloré" et reliées par Danièle Mitterrand. Alors vous imaginez ! »

Dans la foulée, il me raconte cette anecdote, qui en dit long, elle aussi. Nous sommes en octobre 1985. L'hélicoptère présidentiel se pose sur le parking de l'usine d'Ergué-Gabéric. Lorsqu'il en descend, François Mitterrand serre la main du jeune patron. Bernard Poignant, le député socialiste de Quimper qui a organisé la visite, n'en revient pas : Mitterrand semble ici… comme chez lui ! Il est visiblement ravi de retrouver « le dernier des Bolloré » à la tête du groupe familial depuis quatre ans à peine : « Comment allez-vous, Vincent ?

Cela fait bien longtemps... La dernière fois, vous étiez tout petit... »

Bernard Poignant comprendra plus tard. Car c'est là un vrai savoir-faire de la famille : ne jamais prendre position, se tenir prudemment à l'écart de la vie des partis et de leur financement : « Il faut tous les connaître, mais ne dépendre d'aucun », dit-on volontiers au Manoir.

Les Bolloré ont ainsi toujours entretenu les meilleures relations possibles avec tous les camps. À droite, bien sûr, de Georges Pompidou à Nicolas Sarkozy. Mais aussi à gauche : de Léon Blum (eh oui...) à François Mitterrand en passant par Robert Badinter, Michel Rocard ou Bernard Kouchner.

Vincent ne fera que perpétuer la tradition.

Bref, en ce mois de mai 1981, non seulement il ne craint pas « les chars russes », comme il le dit lui-même, un peu bravache, mais il n'est pas loin de se réjouir de ce retour des socialistes aux affaires.

La suite lui donnera raison.

Patronat et patronat

L'arrivée de la gauche, on ne le dira jamais assez, est en effet une sorte d'âge d'or pour les patrons et les entreprises. Elle provoquera même – on a du mal à le croire aujourd'hui – un véritable engouement populaire.

Dans les années 1980, Bernard Tapie débarque ainsi avec sa Porsche et son jeune avocat et ami, un certain Jean-Louis Borloo, sur tous les campus de France. Il y déroule un show bien rodé, mélange de roublardise et de chant d'amour destiné à la fois au « peuple » des entreprises et à « l'élite » de leurs dirigeants (on ne parle pas encore de « leaders »).

À HEC, Robert Papin, ancien nageur de combat, impose une nouvelle méthode d'enseignement « sur le terrain ». Son « option entrepreneurs » devient vite un État dans l'État au sein de l'école, et rivalise de popularité et de prestige, auprès des étudiants, avec la plus traditionnelle « option finance ».

C'est dans ces années-là que Vincent Bolloré rejoint le CNPF (l'ancêtre du Medef), le « patronat officiel », dont il se détachera progressivement. Après un show spectaculaire sur scène, au Zénith, l'équipe de François Périgot, le président de l'époque, lui proposera même d'entrer au comité exécutif du syndicat.

Il y entrera.

Il rejoindra aussi le « patronat officieux », l'Afep de son ami Ambroise Roux. Pour l'anecdote, le « parrain des parrains » découvre par hasard que le jeune Vincent garde toujours sur lui, dans un carnet, un tableau mystérieux : ce sont les horaires des grandes marées (une par mois), qui lui permettent de s'adonner à l'une de ses passions : la pêche à la crevette ! Par un incroyable concours de circonstances, Ambroise Roux lui montre alors son propre carnet dans lequel il conserve… exactement le même tableau. C'est probablement, aujourd'hui encore, un secret jamais divulgué : Ambroise Roux est lui aussi un passionné de pêche à la crevette !

Cette découverte très improbable scellera l'amitié entre les deux hommes, pourtant de générations différentes. « L'Ambroise » fera également entrer Bolloré dans un club de puissants influenceurs qu'il a également créé, où se retrouvent à dîner, une fois tous les deux mois, des personnalités aussi différentes que Jacques Chaban-Delmas, l'ancien Premier ministre et maire de Bordeaux, Jean-Paul Parayre, le président de Peugeot, ou Michel Giraud, futur ministre du Travail. Ambroise Roux a baptisé ce club… « Les fauves » ! (Déjà…)

Il rejoindra enfin le « patronat amical » d'Entreprise et Cité de Claude Bébéar, qu'il rencontre un peu par hasard, à l'occasion d'une émission de télévision et qui rassemble, lui, tous nos futurs « grands fauves ».

François de Closets, le célèbre journaliste de l'époque, a compris lui aussi le poids grandissant de l'économie et l'intérêt qu'elle peut éveiller même chez les non-initiés. Il suffit donc de les initier. Avec son compère Emmanuel de La Taille et Alain Weiller, il produit alors, sur TF1, un magazine à succès : « L'enjeu ». C'est à l'occasion d'un sujet consacré à Bébéar, dans lequel on souhaite également faire intervenir un industriel de la nouvelle génération, que le communicant Michel Calzaroni glisse le nom de Vincent Bolloré. « Vincent n'était encore qu'un simple industriel breton, se souvient Daniel Laurent. Mais tout le monde, Bébéar le premier, avait compris qu'il en avait sous la pédale ! »

Les deux hommes ne sont pas de la même génération, mais Bébéar confirme son engouement *at first sight* : « Tout de suite, j'ai senti un garçon vraiment très doué pour les affaires. Et surtout un potentiel énorme. » Un compliment que lui renvoie aujourd'hui volontiers son jeune padawan. Quand je demande à Vincent Bolloré de « résumer » son ami Claude, il me dit, mot pour mot : « C'est quelqu'un d'admirablement puissant… mais tout aussi sympa ! » Et me montre, juste derrière lui, une grande photo où on le voit justement… en compagnie de Claude Bébéar.

Au-delà des mots, il est clair que quelque chose de très profond unit les deux hommes. « Claude est quelqu'un d'unique. Comment vous dire… C'est quelqu'un qu'on admire et qu'on aime ! En tout cas, moi, je l'aime. Et je ne suis pas le seul. »

À l'époque de la rencontre, Bébéar vit déjà en bande.

Bolloré commence à peine à se constituer la sienne.

Ces deux-là sont faits pour s'entendre.

Ils ne se quitteront plus.

SCAC

En 1985, c'est le début des grandes manœuvres. Le groupe, débarrassé du qualificatif de « papeteries » et rebaptisé Bolloré Technologies, est introduit en Bourse. Mais c'est véritablement un an plus tard, en 1986, que tout s'accélère. Un premier coup va le faire vraiment sortir de l'anonymat : la prise de contrôle de la SCAC.

Avant la SCAC, le petit industriel breton faisait la une de la presse régionale. Après la SCAC, il fera celle de la presse nationale.

Bolloré, on l'a vu, connaît bien cet énorme conglomérat industriel et portuaire dont le hasard, toujours lui, veut qu'il ait été fondé par le grand-père de sa femme et longtemps dirigé par son beau-père. La cible idéale est sous ses yeux. Et quelle cible ! Pour le dire vite, la SCAC, filiale du groupe Suez, est un monstre. Elle emploie près de neuf mille personnes et pèse près de quatorze fois le chiffre d'affaires du petit papetier breton. Mais c'est un monstre aux pieds d'argile, assoupi sur sa grandeur coloniale, géré de façon laxiste, dégageant des salaires trop importants pour ses dirigeants et donc des retours trop faibles pour ses actionnaires…

Bolloré n'est pas le seul à l'avoir compris. Tout ce que l'époque compte de grands fauves rôde déjà autour de l'animal blessé. Dont quelques Bretons : François Pinault – que ne connaît pas encore Bolloré – et même, indirectement, Francis Bouygues, déjà administrateur du groupe.

La SCAC ouvre surtout l'appétit de l'empereur des armateurs français, Tristan Vieljeux, persuadé qu'il va donner le *la* d'une attaque qu'il ne peut pas perdre. Il se met d'ailleurs d'accord avec Bouygues et Suez pour restructurer en sa faveur le capital de la SCAC. Dès lors, tout le reste ne doit plus être qu'une simple formalité.

À sa grande stupéfaction, c'est pourtant le « jeune Bolloré » qui l'emporte !

Que s'est-il passé ? Un homme, capital pour la suite, a fait la différence. Cet homme, c'est le banquier Antoine Bernheim, ami de la famille Bolloré, auquel Vincent ne cachera jamais qu'il doit tout. Ou presque…

Bernheim, son nouveau mentor en affaires, tout-puissant banquier associé chez Lazard, a effectivement pesé de tout son poids dans la manœuvre. Chargé de restructurer le capital de la SCAC, il s'est surtout occupé… de le vendre à son nouveau poulain. Dans les milieux financiers, l'affaire fait l'effet d'une bombe.

D'un seul coup, voici que la petite entreprise bretonne multiplie sa taille par cinq.

Et elle passe de 700 à… 10 000 salariés !

Oncle Tonio

Il nous faut, ici, dire quelques mots sur Antoine Bernheim, homme truculent et financier génial de la fin de XXe siècle, que Vincent Bolloré et beaucoup de proches, sur la place de Paris, surnommeront très vite « oncle Tonio ».

L'homme fut, avec Albert Frère (qui était belge…), un autre parrain célèbre du capitalisme français.

De 1967 à 2005, il est notamment associé-gérant de la très prestigieuse banque Lazard, dont les journalistes, toujours eux, écrivaient parfois qu'elle était alors le « Dior de la finance ». Numéro deux et rival affiché du patron de l'époque, Michel David-Weill, Bernheim est en tout cas de ceux qui ont contribué à en faire la plus grande banque d'affaires au monde.

Mais Bernheim sera également un assureur de tout premier plan… en Italie. Après avoir sauvé Generali, il l'a en effet présidée de 1995 à 1999 puis de 2002 au printemps 2010. « Sans parler italien… », comme il s'en amusait lui-même.

Cet homme inclassable et clivant, bougon, mal élevé, drôle ou déprimé – souvent les deux en même temps –, passionné de bridge et fou de Venise, a une caractéristique étrange pour un banquier : il semble plus intéressé par le pouvoir que par l'argent, qu'il n'a pourtant pas son pareil pour faire gagner aux autres.

Ceux qui ont connu les deux soulignent qu'Antoine considérait Vincent comme l'entrepreneur qu'il aurait peut-être rêvé d'être. Et que Vincent, lui, considérait un peu Antoine comme son père, ou tout du moins comme un « second père en affaires » : celui qui allait l'aider à venger le premier...

C'est justement à l'occasion d'un déjeuner organisé par le père de Vincent que les deux hommes se rencontrent en 1981. Sans être intimes, les deux « pères » se connaissent bien. Entre Vincent et son futur mentor, qu'il rencontre pour la première fois, le courant passe immédiatement. « Il m'a plu tout de suite », dira Bernheim de son côté.

Dès le début, Vincent Bolloré, qui tutoie la terre entière, vouvoie oncle Tonio, plus âgé que lui. Ces deux-là aussi vont faire un long chemin ensemble.

Quand le groupe Bolloré s'introduit en Bourse en 1985, oncle Tonio était déjà à la manœuvre.

La SCAC en 1986, c'est donc lui.

Le rachat du groupe Rivaud en 1988, toujours lui.

Et tout le reste, encore souvent lui…

Poulies bretonnes

Toute son enfance, Vincent a entendu parler « chiffres ». Mais aussi « marges », « montages financiers », « participations »…

Dans sa biographie, Jean Bothorel raconte comment, à 5 ou 6 ans, il a « déjà une machine calculer dans la tête ». Un anecdote court dans la famille : « Devant les chevaux de bois du Jardin d'Acclimatation, il s'amusait à compter ce que chaque tour de manège rapportait à son propriétaire… » Sa mère, Monique Bolloré, confiera également à son biographe : « Il entendait le vieil Empain évoquer ses niches, ses sociétés A, B, C, D, E, F, en expliquant que, avec 51 % de la maison mère, on s'assurait la majorité dans toutes ses filiales. Vincent a compris tout ça à 10, 12 ans. »

Des niches d'Empain aux « poulies bretonnes » théorisées par Antoine Bernheim, il n'y a qu'un pas.

Qu'il franchira très vite.

Pour ceux qui ne seraient pas familiers de la finance d'entreprise, rappelons que, pour prendre « juridiquement » le contrôle d'une société A, il suffit à la société

B de détenir non pas 100 % mais 51 % de son capital. Et, de la même manière, pour contrôler la société B, 51 % de la société C suffisent. Ainsi de suite. En multipliant ainsi les cascades de sociétés écrans, il est donc très facile de « contrôler beaucoup avec très peu », théorisait Bernheim.

Deuxième avantage des « poulies bretonnes », l'ensemble peut très bien fonctionner non pas avec de l'argent immobilisé (les fameux « fonds propres », pour faire simple), mais avec… de la dette.

Le système est donc un véritable « alambic financier » sans que la comparaison soit usurpée : plus on s'éloigne de la société « qui contrôle » pour se rapprocher de la société « qui est contrôlée », plus la dette se transforme artificiellement… en fonds propres. Ce qui revient bien à transformer du plomb en or.

Pour ses amis comme pour ses ennemis, Bernheim est « le roi des poulies ». Il les manœuvre comme personne, de même qu'il joue des voiles avec finesse pour permettre à son poulain, le « hardi entrepreneur breton », de manœuvrer discrètement au plus près de ses cibles. Avant de terminer l'abordage sabre au clair.

Un autre Breton, François Pinault, s'en inspirera. Ainsi que son « meilleur ennemi », Bernard Arnault. Mais aussi beaucoup d'autres grands « raiders » à travers le monde. Ainsi, les poulies « bretonnes » ne le resteront pas bien longtemps.

Claude Bébéar lui aussi se révélera un grand alchimiste. Sans jamais le revendiquer, comme il aurait pu légitimement le faire, il inventera de son côté les… « poulies gasconnes ». Une variante qui consiste à contrôler un groupe capitaliste à travers une société mutualiste grâce à la formule magique du « un homme, une voix ».

Une autre façon, là aussi, de transformer du plomb en or.

Manager de l'année

L'ascension fulgurante de Bolloré n'échappe à personne.

En 1987, il est élu « manager de l'année » par *Le Nouvel Économiste*. La prestigieuse récompense lui est remise par le Premier ministre de l'époque, Jacques Chirac. Étrangement, Claude Bébéar ne sera récompensé par *Le Nouvel Économiste* que… l'année suivante ! Aujourd'hui encore, c'est un sujet de plaisanterie entre les deux hommes.

Le 23 octobre 1987, Thierry Ardisson, dans sa nouvelle émission « Bains de minuit », reçoit le jeune Breton. Lui aussi est sous le charme. « La légende est en train de se créer. C'est extraordinaire, ce qui t'arrive. [...] Tu fais deux millions de pertes, trois ans après, tu fais cent millions de bénéfices, [...] t'as pas de chauffeur, tu vas à la messe, t'es un héros moderne, quoi ! » Il ajoute : « Dans la mythologie entrepreneuriale, tu as un peu remplacé Bernard Tapie. Tu es un peu un "Tapie clean", quoi ! » Mais si Tapie aime avancer en pleine lumière, Bolloré, lui, préfère tirer profit de l'obscurité.

En 1988, il franchit une étape supplémentaire en mettant la main sur une véritable pépite : la banque Rivaud, mi-banque, mi-nébuleuse, qui fera une partie importante de sa fortune. Même s'il s'en défend, c'est bien dans cette « malle aux trésors » que Bolloré trouvera de formidables pépites (immobilier, participations industrielles, contrats avec des aéroports, plantations exotiques, arrière-cuisines des finances de la colonisation et du RPR...).

La banque Rivaud l'avait déjà aidé dans des opérations précédentes, notamment au temps de l'affaire Delmas-Vieljeux. En contrepartie, Bolloré avait déjà pris une participation minoritaire pour « défendre » la direction de Rivaud alors que la banque se retrouvait elle-même attaquée par deux autres banques, Stern et Duménil-Leblé.

Quelques années plus tard, Rivaud traverse une terrible crise. Elle est doublement plombée par la faillite retentissante de la compagnie aérienne Air Liberté et par… les services fiscaux. C'est le moment que choisit Bolloré, déjà actionnaire important, pour en prendre le contrôle après un déjeuner avec Édouard de Ribes. Qui lui cède la présidence de la banque à la suite d'une mise au point « élégante mais claire » (*sic*).

On imagine.

Avec Rivaud, Bolloré rentre vraiment dans la cour des grands. En 1989, le groupe Bolloré réalise 16 milliards de francs de chiffre d'affaires et emploie 17 000 personnes.

En 1991, il investit massivement dans les batteries, à partir d'une technologie maison à base de polymères. « Il nous en parlait à chaque dîner d'Entreprise et Cité, se souvient Daniel Laurent. Avec le recul, c'était visionnaire, car personne, à l'époque, n'évoquait la possibilité de voitures électriques ! »

Bolloré y croit tellement qu'il commence à produire des voitures électriques contre vents, marées… et sarcasmes. Pour la première fois de sa carrière, il accepte de « perdre » de l'argent. Beaucoup d'argent. Probablement plusieurs milliards d'euros, mais qui sont, à ses yeux, un investissement sur l'avenir et les énergies vertes qu'il est aussi l'un des rares à défendre avant l'heure. L'aventure débouchera sur la signature des premiers contrats, dont le fameux service Autolib' à Paris en 2010. Un contrat qu'il déclinera ensuite dans de très nombreuses capitales.

Bolloré profitera d'ailleurs d'un dîner d'Entreprise et Cité pour faire essayer sa Bluecar à tous ses copains autour du siège du groupe à Puteaux, la fameuse « tour Bolloré ». Un souvenir très précis pour Claude Bébéar, qui, habitué à conduire à toute allure et grisé ce jour-là par l'accélération électrique, en profite pour mal négocier un virage… et éclate un pneu sur un trottoir ! « Heureusement, j'avais prévu une seconde voiture ! », s'amuse Bolloré, trop heureux de voir ses copains, Bernard Arnault en tête, pouvoir quand même faire « le tour de la tour ».

« Vous avez gagné »

Mais revenons un instant en arrière. Et aux remous que suscite sa prise de contrôle de la SCAC. Car l'affaire ne s'arrête pas là.

Furieux d'avoir manqué cette proie qu'il pensait immanquable, Tristan Vieljeux se met en tête d'humilier et de faire plier son jeune concurrent. C'est d'autant plus facile pour lui que la SCAC est l'un de ses clients importants : c'est son groupe (Delmas-Vieljeux) qui transporte en effet vers l'Afrique tous les conteneurs de la SCAC. Il suffit donc à Vieljeux d'augmenter ses tarifs pour étrangler le jeune présomptueux et, il en est persuadé, le mettre au pas.

Malgré les pressions, Vincent Bolloré s'obstine pourtant à refuser de lui revendre la SCAC. Il tient même tête à cette figure tutélaire du transport maritime français et beau-frère de l'ancien Premier ministre du général de Gaulle, Maurice Couve de Murville.

La guerre est déclarée.

« Le vieux lion, 64 ans, contre le jeune loup, 37 ans : c'est un peu le choc des Titans », se délecte le *Télégramme* de Brest.

Pour s'en sortir, Bolloré n'a pas le choix. Il se tourne vers le seul vrai concurrent de Delmas-Vieljeux : le groupe Chargeurs Réunis de Jérôme Seydoux, avec lequel il signe un accord de partenariat. On se congratule. On sabre le champagne. Mais la victoire est de courte durée. L'encre du contrat à peine sèche, Bolloré apprend que Seydoux, homme compliqué et peu connu pour déborder de scrupules, vient de vendre son groupe… à Tristan Vieljeux !

Trahi et furieux, Bolloré interpelle Seydoux : « Vous auriez au moins pu me prévenir ! » Ce dernier lui rétorque avec morgue : « Je ne l'ai pas jugé utile. » Bolloré saura s'en souvenir.

Pour l'instant, voici notre hardi entrepreneur breton de retour à la case départ. Sans solution de repli. Il est alors forcé de créer sa propre compagnie d'affrètement. Et c'est ainsi que, par un nouveau clin d'œil du destin (qui n'en manque jamais), Vincent Bolloré se lance, presque malgré lui, dans un métier proche de celui de ses ancêtres : il devient armateur.

Tristan Vieljeux est furieux, mais ne le montre pas. Officiellement, les deux hommes ont gardé contact. Pour la galerie et pour la presse spécialisée, ils mettent en avant les synergies entre leurs deux groupes, étudient ensemble de nouvelles pistes de développement. Mais, dans l'esprit de Bolloré, la vengeance est un plat qui se mange froid, et les choses sont claires : il veut prendre le contrôle de Delmas-Vieljeux.

Cette fois encore, sur le papier, le combat est disproportionné. Mais, en pratique, il ne manque pas d'atouts. Le patriarche Vieljeux, en effet, maîtrise mal son capital, largement éclaté au sein de la famille. Bolloré, en revanche, est seul aux commandes de son groupe qu'il dirige d'une main de fer. Là encore, Vieljeux va pécher par excès de confiance… et de malchance.

Afin de protéger son groupe, le vieil armateur montre les crocs. Active son réseau. Pour ne prendre aucun risque, il ne trouve rien de mieux que de vendre 34 % de son capital… au président de la toute-puissante Compagnie du Midi, Bernard Pagézy qui, décidément, ne nous quitte plus.

Pagézy et Vieljeux sont bien décidés à ne pas s'en laisser conter par « Bolloré le catholique ». Car tous les deux, on l'aura compris, sont d'authentiques protestants. Le détail, qui n'en est pas un, n'échappe pas à la presse qui s'en donne à cœur joie. Avec son sens de la nuance, elle n'hésite pas à mettre en scène « le retour des guerres de Religion ». Et annonce même une « nouvelle Saint-Barthélemy » en terres bretonnes !

Elle ne sera pas déçue.

On ne détaillera pas ici les dessous d'une bataille homérique et d'une rare violence. Mais il est difficile de ne pas s'amuser de voir comment l'Histoire, de nouveau, va bégayer : après sa prise de contrôle de la Compagnie du Midi, c'est en effet Claude Bébéar qui se trouve en possession des 34 % de Pagézy au capital de Delmas-Vieljeux. Et donc, une nouvelle fois, en position d'arbitre ! Bref, pour Tristan Vieljeux, mauvaise pioche...

Entre son « ami » Vincent Bolloré et son « meilleur ennemi » Bernard Pagézy, le cœur du Gascon ne balance pas un instant : il prend le parti de « Vincent contre Tristan ». Aujourd'hui encore, l'épisode les fait marrer tous les deux : « Une fois de plus, les protestants austères doivent mettre un genou à terre devant les catholiques flamboyants ! »

Début 1991, l'affaire est pliée. « Vous avez gagné », concède « Tristan » à « Vincent ».

Mais à quel prix ! Au moment de rapprocher la SCAC et Delmas-Vieljeux, Bolloré, qui se retrouve du coup dans une situation de monopole, doit s'acquitter, forcé par la Commission européenne, d'une amende record de... 300 millions de francs !

Pour l'anecdote, la (mauvaise) nouvelle tombe le 1er avril 1992. Pour Bolloré, non seulement ce n'est pas un poisson d'avril, mais en plus c'est le jour même de ses 40 ans !

Happy birthday !

Il s'en remettra. Mais pas son image de « gendre idéal », qui laissera définitivement la place au « smiling killer », au « boa » (qui hypnotise ses proies avant de les étouffer), au « grand saigneur », et autres sobriquets aimables.

L'entrepreneur en est parfaitement conscient : « Jusque-là, j'avais une image lisse, avenante, celle du "petit prince du cash-flow". Grâce à la capacité de nuisance des supporters de Tristan Vieljeux, je suis devenu le "méchant", le "pervers". Je ne lisais évidemment pas tout ce qu'on écrivait, mais il y avait le regard de la famille, des amis, des relations, un regard qui hésitait entre "mon pauvre vieux" et "quelle brute tu fais !" », confiera-t-il à Jean Bothorel, le biographe « officiel » de la famille. Lequel Bothorel, pour connaître son ami par cœur, concède pourtant qu'il n'y a pas de fumée sans feu : « Il peut être brutal, retors, intolérant ; il peut dans une négociation mentir avec une sincérité désarmante ; il peut reprendre sa parole aussi vite qu'il vient de la donner ; il peut vous charmer en vous flinguant... Il n'y a là rien qui déroge aux scénarios des affrontements dans le monde des affaires. »

Pas faux.

In-dé-pen-dance !

De toute façon, Vincent, lui, n'en a cure. Le principal est d'entraîner chaque jour sa dynastie un peu plus loin sur sa « feuille de route ».

En 1995, le groupe est recentré sur ses trois métiers principaux : le film plastique, le tabac (Sofical) et les transports (SCAC-Delmas). Pour lui, il s'agit toujours de « donner un futur au passé ». Mais pas n'importe comment. En dépit d'une croissance très rapide, il n'a jamais cessé de penser à long terme et de s'arc-bouter sur son « in-dé-pen-dance », l'un de ses mots favoris.

Pas question de partager le pouvoir au sein d'une holding familiale, comme dans la famille Wendel par exemple, qui réunit chaque année presque un petit millier d'héritiers en assemblée générale. Et dont l'histoire confirme qu'il suffit d'un grain de sable pour faire exploser la belle entente de façade et installer durablement la zizanie.

Qu'on se le dise : Vincent Bolloré roule uniquement « pour sa famille ».

Qu'on se le dise aussi : la famille... c'est lui !

Et, avec lui, pas question de se zizaner...

« Vincent Bolloré a une conception toute personnelle de l'intérêt collectif », me confirmera l'un de ses amis. Au fond, ce travailleur acharné qui ne sort quasiment jamais le soir (il arrive tous les matins à son bureau à 6 h 30) n'a confiance qu'en lui-même.

« Vincent est très secret. C'est un énorme bosseur et il ne délègue rien », confirme lui aussi Claude Bébéar.

Ses propres enfants, même aux commandes, découvrent parfois ses décisions et ses mouvements stratégiques... dans la presse !

Lui assume parfaitement : on n'est jamais mieux servi que par soi-même. Et puis, il faut un pilote dans l'avion. Ou un capitaine dans le bateau.

La famille, juste avant qu'il reprenne, *in extremis*, les commandes du groupe, avait failli perdre le contrôle.

Avec lui, elle ne le perdra plus.

Le temps des gitans

Au fur et à mesure qu'il construit son groupe, Bolloré forme sa bande de grognards comme l'écrivait si bien le poète Paul Fort : « Tous derrière et lui devant. » Une expression, d'ailleurs, que ne renierait pas Bébéar…

Mais là où la « bande à Bébéar », on l'a vu, serait plutôt du genre « copains de rugby », la « bande à Bollo », comme on la surnomme parfois, ressemblerait plutôt à une « bande de gitans », pour reprendre l'expression savoureuse d'Ange Mancini, copain de fac de Vincent Bolloré, mais surtout ancien patron du RAID (l'unité d'élite de la Police nationale) et coordinateur du renseignement à l'Élysée. Lequel Mancini, pour ceux qui n'auraient pas compris, précise quand même que « tout le monde sait qui est le roi des gitans ».

On l'avait compris.

Les gitans en question, d'ailleurs, ressemblent parfois plutôt à des flics ou à des barbouzes : Ange Mancini, donc. Mais aussi Michel Roussin, ancien ministre de la Coopération et numéro deux des services secrets français, directeur de cabinet de Chirac à la mairie de Paris et à Matignon. Mais encore René-Georges Querry, l'ancien patron de l'antigang…

Bolloré ne s'entoure que de grands professionnels, qui sont aussi de grands amis et de grands fidèles. Avec eux, c'est à la vie à la mort. De même avec ses collaborateurs, il ne fait aucun mystère : on est avec lui ou contre lui.

Son style, ses méthodes, mélange de suavité et de brutalité, en déconcertent plus d'un. « Il peut être très dur », reconnaît l'un de ses collaborateurs. Mais ses amis et son entourage proche, eux, en redemandent. « C'est un chef, un vrai. Quelqu'un qu'on admire et pour lequel on a envie de se dépasser », me répète régulièrement l'un de ses (très) proches.

Tous ceux qui ont travaillé avec le « boss » confirment la méthode. Lorsqu'il s'empare d'un dossier, il veut tout savoir, tout comprendre, tout décider. Tendu vers son but, il ne se laisse jamais distraire. Debout dès potron-minet, on ne lui connaît que peu de passions (excepté, bien sûr, la pêche à la crevette). Il est tout entier dédié à son œuvre d'entrepreneur.

Qui ne s'arrête jamais.

Copains de classe

Nous voici à l'été 1997. Il souffle alors, certains s'en souviennent peut-être, comme un vent mauvais sur les marchés asiatiques. Le groupe Bouygues, exposé mondialement et notamment en Asie, a du mal à passer à travers les gouttes. En Bourse, le titre baisse. Vincent Bolloré, conseillé cette fois par Alain Minc, le grand rival d'Antoine Bernheim (les deux conseillers se méprisent souverainement), commence à en « ramasser ».

Personne ne s'en doute encore, mais « Bolloré l'industriel » est passionné depuis longtemps par… les médias. Moins par leur contenu que par la puissance d'influence que peuvent représenter un journal, une chaîne de radio ou de télévision.

Très tôt, il en avait d'ailleurs parlé avec Bébéar : « J'ai toujours dit à Claude qu'il devrait s'intéresser à la télévision. Mais il ne s'y intéressait pas du tout. Moi, si… »

Personne, à ce moment-là, ne se précipite pour « acheter du Bouygues ». Non seulement Bolloré flaire la bonne affaire financière, mais encore il rêve surtout de récupérer, dans le portefeuille d'activité du groupe, une véritable pépite : TF1, alors première chaîne d'Europe. Le chasseur continuerait bien à avancer masqué. Problème : la loi oblige un acquéreur à prévenir sa « cible » lorsqu'il dépasse le seuil de 5 % de son capital. Légalement, Vincent Bolloré doit donc prévenir Martin Bouygues.

Ironie du sort, les deux hommes sont « copains » d'enfance. Ils ont usé leurs fonds de culotte sur les mêmes bancs de l'école Gerson. En réalité, ils n'ont jamais été intimes. « À part la Bretagne, rien ne les rapproche ! », résume l'un de leurs amis communs. Mais ils continuent à se croiser au hasard des affaires, y compris aux rendez-vous incontournables d'Entreprise et Cité auxquels ils sont tous les deux assidus.

Au moment de franchir le seuil fatidique des 5 %, Vincent appelle donc son « copain » Martin.

— Martin, c'est Vincent ! Ce serait bien de se voir, non ?

— En ce moment, c'est compliqué, mais un peu plus tard, quand tu veux.

— Aujourd'hui, ce serait mieux...

— Aujourd'hui ? C'est vraiment urgent ?

— Écoute, je trouve que ce qui t'arrive en Bourse est injuste. Moi, je pense que tu es sous-coté. Je suis en train d'acheter quelques titres. Ce serait bien d'en parler, non ?

— ...

— Bien entendu, tout ceci est amical.

Bien entendu.

Mis dans la confidence par Bolloré, Bébéar se souvient parfaitement de cet épisode dont il comprend tout de suite... qu'il va laisser des traces : « Quand Vincent m'a appelé pour me dire qu'il était en train de « monter » chez Bouygues, je l'ai très vite averti : "Je pense que tu es en train de faire une con... Mais tu vas gagner beaucoup d'argent !" Avec le recul, je n'avais pas complètement tort. »

En vieux crocodile, Bébéar connaît en effet par cœur la maison Bouygues, et notamment l'armada juridique héritée du père, Francis, auquel le fils, Martin, succède à peine. « Vincent a beau n'avoir peur de rien, je pensais qu'il n'avait aucune chance :

chez Bouygues, tout est bétonné, dans tous les sens du terme… »

Bolloré, c'est certain, n'a peur de rien. Chez lui, c'est même une marque de fabrique. À peine a-t-il raccroché qu'il part donc retrouver Martin Bouygues au siège de son groupe, à Saint-Quentin-en-Yvelines. Le contexte lui est d'autant plus favorable qu'il n'est pas le seul à tourner autour du groupe Bouygues. Une banque américaine a eu la même idée que lui… Martin Bouygues a donc besoin d'alliés. Tant qu'à choisir entre la peste et le choléra, il parie donc sur son « copain » d'enfance.

Au début, tout semble bien se passer. On déroule la bonne vieille stratégie du « chevalier blanc » qui vient aider à repousser les hordes étrangères.

On se rassure entre « grands patrons », on se tient chaud. Sur le papier, c'est la solution idéale. Pensez : deux copains de classe et deux Bretons ! Rien de tel pour éloigner les Américains et leurs intentions coupables.

On va jusqu'à signer un pacte d'actionnaires pour que Bolloré puisse « monter » à 14 %, c'est-à-dire au même niveau que la famille Bouygues dans sa propre entreprise. Très naturellement, « Vincent » entre alors au conseil d'administration de « Martin », avec deux autres administrateurs. Le voici au cœur de la forteresse. Idéal, on s'en doute, pour disséquer le groupe… de l'intérieur.

Très vite, il constate l'excellence du pôle « bâtiment » et du pôle « télévision ». Très vite aussi, il a de gros doutes sur la rentabilité du pôle « téléphonie ». Il s'en ouvre aux autres administrateurs, pendant un conseil, allant jusqu'à suggérer de « vendre Bouygues Telecom ».

Cette prise de position « publique » est interprétée comme un double coup de poignard : non seulement il remet en cause la stratégie générale du groupe, mais en plus il attaque, du même coup, le seul pôle créé par le fils (Martin), alors que le bâtiment et la télévision sont l'œuvre du père (Francis).

Martin Bouygues, on peut le comprendre, le vit comme une double insulte : à son nom et à son prénom.

Pour Vincent Bolloré, l'affaire se complique lorsqu'un autre Breton (décidément) se met, à son tour, à « ramasser des titres » : François Pinault. Appelé « au secours du secours », c'est lui, finalement, qui jouera le vrai « chevalier blanc » et qui empêchera que Bouygues ne tombe dans l'escarcelle de Bolloré.

Fin 1998, alors que Bolloré se trouve en Indonésie avec son partenaire belge Hubert Fabri, il reçoit un coup de fil de Pinault. « Lui aussi était déjà monté au capital et m'a proposé de me racheter mes 14 %. J'ai hésité… » En réalité, il n'hésitera pas longtemps : après une négociation serrée entre grands fauves bretons, Pinault rachètera la totalité des parts de Bolloré qui, sur cette opération, dégagera une plus-value de… 1,5 milliard (de francs, mais tout de même…) !

Une nouvelle fois, cette opération est symptomatique de la méthode Bolloré : sabre au clair et sans trop de scrupules.

À partir de ce jour-là, Martin Bouygues, on l'imagine, ne remettra plus jamais les pieds à Entreprise et Cité, où il risquait de croiser son (ex-) copain de classe. Claude Bébéar essaiera bien de rabibocher les deux hommes avec lesquels il est, aujourd'hui encore, très lié. Mais rien n'y fera : même le plus puissant des parrains ne peut pas tout.

En attendant, le « copain » Martin est furieux. Hystérique, même. Lui qui parle si peu se confiera à *Challenges* le 10 septembre 2013… huit ans plus tard ! « Dans toute cette affaire, Vincent Bolloré s'est comporté comme un voyou. Il m'a roulé, trompé, humilié. Je n'oublierai jamais. »

Il tiendra parole.

Une anecdote en témoigne. La Société d'encouragement de l'industrie nationale (SEIN), une autre vieille dame fondée en 1801 par les trois consuls Bonaparte, Cambacérès et Lebrun, décerne chaque année un prix symbolique mais prestigieux : le Chaptal de l'industrie. Bébéar recevra son Chaptal en 2015. Bouygues et Bolloré devaient eux aussi le recevoir dans la foulée.

Mais la tradition veut que le Chaptal de l'année soit remis par celui de l'année précédente. Il faudra donc « tordre » le calendrier pour que Bolloré ne le remette pas à Bouygues ou le contraire, comme cela était initialement prévu. Bolloré recevra donc son Chaptal en 2016. Et Martin Bouygues en 2018.

Seul Bébéar assistera aux trois cérémonies.

Ironie du sort, il y aura bien, entre-temps, un rapprochement entre les deux familles Bolloré et Bouygues, mais pas celui que l'on imaginait : en 2012, Yannick Bolloré, son fils, épousera Chloé Bouygues, heureusement « simple » nièce de Martin... Ce qui fera dire à Bolloré, jamais avare d'un bon mot : « Au moins, on est sûr que c'est un mariage d'amour ! »

Pathé breton

Pour l'instant, avec le pactole qu'il encaisse en revendant ses titres Bouygues à François Pinault, Vincent Bolloré en profite pour se faire un petit plaisir. Depuis longtemps, il croit au développement de l'audiovisuel par satellite. Il rachète donc 20 % du capital de Pathé, au grand dam de son président, Jérôme Seydoux, le patron du groupe Chargeurs, dont on se souvient qu'il n'avait même pas jugé bon, quelques années plus tôt, de prévenir Bolloré au moment où lui-même avait revendu son groupe à Tristan Vieljeux.

La vengeance est un plat qui se mange froid. Il s'ensuit donc, cette année-là, ce même dialogue un peu surréaliste déjà entendu quelques années plus tôt. Mais à l'envers cette fois :

— Vous auriez pu me prévenir ! s'insurge Seydoux.

— Je n'en ai pas senti l'utilité, lui répond Bolloré.

Les mouches ont changé d'âne.

Ironie du sort : depuis plusieurs années, Jérôme Seydoux cabote tranquillement chaque été en Méditerranée avec sa famille à bord de l'Albacor, un yacht de quarante-deux mètres qu'il loue à… Vincent Bolloré !

Deuxième ironie du sort : dans la foulée, Martin Bouygues sera de nouveau, et bien malgré lui, on s'en doute, la cause directe de l'une des plus belles opérations jamais réalisées par son désormais « ex-copain ». Car, pour éviter, justement, une nouvelle « affaire Bolloré », le groupe Bouygues, encore échaudé, tente en effet un rapprochement stratégique entre TF1 et… Pathé.

Par le plus grand des hasards, Bolloré, qui somnole un soir devant sa télévision, se réveille en sursaut lorsqu'il entend le directeur général de TF1, Patrick Le Lay, expliquer que la stratégie de Pathé, dont TF1 vient d'acquérir plus de 5 %, est « parfaitement complémentaire » de celle de sa chaîne. Pas besoin de lui faire un dessin :

dans la foulée de cette annonce publique, le cours de l'action Pathé va s'envoler, et les 20 % du capital qu'il détient déjà vont très vite valoir une fortune… Il ne lui reste plus qu'à attendre.

« Cette nuit-là, j'ai bien dormi ! », se souvient-il aujourd'hui en rigolant.

Car ce qui devait arriver est bien sûr arrivé. Deux jours plus tard, Jean-Marie Messier, alors président de Vivendi (et dont Bolloré prendra la place quelques années plus tard…), l'appelle. Il est furieux de voir que TF1 rachète des actions Pathé, alors que Pathé est actionnaire de Canal +, son concurrent et propriété de Vivendi. « L'angoisse de TF1, c'était "Pathé breton". Et ce n'est pas passé loin… », se souvient en rigolant lui aussi l'un des dirigeants de TF1 de l'époque.

Ni une ni deux : Bolloré, qui n'a rien demandé, « accepte » bien entendu de vendre ses 20 % du capital de Pathé à Messier, trop heureux de contrer les ardeurs déplacées de TF1. Au passage, il encaisse une nouvelle fois un véritable pactole. Une plus-value de… 2,5 milliards de francs ! « C'est peu dire que c'était inespéré », dit-il. Merci qui ?

Martin Bouygues, on l'imagine, sera furieux de faire une seconde fois la fortune de son meilleur ennemi. Lequel ennemi, ce jour-là, se retrouve donc avec deux « problèmes de riche » : dénicher une nouvelle cible pour faire fructifier cette soudaine abondance de trésorerie.

Et trouver, surtout, un nouveau « locataire d'été » pour l'Albacor. Car Jérôme Seydoux, on l'imagine, ne le lui louera plus jamais.

Au moins c'est clair…

Qui est vraiment Vincent Bolloré ?

La question occupe des dizaines et des dizaines d'articles de journaux, de livres et de reportages, pour la plupart à charge.

Corsaire ? Flibustier ? En réalité, Bolloré ne roule ni pour la France ni pour son compte. On l'a compris, il roule, et il le revendique, un peu pour la France, beaucoup pour la Bretagne. Et surtout pour la dynastie.

« Au moins, avec lui, c'est clair », reconnaît Daniel Laurent.

Pas pour tout le monde.

Stratège industriel hors pair pour les uns, il n'est qu'un homme de coup pour les autres. Ceux qui le connaissent le mieux, pourtant, sont plus nuancés. Claude Bébéar le premier, qui n'a jamais caché l'admiration qu'il lui portait. « Stratège ou tacticien ? Industriel ou financier ? Pour moi, Vincent est un peu tout ça à la fois. C'est sa grande force. Lorsqu'il échoue sur un raid, il en tire en général un gros bénéfice financier. Qui lui permet de déclencher un nouveau raid… C'est une constante chez lui. Il est excellent dans la vision comme dans les opérations. Ce n'est pas donné à tout le monde, et c'est assez admirable ! »

De fait, corsaire ou flibustier, l'homme rentre rarement au port les mains vides. Les colonnes des journaux sont remplies de ses allers-retours célèbres (Bouygues, Pathé, Vallourec…). Chaque fois, les plus-values sont gigantesques. Elles lui amènent toujours des réserves de trésorerie… pour mieux repartir à la chasse. Et renforcer ce qui ressemble désormais furieusement à un empire.

À chaque opération, les critiques sont systématiques. Et toujours sur le thème : « Jusqu'ici, c'était formidable. Il a un flair hors du commun. Mais là, franchement, c'est n'importe quoi. C'est un secteur où il ne connaît rien. Il va se planter. Il va être obligé de ralentir, vous verrez… »

On voit surtout le contraire : non seulement Bolloré se plante rarement, mais en plus il ne cesse d'accélérer.

Havas, ton univers impitoyable

En ce début de siècle, d'ailleurs, loin de s'endormir sur ses lauriers et son matelas de cash, il va finalement concrétiser son rêve d'investir dans les médias.

Les médias ? Bien plus qu'une affaire financière, c'est d'abord « l'économie de l'influence », même si tous les propriétaires s'en défendent, la main sur le cœur.

Lui ne s'en cachera jamais.

En 2001, il commence par racheter la Société française de production (SFP) pour une bouchée de pain, investit dans la Gaumont en 2002 et prend comme « conseiller médias » l'écrivain Philippe Labro avec lequel il s'est lié d'amitié.

En attendant la fréquence de télévision numérique terrestre (TNT) dont il rêve, l'aventure médiatique de Bolloré commence vraiment par un « coup d'éclat » : la prise de contrôle de l'agence Havas. Il faut dire que la proie est sous son nez depuis toujours : à Puteaux, les deux tours Havas et Bolloré sont voisines.

Havas ! C'est l'une des plus vieilles agences du monde et le sixième groupe mondial de communication. Elle réalise près de la moitié de son activité aux États-Unis. Longtemps, elle a été présidée par un autre de ses copains, également membre d'Entreprise et Cité, Pierre Dauzier (lui aussi grand fan de rugby et président du club de Brive). Il en a organisé la privatisation. Dans le giron de la Compagnie générale des eaux, il a dû en démissionner, en 1998, au moment de la prise de contrôle du groupe par Jean-Marie Messier.

L'agence est désormais présidée par Alain de Pouzilhac, qui, aux yeux de Bolloré, la gère très mal.

Ces dernières années, en effet, malgré une frénésie d'acquisitions, le chiffre d'affaires a baissé et le cours de Bourse a plongé. À égalité en 2000 avec son grand rival Publicis, Havas, cinq ans plus tard, est trois fois plus petite. Encore une belle endormie ?

Dans un numéro désormais bien rodé, Vincent Bolloré décroche de nouveau son téléphone et appelle Pouzilhac, qu'il ne connaît pas et qu'il tutoie pourtant comme s'ils étaient amis :

— Alain, je trouve que tu fais un travail formidable ! Moi, je crois en ta stratégie et en l'avenir du groupe. Alors je suis en train de monter un peu à ton capital. Bien entendu, tout ceci est amical.

Bien entendu, Pouzilhac n'est pas dupe une seconde. Dans la foulée, il appelle Martin Bouygues qui, on s'en doute, le met en garde… mais ne pourra rien faire de plus.

Tout le monde comprend que la bataille sera terrible.

Elle débute par médias interposés.

C'est ici qu'entrent de nouveau en scène les copains d'Entreprise et Cité, Claude Bébéar en tête. À l'époque, il n'est plus le P-DG opérationnel d'AXA, même s'il en reste président du conseil de surveillance. Mais, pour Jean Bothorel, il reste surtout le Saint Louis des patrons français, « dont le jugement peut valoir disgrâce ou couronnement ».

Quelques semaines avant l'AG, la sentence que les milieux financiers attendaient tombe dans une interview au *Figaro* : Bébéar estime que, avec 20 % du capital et une vraie stratégie d'investissement dans le domaine de la communication, Bolloré est en droit de siéger au conseil d'administration d'Havas.

Pour la communauté des affaires, la messe est dite. La parole de Bébéar vaut adoubement.

En attendant, les deux camps fourbissent leurs armes.

Le 9 juin 2005, l'assemblée générale d'Havas s'ouvre dans une ambiance électrique. Doux euphémisme...

En fait d'assemblée générale, les participants, médusés, vont assister à un « meurtre en direct ». Vincent Bolloré, bien sûr, est présent physiquement. Il a même débarqué avec quelques collaborateurs, juristes et amis. Face aux dirigeants qui déroulent leur stratégie et leurs résultats, alignés en rang d'oignons derrière leur tribune, le Breton finit par se lever et s'empare du micro. C'est le moment que tout le monde attendait.

Comme à son habitude, il alterne les compliments et les remarques assassines. Il souffle le chaud et l'effroi : « C'est formidable ! Moi, quand je les entends parler de publicité, je trouve ça fantastique », commence-t-il en se tournant vers les actionnaires dans la salle. Et il poursuit : « Mais quand je les entends parler de chiffres, excusez-moi, mais là, j'ai quelques doutes ! »

La salle lui est hostile. Il le sait. Mais aux questions des actionnaires minoritaires, certains briefés à l'avance par la direction d'Havas, il rétorque, sous les huées, mais sûr de lui : « Ayez l'intelligence et le courage d'écouter ! » Un retraité, furieux, lui demande alors s'il compte se comporter avec Havas comme il s'est comporté chez Bouygues. Là encore, loin d'être déstabilisé, Bolloré se nourrit de la force de l'attaque, sinon pour retourner l'assemblée en sa faveur, du moins pour la faire douter…

Comme il y a vingt-cinq ans, lorsqu'il avait grimpé sur un tas de palettes dans la cour de l'usine familiale, il gravit alors quelques marches, monte sur scène, micro à la main, imposant sa présence, son autorité, et réduisant les dirigeants du groupe, toujours alignés sur l'estrade, au rôle de simples figurants.

« À cet instant précis, il a pris le pouvoir symboliquement. Et presque physiquement. C'était impressionnant », se souvient un journaliste. Philippe Labro, également présent dans la salle, a lui aussi le souvenir d'avoir assisté à un « grand moment ». De même que son copain Pierre Dauzier, l'ancien président du groupe, qui n'aurait manqué le spectacle pour rien au monde…

À revoir les images (l'événement a été filmé…), Alain de Pouzilhac et ses troupes paraissent en effet sidérés de voir Bolloré se rapprocher « physiquement » d'eux. Mais lui, comme souvent dans ce genre de circonstances, ironise : « N'ayez pas peur ! Ce n'est ni le loup ni Dark Vador ! »

Ils devraient pourtant s'inquiéter. Car tout s'est déjà joué en coulisses. Avec son conseiller Alain Minc, Bolloré a déjà retourné à l'avance le deuxième actionnaire d'Havas, le fonds Sebastian Holdings, pourtant censé être le principal soutien de Pouzilhac.

On passe au vote.

En quelques minutes, tous les nouveaux administrateurs proposés par Bolloré sont élus. Pouzilhac comprend qu'il a été trahi. Coup de grâce : il a aussi été trahi par l'un de ses plus proches amis, le publicitaire Jacques Séguéla, qui, après avoir expurgé un livre en préparation d'un passage terrible pour Bolloré, est allé se jeter dans les bras du tyran devenu opportunément bienfaiteur.

Sonné, abattu, Pouzilhac se prend un long moment la tête entre les mains. En quelques minutes, lui et son équipe sont désavoués et éjectés.

Bolloré, lui, savoure son triomphe. Avec le sourire.

Certains voient dans cet épisode toute la violence du capitalisme. D'autres au contraire y voient du grand art, que l'on devrait enseigner comme « cas pédagogique » dans les écoles de commerce.

C'est probablement un peu des deux.

« Brand content »

Depuis toujours, une blague court dans toutes les salles de rédaction :

— Tu sais comment se faire une petite fortune dans la presse ?

— Euh, non...

— En y investissant une grande fortune.

Pas mieux.

Bolloré le sait parfaitement. Mais les temps, décidément, sont propices pour lui. La presse connaît en effet une véritable révolution avec l'explosion des journaux « gratuits », comme le laisse notamment augurer le succès spectaculaire du journal *Métro*, venu de Suède. Dès lors, chacun va tenter de prendre sa part de ce nouveau « gâteau » publicitaire. La France servira de terrain d'expérimentation. Autrement dit de champ de bataille.

Gratuite, la presse en question ne l'est évidemment pas : elle est financée en totalité par la publicité, encourageant du coup le mélange des genres et bouleversant la déontologie d'une profession qui, de toute façon, n'en avait aucune : en France, pas de charte journalistique, pas de conseil de presse, aucun journaliste condamné, même pris en flagrant délit, même récidiviste, omnipotence des syndicats, système obsolète de délivrance de la carte professionnelle, la fameuse « carte de presse »... Bref, qu'il s'agisse de liberté ou de déontologie, la presse française a fini par s'habituer aux profondeurs des classements mondiaux. Qu'elle s'empresse, bien entendu, de ne jamais relayer dans ses colonnes.

Pour beaucoup de professionnels, cette émergence subite de la presse « gratuite » est un nouveau coup porté au « vrai » journalisme et une aubaine, surtout, pour les agences de publicité. Toutes, d'ailleurs, sont sur le coup. Havas la première. Car Bolloré y croit. Avec ses nouvelles équipes, il réussit même le tour de force de convaincre Jean-Marie Colombani, alors patron du quotidien *Le Monde*, tétanisé par la peur de « rater » le virage du gratuit et obsédé par la nécessité de rentabiliser l'imprimerie surdimensionnée qu'il a fait construire pour son quotidien, d'inventer ensemble une nouvelle offre de quotidien gratuit.

C'est ainsi que le « quotidien de référence » accepte de créer un « quotidien de révérence », entièrement à la gloire et au service des annonceurs et du premier d'entre eux : le groupe Bolloré !

Le nouveau « bébé », baptisé *Direct Soir*, sera diffusé pour la première fois le 6 juin 2006 (en hommage au débarquement de Normandie, un événement fondateur dans la « mythologie Bolloré ») et bientôt complété par *Direct Matin* (rebaptisé *CNews* en 2017), en concurrence frontale avec les autres gratuits de l'époque, *20 minutes* et *Métro*.

En théorie, au milieu d'articles maison, le nouveau quotidien, au format tabloïd, distribué un peu partout dans les grandes villes, reprend bien quelques articles « sérieux » en provenance du *Monde* ou de *Courrier international*.

En pratique, Bolloré invente pourtant ce qui ne s'appelle pas encore le *brand content*, ou l'art d'habiller des contenus publicitaires, de lobbying ou d'influence, dans du contenu rédactionnel. Un mélange des genres qui, pour tous les Saint-Just ou Robespierre du journalisme, est un crime de lèse-majesté (si l'on peut dire…). Mais, étrangement, les lecteurs en redemandent.

Vincent Bolloré, lui, non seulement assume, mais le revendique. Le *brand content*, qui se développe dans le monde entier, est en effet au service de la convergence des contenus, qui sera, dès lors, au cœur de sa stratégie.

Il appliquera cette même martingale à la télévision.

Nous y arrivons.

Poison d'avril

Nous voici le 1er avril 2005. Le jour même des 53 ans de Bolloré est aussi celui de la réalisation de l'un de ses rêves professionnels : le lancement de Direct 8, l'une des deux télévisions numériques terrestres dont il obtiendra les fréquences.

Le concept de Direct 8 est simple : proposer une télévision entièrement en direct. Malin.

Tout le monde se souvient de Philippe Labro, un peu ému et crispé aux côtés de son patron et ami, devant une télévision sans spectateurs ou presque.

Pendant des mois, le Tout-Paris se gaussera et se moquera des plateaux « improbables » : « Dieu merci », une émission catholique autour de l'abbé Grimaud (dont Bolloré est très proche) ; « Face à Alain Minc » (une façon de flatter l'ego de son influent conseiller) ; « Paroles d'Afrique » (*idem* avec les conseillers Afrique de son groupe)… Le tout orchestré par la mascotte Thui Thui, emblème de la chaîne et sorte de poulet post-Casimir aux allures de gadget géant échappé de la caravane publicitaire du Tour de France.

Là encore, pourtant, la « machine à synergies » tourne à fond. Peu importe si les spectateurs ne sont pas au rendez-vous.

La moitié des commentateurs en sont certains : « Bolloré est devenu fou ! »

L'autre moitié s'interroge : « Bolloré regarde-t-il vraiment sa propre chaîne ? »

Personne ne le comprend encore, mais le Breton est en train d'apprendre son nouveau métier. Une répétition générale. Surtout, il se fait plaisir... en attendant son heure.

Pour ajouter encore au plaisir, il organise même un nouveau dîner Entreprise et Cité au siège du groupe à Puteaux. Pendant l'apéritif, il fait visiter les nouveaux plateaux à ses copains. « C'était très rudimentaire, mais très sympa, se souvient l'un d'entre eux qui précise : Les hôtesses étaient bien plus jolies que les studios ! »

Personne n'imagine alors que Direct 8 est un coup de génie. Une sorte de cheval de Troie médiatique. La première étape d'un plan machiavélique qui permettra à la petite chaîne moquée par tous de prendre le contrôle de Canal +, son arrogante maison mère, reine des chaînes cryptées, avant de carrément cravater Vivendi, l'un des géants mondiaux de la communication.

« Moi aussi, je me souviens des images du lancement de Direct 8, le 1er avril 2005. Avec le recul, on pensait à un poisson d'avril, mais c'était plutôt un... poison d'avril ! Un poison à diffusion lente qui a endormi tout le monde », estime un analyste financier spécialisé dans l'audiovisuel. Car c'est exactement ce qui se passe.

Le fameux PAF (Paysage Audiovisuel Français) regarde les statistiques de Médiamétrie quand Bolloré, lui, regarde… bien plus loin.

« Quand le sage montre la Lune, l'imbécile regarde le doigt », dit le proverbe chinois.

Nous y sommes.

Quelqu'un confirme ?

Dans le petit monde des médias et de la publicité, tout le monde se souvient de ce 8 septembre 2011. Revoici en effet Jean-Marie Messier à l'occasion d'un grand raout dont le PAF a le secret, sur un thème d'actualité brûlante : « La transformation numérique ».

C'est peu dire que le discours de J6M, redevenu J2M et moins sémillant qu'au début du chapitre précédent, ne passionne plus grand monde.

Inimaginable quelques années auparavant, il est même interrompu par le maître des cérémonies, dont le portable ne cesse visiblement de vibrer et qui a bien remarqué que les autres portables de la salle crépitent eux aussi : « Pardonnez-moi, mais j'ai une info qui nous intéresse tous, ici. On me dit que Vincent Bolloré vendrait ses télés à Canal + … Quelqu'un confirme ? »

Dans la salle, quelqu'un confirme.

Bertrand Méheut lui-même, le patron de Canal +, confirmera la confirmation.

Décidément, Jean-Marie Messier que, du coup, plus personne n'écoute, n'a pas de chance avec Canal !

À l'époque, Bertrand Méheut (tiens, encore un Breton…) sait qu'il n'a pas le choix : il doit diversifier son offre. Tous ses conseillers le lui répètent : Canal +, télévision payante, doit pouvoir s'appuyer, comme ses concurrents, sur des fréquences gratuites pour compléter son offre cryptée.

Méheut se rapproche donc de Bolloré. Lequel, on l'imagine, n'attendait que ça. Et se paye même le luxe de fixer ses conditions. Il y en a trois, et elles sont non négociables.

D'abord, il est prêt à vendre non pas une… mais deux chaînes : Direct 8 et Direct Star (la seconde fréquence qu'il a rachetée à Virgin). C'est à prendre ou à laisser. Ensuite, il valorise les deux antennes à un prix astronomique : 465 millions d'euros, alors que toutes les deux perdent de l'argent ! Enfin, plutôt que d'être payé en actions Canal +, comme tout le monde l'aurait imaginé, il souhaite être payé en actions… Vivendi. Il négociera ce dernier point, capital pour la suite, comme on le verra, directement avec Jean-René Fourtou, le patron de Vivendi, maison mère de Canal+.

Aussi incroyable que cela puisse paraître, Fourtou et Bolloré tombent d'accord sur tout. Certes, les deux hommes sont amis, se connaissent par cœur et se côtoient régulièrement depuis plus de vingt-cinq ans au sein d'Entreprise et Cité. Mais les affaires sont les affaires, et les coups de griffe entre grands fauves, on le verra aussi, sont bien plus fréquents qu'on ne le croit.

Analystes et journalistes, dissertent à courte vue sur « l'échec de Bolloré » et « la fin de son ambition dans les médias ». Ils ne comprennent pas que c'est exactement le contraire qui est en train de se jouer. Bébéar et Fourtou, eux, s'en sont immédiatement rendu compte.

Lorsqu'il a accepté, presque contraint et forcé, la présidence de Vivendi, Bébéar avait dit à « Jean-René » : « Tu mets de l'ordre pendant quelques mois et ensuite tu peux te barrer, si tu veux... » Douze ans plus tard, Jean-René est encore là...

Bolloré et Fourtou, ce jour-là, vont donc conclure un pacte sur le thème : « Tu mets de l'argent dans le groupe, tu prends ma place, et moi je me barre vraiment à la retraite... »

Tout le monde n'y voit que du feu.

Vincent Bolloré, lui, sait qu'il vient de réaliser l'un des plus beaux coups de sa carrière. Peut-être le plus beau.

Un mélange irrésistible de poulies bretonnes et de cheval de Troie.

La stratégie est parfaite.

Son exécution ne le sera pas moins.

Fourre-tout

En contrepartie de ses deux chaînes, Bolloré a donc obtenu 1,7 % du capital de Vivendi. Quelques mois plus tard, le voici à 5 %. *A priori* largement insuffisant pour prendre le contrôle d'un monstre comme Vivendi.

Insuffisant, vraiment ? C'est oublier aussi qu'avec « seulement » 5 % d'une entreprise cotée et au capital largement ventilé, Bolloré se retrouve dans la position de… premier actionnaire devant le fonds américain BlackRock et la Société Générale. Bref, il vient de planter un solide hameçon et de ferrer tout aussi solidement la proie. Il ne lui reste plus qu'à patienter un peu.

Car, pendant ce temps, à la tête de la holding, Jean-René Fourtou est fragilisé. Après avoir fait un formidable travail de désendettement et de nettoyage des comptes (dans les six premiers mois de son arrivée, il vendra plus de 8 milliards d'actifs pour éponger les dettes), il a en effet commis une erreur. Et probablement plusieurs.

La plus visible ? Au moment où Xavier Niel, le trublion des télécoms, vient de casser les codes du business en imposant Free et son offre *low cost* sur la téléphonie et l'accès à Internet, Vivendi vient de payer beaucoup trop cher pour racheter les 44 % que Vodafone détenait encore dans SFR en vue d'en contrôler 100 %, entraînant le départ brutal de Jean-Bernard Lévy, le directeur général du groupe avec lequel Fourtou travaillait pourtant main dans la main.

Mais il y a plus grave : si, financièrement, la société est à peu près redressée, stratégiquement, tout est à refaire… Elle n'est toujours rien d'autre qu'un grand fonds d'investissement, une holding financière sans logique industrielle : un vrai « fourre-tout », disent alors ses adversaires en jouant sur le nom de l'éphémère-président-inamovible.

Car Fourtou, même s'il s'en défend, s'accroche… En coulisses, les langues se délient, relayées par la presse : il aurait un rapport compliqué à l'argent et aurait lui aussi un peu « pété les plombs ». Fourtou ferait même du « Messier sans Messier ».

Avec le recul, Bolloré, pourtant à l'affût, balaye toutes ces accusations d'un revers de la main. Il refuse d'enfoncer celui qui reste son ami. Le hasard fait que nous sommes, au moment où il me le raconte, dans ce même bureau qu'occupaient Fourtou, J2M et J6M avant lui : « C'est vrai que, lorsqu'on occupe un bureau comme celui-ci, avec vue sur l'Arc de triomphe, on n'est pas forcément tenté de se remettre en cause tous les matins ! Mais la réalité, c'est que Jean-René a fait un boulot formidable. À ce niveau-là de responsabilité, vous savez, c'est rare de ne pas être critiqué… »

Même discours chez Bébéar, qui ne lâchera jamais son ami. Pas le genre de la maison non plus. Après s'être tellement battu pour l'obliger à accepter le poste, il n'a pas envie de se déjuger. Même s'il reconnaît que Fourtou a fini « par se plaire » dans ce job tellement loin de son passé industriel, où on l'invite partout, où on le reconnaît partout…

Deux euros dans le cochon

C'est dans ce contexte très favorable (pour lui) que Bolloré avance désormais ses pions. En coulisses.

Ironie de l'histoire, une dizaine d'années plus tôt, Fourtou, débarquant à la présidence de Vivendi, l'avait appelé pour lui proposer de reprendre Canal ou « tout ou partie de Vivendi ». Mais, à l'époque, il avait décliné : la situation était trop instable, il y avait trop de procès en cours ou en vue, trop d'inconnues… Aujourd'hui, sa détermination est entière. Il est bien décidé à prendre le contrôle du groupe. Le chasseur, toujours à l'affût, a senti la fenêtre de tir.

Fidèle à ses habitudes, il laisse alors les rênes de Havas à son fils Yannick et vient s'installer sur place, avenue de Friedland, siège du groupe Vivendi avec, donc, cette fameuse vue imprenable sur l'Arc de triomphe.

Le déménagement en dit long : Bolloré est bien décidé à se mêler… de tout. Au risque de faire voler en éclats la belle entente entre copains.

Fourtou sait qu'il doit, cette fois, vraiment prendre sa retraite… Il mandate alors maladroitement un chasseur de têtes pour trouver son successeur. Un nom sort bientôt du chapeau : celui du patron du groupe Bertelsmann (RTL, M6). C'est un Allemand. Il s'appelle Thomas Rabe. Son nom commence à circuler… Fureur de Bolloré ! Du coup, Entreprise et Cité « canal historique » est à deux doigts de se transformer en Entreprise et Cité « canal hystérique » !

Bolloré ne fait pas mystère de s'être un peu « frité » avec son ami. Ce qu'il dit aujourd'hui avec ses mots : « C'est vrai que nous avons eu un conseil… un peu chaud ! » Doux euphémisme.

Plus que deux opinions, ce sont deux visions de l'avenir du groupe qui s'opposent ce jour-là. Bolloré a toujours pensé que, face à la culture américaine

(*Spiderman* 1, 2, 3...) ou asiatique, « il y a une vraie place pour la culture française : une certaine idée de la France, ou d'une France élargie, méditerranéenne ou "gallo-romaine", si vous voulez. J'y crois toujours ».

Il argumente : « Rabe, lui, voulait déplacer le siège de Vivendi aux États-Unis, ce qui peut se comprendre en termes de business, puisque Universal était leader mondial, mais qui était exactement le contraire de ce que je voulais faire. Pour moi, Vivendi devait rester en France. »

Heureusement, les deux hommes sont véritablement amis. « J'aime beaucoup Jean-René, vraiment. Son point de vue a toujours été précieux. C'est quelqu'un d'original, de malin, mais pas seulement : il aime la vie. Comme moi ! Pendant de longues années, je lui ai toujours demandé conseil et je l'ai souvent écouté. »

Ce jour-là, pourtant, c'est surtout Jean-René qui écoutera Vincent. Pas question pour lui d'être un actionnaire « dormant », et encore moins de lui revendre ses titres. Comme le ton monte et qu'ils n'arrivent pas à se mettre d'accord, Bébéar, qui siège alors au conseil, les prend à part tous les deux et leur demande de sortir de la salle et de négocier face à face, d'homme à homme. Ils sortent donc de la salle du conseil.

Ils se mettent vite d'accord.

Bolloré revient alors devant le conseil... mais seul !

Devant l'air affolé des administrateurs, il plaisante pour les rassurer sur l'issue de la négociation : « Pas d'affolement ! Je n'ai pas tué Jean-René ! Il s'est arrêté un instant… aux toilettes ! »

Lorsque je reviens sur cet épisode, Bolloré résume à sa manière l'ambiance au sein de la « petite bande » par un autre jeu de mots, dont il est tellement friand : « C'est vrai que, parfois, il arrivait que ce ne soit pas “Entreprise et Cité”, mais “Entreprise… excitée”. » En réalité, tout au long de ces périodes de tension, celle-ci comme d'autres, c'est Claude Bébéar qui jouera les juges de paix. Ce que Bolloré reconnaît volontiers : « Claude était là. Comme il a toujours été là dans les moments importants de ma vie. »

Thomas Rabe restera donc en Allemagne, Fourtou restera à la présidence de Vivendi encore quelques mois, mais cette fois, la voie est dégagée…

De fait, le 24 juin 2014, l'assemblée générale adoube Vincent Bolloré à la présidence de Vivendi.

Le nouveau président breton rend un vibrant hommage à son prédécesseur gascon : « un ami de trente ans » qui est toujours « un garçon plein de jeunesse ».

Ce jour-là, Jean-René Fourtou, le jeune garçon de 74 ans, sort la tête haute : il est nommé président d'honneur de Vivendi. Et se fend lui aussi d'un hommage appuyé à son ami Vincent : « Je l'ai choisi parce que c'est un véritable entrepreneur. Je ne voulais pas nommer l'un de ces énarques qui sont trop nombreux à la tête de nos entreprises. »

Viril, mais correct.

Vincent Bolloré s'installe dans le bureau de son ami de trente ans. Dès lors, il s'appuiera sur une équipe de grognards, à commencer par Arnaud de Puyfontaine, qu'il a recruté spécialement pour l'occasion et qu'il nomme président du directoire. Affable, à l'aise dans le monde, doté d'une capacité de travail et d'une loyauté hors du commun, multiculturel, fort d'une grande expérience et de belles réussites dans les médias internationaux : Bolloré sait qu'il a déniché là une perle rare. De mauvaises langues pensaient qu'il ne supporterait pas la pression et ne tiendrait que quelques mois ? C'est le contraire qui s'est produit. Non seulement Puyfontaine « fait le job », même le plus ingrat, mais en plus une vraie complicité et une réelle affection unissent aujourd'hui les deux hommes. Au point que Bolloré parle parfois de lui comme d'un « fils adoptif ». Et explique qu'il continuera, une fois à la retraite, à le « conseiller » !

Après la période « fourre-tout », revoici donc le temps des synergies.

Bolloré en fait une histoire d'honneur : il veut réussir là où Messier a échoué.

Puyfontaine aussi.

Dans les couloirs du siège de Vivendi, il est désormais interdit de prononcer le mot « holding », qui rappelle trop l'idée d'un conglomérat financier. On ne badine pas avec les concepts. Dans le bureau de Laure, la fidèle assistante du nouveau président du directoire, trône désormais un petit cochon tirelire en porcelaine. Son patron prévient : toute personne qui continue à prononcer le mot « holding » a obligation de verser immédiatement… « deux euros dans le cochon » !

Capito ?

A ciao bonsoir !

Dès son arrivée, Bolloré va à l'essentiel. Il est inquiet pour Canal +, autrefois l'un des fleurons du groupe.

Le modèle de télévision payante s'essouffle, et « l'esprit Canal » ne souffle plus depuis longtemps. Il faut donc d'abord redresser la chaîne cryptée. À commencer par les « Guignols », qui « coûtent une fortune » et tournent désormais un peu à vide, et parfois au ridicule. Un comble pour une ancienne machine à rire.

Depuis des années, d'ailleurs, au prétexte de « l'impertinence », Canal + a en réalité installé la « dérision systématique » comme valeur phare et marque de fabrique. Encore un poison lent qui, pour beaucoup de spécialistes, a contribué au triomphe de l'*infotainment*, cette information mise en scène, parfois divertissante, souvent abêtissante. C'est le triomphe, hélas, de la forme sur le fond : peu importe la vérité pourvu que cela « buzze » et que l'on rigole !

Le monde de Canal, c'est d'abord le monde à l'envers. Les hommes politiques et les intellectuels sont sur le banc des accusés. Face à eux, des animateurs professionnels et nombrilistes, se recevant entre eux, des intermittents du spectacle en promotion de leurs spectacles subventionnés, distribuant les bons et les mauvais points, définissant le camp du bien (le leur) et celui du mal (les hommes politiques, les patrons, le reste du monde...).

L'époque est ainsi : les églises se vident et les plateaux télé se remplissent. La religion catholique a mis un genou à terre devant la religion cathodique.

Ce n'est plus « Prions mes frères ! », mais « Rions mes frères ! »

Ce culte de la dérision a donc son nouveau temple : Canal +.

Bolloré, on le répète, a beaucoup d'humour. Mais dans certaines limites : « Rire de soi, c'est bien. Rire des autres, c'est moins bien », dit-il souvent. Surtout, s'il pratique volontiers l'autodérision, il ne goûte guère au sado-masochisme. Au nom de la sacro-sainte liberté d'expression, Jean-Marie Messier, qui occupait autrefois son fauteuil, faisait semblant de rire lorsque sa marionnette, poupine, se faisait traiter de « gros cul » à l'antenne ? Très peu pour lui, qui préfère prendre les devants.

Il s'installe donc physiquement au siège de la chaîne cryptée, à Issy-les-Moulineaux, aux portes de Paris. Le géomètre est bien décidé à mettre au pas les saltimbanques. Il convoque un comité d'entreprise « extraordinaire » à tous points de vue. Il annonce une période de grands changements, à commencer par le changement… des équipes. Ce jour-là, il lâche : « La haute direction d'une grande maison mérite un peu de terreur, un peu de crainte, et je ne plaisante pas en disant cela. » Tout le monde comprend qu'il ne plaisante pas.

De fait, les têtes tombent en direct ce jour-là, mais Bolloré se veut rassurant vis-à-vis des équipes. Si certains, d'ailleurs, n'avaient pas compris, il précise sa pensée : « Pendant cette période, il y aura une secousse à la tête et une stabilité sur le corps. » D'aucun verront là une définition inédite de la guillotine. Certains tremblent, d'autres rigolent.

Bolloré est ainsi : une main ouverte et un poing fermé. On est avec lui ou on est contre lui. Et, surtout, pas de temps à perdre. Bref, on aime ou on déteste.

En quelques mois, il « virera » ainsi les équipes historiques pour les remplacer par des hommes à lui. Symboliquement, et même s'il n'y est pour rien, il se débarrassera du jeune directeur général, Rodolphe Belmer (remplacé par Maxime Saada, son ancien adjoint, qui lui doit tout…), le jour même de la cérémonie d'adieu à Alain De Greef, l'emblématique directeur des programmes de Canal au crématorium d'Avignon. « Ce jour-là, nous avons compris que tout changeait, se souvient un cadre de la maison. L'arrivée de Bolloré a créé un électrochoc, mais, au fond, beaucoup d'entre nous se sont dit que c'était une époque nouvelle qui s'ouvrait. Il y avait, dans tous ces mouvements soudains, quelque chose de très prometteur. Il était probablement temps de tourner une page. »

Bolloré devra s'y prendre à plusieurs fois, mais il aura finalement la peau des « Guignols ». Et de la marionnette de PPDA, le fameux « PPD », symbole vieillissant du fameux « Esprit-Canal-que-tout-le-monde-nous-envie ».

Là encore, il assume : « Contrairement à tout ce qu'on a dit, moi aussi, j'aimais beaucoup les "Guignols". Ils me faisaient rire. Le déficit de l'émission, lui, me faisait beaucoup moins rire. Tout ça coûtait une fortune ! »

La marionnette de PPD a donc, elle aussi, été « licenciée ».

Comme un véritable employé.

A ciao bonsoir !

« Esprit Canal », es-tu là ?

Passé le moment de sidération des équipes devant cet actionnaire pressé, qui se comporte à la fois en actionnaire, en patron et en directeur des programmes, les salariés de Canal vont de surprise en surprise.

En 2010 déjà, avant l'arrivée de Bolloré, la déprogrammation d'un documentaire sur les dérives du « système Darty » (qui distribuait aussi les décodeurs Canal + ...) avait fait couler beaucoup d'encre. Cette fois, la goutte d'eau qui fait déborder le vase sera la déprogrammation d'une enquête sur le Crédit Mutuel-CIC.

À coup d'interviews, de tribunes dans la presse, de livres, ce sont désormais les quelques journalistes d'investigation de la chaîne qui sont « vent debout ». Ils se drapent, bien sûr, dans « la liberté d'expression », « l'honneur de notre profession », le fameux « nous ne faisons que notre métier » ou le plus fameux encore « les Français ont le droit de savoir » !

Pourtant, la nouvelle ligne éditoriale du nouveau patron est claire. Limpide, même : on n'attaque ni ses amis, ni ses clients, ni ses fournisseurs... Bref, « pas touche à mon écosystème » ! Et à ceux qui accusent Bolloré de « putsch », lui-même n'a pas grand mal à rappeler que, jusqu'à preuve du contraire, on ne fait jamais un putsch... chez soi !

À toutes les bonnes consciences qui lui reprochent de protéger l'« écosystème Bolloré », il n'a aucun mal à leur rappeler qu'eux-mêmes ne font, depuis des années, que protéger un autre écosystème : le leur. Le tout aussi fameux « écosystème Canal » !

La paille et la poutre, toujours.

À fouiller, d'ailleurs, dans les archives de ces « journalistes d'investigation », on ne trouve rien (comme c'est étrange…) sur les dérives du foot ou du cinéma, les deux mamelles de la chaîne.

Rien sur l'argent du foot, les matchs truqués, le rôle trouble des agents, les dérives des adolescents millionnaires du ballon rond…

Rien sur l'entre-soi subventionné et cocaïné de la « grande famille du cinéma », rien sur les vraies coulisses de la cérémonie des César (une « exclusivité Canal ») ou du « festival de cam » (une autre « exclusivité Canal »)…

Rien sur les finances occultes de la CGT et ses pratiques délétères dans l'univers des médias.

Rien sur ces « boîtes de prod », pieds et poings liés à Canal, qui s'entendent avec la chaîne pour détourner l'esprit des rémunérations des intermittents du spectacle afin de faire financer leurs prestations grâce à l'argent… public.

Rien sur les journalistes qui, en même temps qu'ils font la chasse, sur les plateaux de télévision, aux niches fiscales « des puissants » font aussi, en coulisses, des pieds et des mains pour maintenir leur propre niche fiscale.

Là aussi, pourtant, les Français… auraient « le droit de savoir » ! Mais c'est ainsi : le fameux « honneur de notre métier de journaliste » est à géométrie variable.

Et les journalistes français n'aiment rien tant que mordre la main qui les nourrit.

Pour éviter le licenciement, certains d'entre eux pousseront d'ailleurs le ridicule jusqu'à s'encarter au dernier moment… à la CGT ! Un temple, c'est bien connu, de l'impartialité et de la liberté d'expression.

Bolloré, lui, est droit dans ses mocassins. Il avance. À marche forcée.

Pour couper court aux critiques, il se paie même le luxe d'une démonstration pour le moins inhabituelle : le 12 novembre 2015, quelques mois après son arrivée, il « s'offre l'Olympia »… qui lui appartient déjà ! Un one-man-show qui est resté dans beaucoup de mémoires.

Comme à son habitude, le nouveau patron se retrouve face à une foule hostile ou inquiète. Parfois les deux. Il enchaîne alors, seul sur les planches, l'humour breton et les promesses… de Gascon.

Avec, bien entendu, toujours une part d'autodérision : « Je sais qu'on vous raconte qu'il y a un psychopathe dans la maison de famille : la famille, c'est vous, et le psychopathe, c'est moi ! » (Rires)

Ce jour-là, à tous ceux qui lui parlent de « censure », il répond en convoquant l'Histoire : « Souvenez-vous : le 6 juin 1944, le général de Gaulle est prévenu à 1 heure du matin par Churchill que le débarquement va avoir lieu. Ce jour-là, il y aura 177 Français du

1er commando marine, le fameux commando Kieffer. Et, dans ces 177 Français, deux de ma famille. Chez les Bolloré, on s'est aussi battus pour la liberté. »

À la sortie de l'Olympia, beaucoup de ses adversaires affichés sont obligés de reconnaître… qu'ils sont séduits.

D'autres questions ?

L'empire contre-attaque

C'est ainsi que se conforte, jour après jour, dans un mélange instable d'énergie et d'intranquillité, l'un des destins les plus singuliers du paysage économique français. On résume :

Saison 1 : les pirates, les aventuriers, les flibustiers, bref, « les hardis marins bretons ». Et puis, dans la foulée, le temps des papetiers, la réussite, la richesse, la gloire, jusqu'à la débâcle. Du temps du père de Vincent, l'empire met un genou à terre. Puis les deux.

Saison 2 : le retour du fils prodigue. C'est le « moment Vincent ». L'empire contre-attaque. Avec une diversification tous azimuts (le transport maritime, les ports, la logistique, les batteries, les voitures électriques, la banque, la téléphonie mobile, les médias…), une réussite rapide et insolente, une présence dans le monde entier, beaucoup en Afrique, beaucoup aux États-Unis et, depuis récemment, un peu en Chine (pour le meilleur), en Italie (pour le…).

Mes camarades du *Figaro*, à la fin des années 1980, avaient bien raison : Bolloré est allé loin. Très loin, même. Son groupe, coté en Bourse, figure parmi les 500 plus grandes compagnies mondiales. Officiellement, il est solidement contrôlé par la famille. Officieusement, il est encore plus solidement verrouillé par Vincent.

Ce dernier, même ses adversaires sont obligés de le reconnaître, incarne l'une des plus belles réussites européennes de ces cinquante dernières années.

Si l'on retient quelques ordres de grandeur, le groupe, en incluant Vivendi, réalise aujourd'hui près de 20 milliards de chiffre d'affaires et emploie quelque 75 000 collaborateurs dans près de 130 pays.

À titre personnel, Vincent Bolloré était, en 2019, la douzième fortune de France, avec un patrimoine estimé par le magazine *Challenges*, référence en la matière, à 7,3 milliards d'euros.

L'homme continue à fasciner, par son ambiguïté, son côté très « en même temps » : visionnaire mais opportuniste, séduisant mais clivant, au cœur de l'establishment sans en être vraiment, mondial mais enraciné…

Bref, un vrai « ker-tycoon » !

Officiellement, sa famille est dans les starting-blocks, en ordre de bataille. Mais, chaque jour, avec lui, réserve sa part de surprise, d'aventure…

Au moment d'écrire ces lignes, voilà qu'il s'intéresse à une autre légende. En plein confinement pour cause de pandémie de Covid-19, au printemps 2020, il se lance à l'abordage d'un véritable « naufrage industriel », celui d'un autre groupe emblématique du capitalisme français. Chacun aura reconnu les déboires du groupe Lagardère (tiens… encore un Gascon !), qui a vu dilapider l'héritage du père (Jean-Luc), entrepreneur de génie, par son propre fils (Arnaud), dilapidateur de génie.

Lagardère n'étant jamais venu à lui, il est donc allé à Lagardère.

On imagine la conversation avec son fils :

— Allô, Arnaud, c'est Vincent ! Ce que tu fais est formidable. Je sais que tu fais face à beaucoup de critiques, mais moi, j'y crois. Je vais t'aider…

Le voici donc au capital. Officiellement, il est là pour aider Arnaud dans ce rôle de « chevalier blanc » qu'il affectionne tant…

Avant de se transformer en chevalier noir ? Lui jure que non. « Attendez un peu, vous serez surpris ! »

On n'en doute pas un instant.

Cette fois, c'est vrai, il n'est pas entré par effraction. Il a même été invité par son ami « Nicolas » (Sarkozy, bien sûr), un ami commun qu'Arnaud Lagardère considère même comme son « frère ». Voici donc Vincent Bolloré en mission quasi officielle dans le camp du bien pour contrer les forces du mal, incarnées par un fonds « activiste ». Arnaud Lagardère le premier se répand dans la presse en expliquant que « naturellement, tout ceci est amical ».

Naturellement.

Rendez-vous, bien sûr, dans quelques années. Car, visiblement, c'est plus fort que lui : le pirate a toujours des fourmis dans le sabre.

Quels seront les nouveaux rebondissements de la fin de cette saison 2 ? Quel sera le véritable casting de la saison 3 ?

Officiellement, la quille est toujours pour (très) bientôt.

Le 17 février 2022 arrive à grands pas.

Son groupe aura 200 ans, et Vincent Bolloré 70 ans.

La pêche aux crevettes, vraiment ?

La seule certitude, c'est que ça tombe un jeudi.

Une amitié de luxe

Le voici.

Grand, élégant, et visiblement heureux, en dépit d'un emploi du temps de chef d'État, à l'idée d'évoquer lui aussi ses souvenirs d'Entreprise et Cité…

Bernard Arnault est venu nous accueillir lui-même, comme il nous raccompagnera à la fin de la discussion.

Il a presque 71 ans, mais en paraît beaucoup moins. Les cheveux argentés, coupés court et net, la silhouette longiligne et élégamment voûtée, il est habillé en noir des pieds à la tête. Pas de cravate. Seule touche d'originalité : le pull en fil précieux, tissé en nid d'abeille serré, probablement de l'une de ses grandes marques.

Bref, sobre et chic.

Très sobre et très chic, même.

Je suis venu le rencontrer avec Daniel Laurent, l'ex-délégué général informel d'Entreprise et Cité, qu'il n'a jamais revu depuis ces fameuses « années Bébéar ».

Il nous recevra en toute simplicité. Chaleureusement, même. Il nous invite à nous asseoir à la petite table de la salle de réunion privée qui jouxte son bureau. Rien d'ostentatoire. Un showroom discret au service de ses marques, ou de ses « maisons », comme il dit. Et comme le répète tout son entourage.

Nous allons passer près d'une heure ensemble, interrompus seulement par l'irruption des souvenirs, mais jamais par le moindre coup de téléphone.

Ironie du jour, Bernard Arnault vient d'être sacré « homme le plus riche du monde ». Je sais qu'il déteste la question. Emportés par la conversation, nous n'aurons même pas le temps de la lui poser…

Lumineux

Des amis, familiers du CAC 40 et de ses grands fauves, me l'ont souvent répété : « Bernard Arnault n'a pas d'amis, il n'a que des obligés. » L'un d'entre eux, un membre d'Entreprise et Cité qui le connaît bien, m'a même précisé, mi-admiratif, mi-agacé : « À son niveau, ça peut se comprendre. Aujourd'hui, c'est un véritable chef d'État. Tout devient très compliqué. Tout le monde le craint, et il craint tout le monde. Je l'ai croisé il y a peu. Il était entouré de gardes du corps. C'est tout juste si nous nous sommes salués. Avant de se mettre à table, je pense qu'il doit même avoir des goûteurs pour tester ses plats… »

En cette belle matinée de janvier 2019, ce n'est pas l'impression qu'il donne. Au contraire. Il se mettra même « à table », au sens imagé du terme, avec appétit et enthousiasme.

Sans témoin et sans « communicant ».

En toute franchise.

À tous les interlocuteurs rencontrés pour ce livre, j'ai posé la même question : résumer Claude Bébéar « en un mot ». Je la poserai aussi à Bernard Arnault. Elle semble le surprendre.

— En un seul mot ?

— Oui, en un seul mot.

Il hésite. Réfléchit. Et finit par répondre :

— Il en faudrait plusieurs… Mais si vous en voulez vraiment un seul, ce serait… « lumineux » !

Lumineux ? À mon tour d'être étonné par le registre de la réponse. De la part d'un homme que l'on dit si froid et si distant, cela me surprend. Comme me surprend la lueur que je vois passer dans ses yeux à ce moment-là. Mais ce regard ne trompe pas : Bernard Arnault n'a pas que des obligés, il a aussi des amis.

Bébé(ar)nault

Au long de l'entretien, il se confirmera que les deux hommes ont un vrai lien personnel. Un lien ancien et profond d'estime, de reconnaissance et d'amitié, même s'ils le manifestent chacun à leur manière, « réservé un peu extraverti » côté Bébéar, « introverti qui se force un peu » côté Arnault.

De notre conversation, il ressortira que si Bernard Arnault ne doit la construction de son empire qu'à lui-même, il sait aussi tout ce que lui ont apporté Entreprise et Cité en général, et Claude Bébéar en particulier. Toute leur vie professionnelle, ces deux-là non plus n'ont cessé de se fréquenter, de se confier et de s'entraider probablement plus souvent qu'ils ne l'avouent spontanément…

Leur première rencontre ? Ils ne s'en souviennent pas précisément, si ce n'est pour dire que c'était par l'intermédiaire d'Antoine Bernheim. Décidément, l'« oncle Tonio » de Vincent Bolloré est partout, lui aussi…

Mais, avant d'aller plus loin dans les souvenirs, autant Vincent Bolloré nous obligeait à faire un petit passage par la Bretagne, autant, avec Bernard Arnault, il nous faut d'abord faire un détour par le nord de la France.

Suivons-le.

Un ch'ti garçon

Bernard Arnault est né le 5 mars 1949 à Roubaix.

Pour aller à l'essentiel, il vient d'une famille bourgeoise aisée.

Son père, Jean, est entrepreneur en travaux publics et dirige l'entreprise familiale Ferret-Savinel, fondée en 1922 par son grand-père maternel. Très vite, il entraîne son fils sur les chantiers, et lui donne le sens des affaires et le goût d'entreprendre. « J'ai grandi avec une espèce de brique dans le ventre », dira, plus tard, le fils reconnaissant. La brique du Nord, bien sûr, mais aussi la brique de la maison, voire de l'empire que l'on construit patiemment…

Sa mère, Marie-Josèphe, n'est pas une femme au foyer, mais une « femme qui travaille » (elle tiendra longtemps une pharmacie), une situation un peu incongrue pour l'époque.

Excellent pianiste, excellent cavalier (une pratique qu'il abandonnera au profit de celle, régulière, du tennis), le jeune Bernard est surtout un excellent élève.

Son enfance est une enfance heureuse, dans une famille aimante et travailleuse. Elle se déroule dans un périmètre physique de quelques centaines de mètres, qui réunit à la fois l'usine, le domicile des parents et celui, tellement important, des grands-parents.

Car si on ne comprend pas Bernard Arnault sans comprendre ses parents, on le comprend encore moins sans comprendre ses grands-parents adorés, les Savinel.

Le premier grand choc de la vie, dont il répétera qu'il ne s'est jamais vraiment remis, est la mort de son grand-père. En 1959, à son enterrement, devant une assistance médusée, il déposera dans son cercueil un bulletin de notes avec une mention spéciale du jury, obtenue la veille de son décès. Ce pacte secret, intime, devant un cercueil, entre un enfant bouleversé et son grand-père vénéré, explique probablement tout ce qui suivra. « L'enfance est un destin », dira le journaliste Guillaume Durand en citant Rilke, à l'occasion d'un portait sensible qu'il consacrera, des années plus tard, au grand patron.

« Orphelin » de son grand-père, le petit Bernard habitera chez sa grand-mère, « Maminette », restée seule. Jusqu'à sa disparition en 1985 (un second séisme dans sa vie...), il gardera un respect et une tendresse « infinis » pour cette femme aussi affectueuse que rigoureuse. D'une rigueur « catholico-auvergnate », précise-t-il.

Le père de Bernard est diplômé de l'École centrale. Au risque de lasser nos lecteurs, lui aussi a de hautes ambitions pour son fils : il voudrait qu'il fasse… Polytechnique !

Va donc pour Polytechnique.

Bernard, qui avait jusqu'ici très bien réussi sans travailler énormément, comprend dès les premiers jours de maths sup qu'il lui faudra très vite « passer la surmultipliée ». Il la passe avec succès.

Admissible en 1968, il ne pourra pourtant finalement pas intégrer l'école à cause d'un bras cassé juste avant la fin du concours. Plutôt que de choisir la prestigieuse École des mines à laquelle il a été admis, il préfère prendre le risque de repasser l'année suivante le concours de l'X. Cette fois, il l'intègre brillamment.

Retour aux sources

L'X était un objectif en soi. Probablement aussi une façon de se mesurer lui-même et face aux attentes de sa famille. Après une scolarité discrète dont il garde notamment, aujourd'hui encore, le souvenir de deux stages peu passionnants (l'un dans les entrepôts de la SNCF, l'autre au sein du cabinet de conseil McKinsey), il quittera l'école dès qu'il le pourra, quelques mois avant la fin de la scolarité officielle. Il a déjà en tête une idée bien précise…

Il fait alors, comme Bébéar quelques années plus tôt, un choix jugé curieux par tous ses camarades de promotion : il va débuter sa carrière dans une petite entreprise de province. Mais pas n'importe quelle province et pas n'importe quelle entreprise : il retourne en effet dans le Nord, à Roubaix… dans l'entreprise familiale !

« Mon père avait été surpris de me voir intégrer Polytechnique. Il a été encore plus surpris de me voir revenir travailler avec lui… »

Non seulement les deux hommes travailleront « ensemble », mais le fils forcera régulièrement, dès lors, la main du père… Dans un premier temps, il réussit à le convaincre de vendre les activités de BTP et de passer de la « construction » à la « promotion ».

Plus qu'un changement de métier, c'est un changement d'ambition. La nouvelle société se spécialise dans la construction et la location d'appartements de tourisme. Elle est rebaptisée « Férinel » et communique désormais dans toute la France. Personne n'a oublié la publicité à la télévision : « Férinel, propriétaire à la mer ! » et « Férinel, propriétaire à la montagne ! »

La cession des activités de BTP rapporte 40 millions de francs à la société.

Un coup de maître pour l'époque. Et le début de la fortune.

Le jeune Bernard, qui n'a pas 30 ans, succède officiellement à son père.

Rien ne semble alors freiner le développement de la nouvelle entreprise, si ce n'est, une fois de plus, l'ombre… des « chars russes » !

En 1981, malgré l'admiration qu'il conserve pour Jacques Attali, nouveau conseiller de François Mitterrand et qui fut son professeur d'économie à Polytechnique, Bernard Arnault fait en effet partie de ceux qui, à l'arrivée de la gauche au pouvoir, sont persuadés que la France va dans le mur.

La suite lui donnera raison.

Pour l'instant, il préfère donc aller voir ailleurs. Il s'envole pour New York où il s'installera, provisoirement, avec femme et enfants. S'il connaît déjà les États-Unis, y passer ses vacances est une chose, s'y installer sera une autre affaire. Ne parlons pas d'y faire fortune. Là-bas, il fonde Ferinel Inc., une filiale avec laquelle il réalisera quelques opérations immobilières avec plus ou moins de bonheur et qu'il revendra plus tard, en 1995, à l'un de ses « camarades » d'Entreprise et Cité, Gérard Mestrallet, qui la rebaptisera Nexity.

En 1983, Mitterrand fait « machine arrière toute ». Pierre Mauroy démissionne. La gauche dogmatique et chaleureuse laisse la place à la gauche pragmatique et cynique. Les historiens parleront du « tournant de la rigueur ».

Laurent Fabius entre à Matignon et Bernard Arnault rentre en France.

Il n'attendait que ça.

De son expérience américaine, il ramènera une méthode de travail « à l'américaine » et quelques idées nouvelles de développement de ses affaires.

En France, il ne le sait pas encore, mais, pour lui, le tournant de la rigueur sera surtout le tournant de la vigueur. Juste avant son retour, Pierre Godé, qui fut longtemps l'un de ses plus proches amis et collaborateurs, et qu'il avait chargé de prospecter le marché, vient en effet de lui recommander de s'intéresser à un dossier… pas tout à fait comme les autres.

Boussac

Boussac ! Ce nom, pour lui, résonne comme l'enfance.

Tout le monde, dans le Nord, a grandi à l'ombre de Marcel Boussac. La famille Arnault, dont le métier est de construire les usines des autres, a d'ailleurs déjà construit des usines pour Boussac. Mais l'homme qui a inventé le pyjama et déniché Christian Dior, alors jeune couturier, n'a pourtant jamais su moderniser un empire longtemps florissant avant de se retrouver au bord du gouffre.

Son groupe textile, prestigieux mais vieillot et plus fragile qu'on ne l'imaginait, a finalement été repris par un improbable quatuor : les frères Willot, bien connus eux aussi, et que l'on surnomme les « Dalton du Nord ».

Parce qu'ils n'ont ni les manières ni les codes des grandes familles dont ils ont pourtant racheté beaucoup d'affaires, ils sont déjà largement détestés. Ils le seront encore plus lorsque, en 1978, ils se feront littéralement « offrir » l'empire Boussac en déconfiture par le tribunal de commerce, sur intervention directe de Raymond Barre et Valéry Giscard d'Estaing, trop heureux de se débarrasser de la « patate chaude ».

Mais voici que les Dalton se retrouvent eux-mêmes en difficulté. Au bord d'un second gouffre… Au cœur même du fief électoral du nouveau Premier ministre Pierre Mauroy, on parle de quelque 30 000 emplois menacés. Impensable. Et insupportable pour le nouveau gouvernement socialiste qui cherche donc cette fois à régler le problème d'une façon durable.

Mais patatras… Boussac, qui pensait pouvoir s'appuyer sur la gauche, s'effondre avec son arrivée. Et dépose le bilan en 1981.

Le groupe est placé en réanimation économique et sous perfusion étatique. L'État, hélas, fait exactement le contraire de ce qu'il fallait : il met l'entreprise sous perfusion financière... sans en prendre le contrôle juridique ! Bienvenue en « Socialie » ! Près d'un milliard de francs d'aides publiques sera ainsi dilapidé, en vain, entre 1982 et 1985.

Très vite, quelques fauves rôdent autour du grand groupe blessé à mort. À commencer par Maurice Bidermann, « le roi du Sentier » (et accessoirement le frère de la « reine de la nuit », l'incontournable Régine). Bernard Tapie n'est pas très loin non plus, attiré lui aussi par l'odeur du sang...

En 1984, Bernard Arnault prend alors l'une des décisions les plus importantes de sa vie : après avoir étudié le dossier dans ses moindres détails, il réussit cette fois à convaincre son père d'investir l'essentiel de la fortune familiale dans le rachat du groupe moribond.

La banque Lazard, approchée, hésite, mais lui fait quand même rencontrer son numéro deux, Antoine Bernheim, qui est immédiatement séduit par le jeune patron malgré son très jeune âge. « J'ai tout de suite compris que c'était un conquérant », me confirmera Antoine Bernheim. Pour lui, aucun doute : derrière le look d'adolescent à peine attardé, il a su déterminer la volonté sans faille de celui qui sera désormais son nouveau poulain.

Chez Lazard, Bernheim devra pourtant hausser le ton devant les réserves de son comité de direction : « Ce n'est pas la peine de tourner en rond ! Cette affaire, on va la prendre et on va la gagner. »

C'est exactement ce qui se passera. Et à la suite d'un long processus et après de nombreux rebondissements, François Mitterrand en personne donnera son accord à la reprise par un parfait inconnu. Ou presque.

En quelques mois, grâce à l'incurie de la gauche et à l'entrisme d'Antoine Bernheim, le tout jeune et ambitieux Bernard Arnault se retrouve ainsi à la tête d'un empire. En déconfiture, certes, mais un empire quand même. Avec quelques magnifiques bijoux (Le Bon Marché, Conforama, Peaudouce...), et surtout une incroyable pépite : Dior.

À peine a-t-il pris le pouvoir qu'Arnault restructure l'ensemble, revendant le textile au groupe Prouvost et Conforama à François Pinault, qui n'est pas encore son « meilleur ennemi ».

Le temps des premiers succès est aussi celui des premiers malentendus. Aujourd'hui encore, on lui reproche d'avoir trahi ses promesses en matière de maintien de l'emploi. Lui plaide toujours le contraire. Question d'interprétation, bien sûr, qui revient de façon lancinante dans à peu près tous les grands dossiers de restructuration industrielle. Les repreneurs répètent qu'on a « mal compris » leurs engagements. Quant aux

« politiques », ils sont depuis toujours passés maîtres dans l'art de reprocher aux repreneurs de ne pas tenir les promesses… qu'eux-mêmes n'ont pas réussir à tenir.

En attendant, ce 20 décembre 1984, Bernard Arnault est nommé administrateur directeur général de la Compagnie Boussac Saint-Frères.

Il vient d'investir 40 millions de francs. Trois ans plus tard, ils vaudront près de… 8 milliards !

Le voici dans le club des plus grands patrons français.

Il a tout juste… 35 ans !

Merci qui ?

« Merci, Mitrand ! »

LVMH

Si l'appétit de Bernard Arnault a toujours été limité au sens propre, il ne l'a jamais été au figuré. Déjà, à cette époque, il confie son ambition à Antoine Bernheim : il veut être le numéro un mondial du luxe. Rien que ça !

Il ne déviera jamais de cet objectif.

Après avoir revendu une partie de l'empire Boussac, le voici avec 4 milliards en caisse et LVMH en vue.

Dans la corbeille de Boussac, en effet, Bernard Arnault a trouvé Dior. Mais uniquement la maison de couture. Les parfums Dior, eux, avaient déjà été cédés. Il veut maintenant les récupérer chez LVMH.

Il rêve de réunifier l'« univers Dior ». Les mois qui suivent vont lui en donner l'occasion.

LVMH ? Pour ceux qui connaissent la marque mais ignorent son histoire, il faut rappeler que le groupe est né, ou plutôt mal né, d'un mariage bâclé. Ou, pour être plus précis, d'un mariage de raison qui a très vite dégénéré en mariage de passion, au pire sens du terme.

Résumons et simplifions. Le 3 juin 1987, à l'hôtel Plaza Athénée, au cœur de Paris, deux grands patrons annoncent leur union : Henry Racamier, d'un côté, le gendre de la famille Vuitton qui dirige le malletier. Alain Chevalier de l'autre, qui dirige les vins et les spiritueux de Moët Hennessy.

Sur le papier, c'est la naissance d'un géant du luxe. L'ensemble a « une gueule folle », se souvient un journaliste. Mais, en pratique, c'est peu dire que les deux mariés ne s'entendent pas.

Officiellement, tout va bien. On se donne du « *dear* Henry » et du « *dear* Alain ». Officieusement, les deux hommes s'opposent sur… à peu près tout. Chevalier, notamment, s'est mis en tête de s'allier avec le géant anglais Guinness pour développer sa branche vins et spiritueux. Ce dont ne veut pas entendre Racamier, qui, lui, rêve de retrouver au plus vite son indépendance…

Comme deux époux feraient chambre à part dès le lendemain du mariage, eux font bureau à part. Un cas d'école.

De même que les couples dans la tourmente espèrent toujours que faire un enfant leur permettra d'en sortir par le haut, les entreprises dans ce genre de situation font systématiquement appel à un « chevalier blanc », censé lui aussi permettre à la fois de se réconcilier et de sortir de l'impasse « par le haut ». Mais, dans la plupart des cas (on l'a vu avec Vincent Bolloré), le chevalier blanc se change en chevalier noir. Lequel finit par rafler la totalité de la dot.

C'est bien entendu ce que fera Bernard Arnault.

Non sans mal…

Le loup et la bergerie

Dans ce qu'il faut désormais appeler « l'affaire LVMH », Bernard Arnault, comme tous les grands patrons, commence par avoir de la chance. Quelques mois après le mariage, le krach d'octobre 1987 fait en effet baisser les cours de Bourse des fleurons du CAC 40, aiguisant les couteaux et les appétits des financiers. À peine né, LVMH est fragilisé.

Affolé, Chevalier en profite pour suggérer à son associé d'accélérer l'accord avec Guinness. Racamier, lui, ne veut pas en entendre parler et suggère de trouver plutôt un investisseur français.

C'est ici que se situe un épisode peu connu et probablement même jamais raconté. Claude Bébéar, lui, s'en souvient parfaitement : « J'étais chez moi lorsque j'ai reçu un coup de téléphone vers 10 heures du soir. C'était Henry Racamier... » Très vite, après les politesses d'usage, Racamier va à l'essentiel. Il cherche donc un investisseur français pour conforter le développement du nouveau groupe. Bébéar, à l'époque, est incontournable dans le paysage. Le coup de téléphone ne le surprend donc pas. Mais il décline la proposition qui lui est faite ce soir-là d'entrer au capital de LVMH. « J'ai expliqué à Racamier que j'avais déjà beaucoup trop de travail à consolider et développer mon propre groupe. Et que je ne me voyais pas me développer dans le secteur du luxe. Je lui ai donc suggéré d'appeler Bernard Arnault. C'est lui, à mes yeux, qui avait tout l'intérêt et toutes les qualités nécessaires pour investir dans LVMH. »

Comme il le fera quelques années plus tard chez Vivendi, Bébéar jouera donc ici les rabatteurs, et non pas les chasseurs. Les deux hommes en restent là. Mais, sans le savoir, Bébéar a probablement donné, ce soir-là, une impulsion fondamentale à ce qui restera comme l'une des plus grandes si ce n'est la plus grande bataille du capitalisme français contemporain. Et assurément la plus grande victoire de Bernard Arnault.

Bien sûr, Bernard Arnault, déjà à l'affût, avait déjà commencé à racheter des titres sur le marché. Mais, à la suite de cet échange, c'est Henry Racamier lui-même qui se déplacera… chez Bernard Arnault ! Obsédé par son envie de faire échouer Chevalier, il ne comprend pas qu'il est en train, tout simplement, d'ouvrir au loup la porte de sa bergerie.

Pour Bernard Arnault, c'est le début des grandes manœuvres. Comme souvent, il le fera par la manière forte, à travers une OPA. S'ensuivra une incroyable bataille boursière, actionnariale et managériale qui, une fois encore, marquera le grand capitalisme français et tiendra en haleine tous les lecteurs de la presse économique pendant plusieurs mois. Car tout, dans le luxe, est luxueux. Sauf les coulisses, qui n'ont souvent rien de ragoûtant.

Tous les coups sont permis. Y compris en dessous de la ceinture, fût-elle griffée Dior…

Chaque fois que je me replonge dans mes propres archives de l'affaire, j'ai le même sentiment étrange d'y retrouver la comédie humaine portée à son paroxysme, mélange d'une mauvaise pièce de Labiche, d'un roman de Paul-Loup Sulitzer (c'est encore l'époque…) et d'un James Bond haletant. Permis de tuer compris.

Jouant sur les divisions entre les deux hommes, et avec le soutien indéfectible du fidèle Antoine Bernheim, Arnault manœuvrera de main de maître, s'alliant tantôt avec l'un, tantôt avec l'autre, pour finalement se débarrasser de tous !

C'est ainsi que, le 13 janvier 1989, par une journée froide et pluvieuse, Bernard Arnault est élu président du directoire de LVMH. « À l'unanimité », fait-il rajouter sur le communiqué de presse. Et pour ceux qui n'auraient pas compris, il explique de vive voix : « Le patron, c'est moi. Dès lundi matin, je serai là et je dirigerai personnellement l'entreprise. »

Papy fera bien encore un peu de résistance, mais, après Guinness et Chevalier, « *dear* Henry » (Racamier) sera définitivement évincé à son tour.

Il faut bien un vainqueur. Ce sera Bernard Arnault.

Après des mois et des mois de batailles sanglantes et de recours juridiques aussi techniques qu'interminables, le verdict définitif tombe le 16 mai 1989 : la Commission des opérations de Bourse (COB), le fameux gendarme de la Bourse, valide définitivement son OPA.

Arnault jubile.

Il a 40 ans.

Le patron, c'est lui.

World Company

Les années qui suivront seront, pour le tycoon du luxe, l'occasion de racheter méthodiquement, frénétiquement presque, sans jamais les revendre, des dizaines de marques toutes plus prestigieuses les unes que les autres.

Bien sûr, tout au long de ce parcours hors normes, il y aura aussi quelques renoncements et échecs : La Redoute, qu'il ne réussira pas à acheter en 1987 ; Hermès, un vieux rêve qu'il ne réussira pas non plus à concrétiser ; la première révolution du Web, un autre rêve brisé par l'effondrement de la bulle Internet et le 11 Septembre. Il y aura surtout l'autre terrible bataille, en 1999, pour le contrôle de Gucci, qui achèvera de le brouiller avec son « meilleur ennemi », François Pinault. Encore faut-il relativiser toutes ces péripéties, qui lui amèneront aussi, parfois, de confortables plus-values financières. Comme dans l'affaire Gucci : « On peut considérer que nous sommes condamnés, mais à une bien bonne nouvelle, constate le fidèle Pierre Godé à l'issue de la bataille. On aimerait bien des punitions de ce genre tous les jours. »

À tous ses adversaires qui l'accusent parfois de faire des coups financiers, Bernard Arnault n'a pourtant aucun mal à rétorquer qu'il investit « dans la durée ».

Aujourd'hui, le « catalogue » du groupe LVMH donne le tournis, que ce soit dans la mode et la maroquinerie

(Louis Vuitton, Céline, Fendi, Givenchy…), mais aussi dans la distribution sélective (Le Bon Marché, Sephora…), les parfums et cosmétiques (Christian Dior, Guerlain…), les vins et spiritueux (Hennessy, Moët & Chandon, Dom Pérignon…), ou dans les montres et la joaillerie (Bulgari, Tag Heuer, Hublot…).

Inlassablement, il continue à bâtir et à consolider, sur la durée, ce leader mondial du luxe dont il a toujours rêvé. À son idée, à son rythme et à sa main. Une vie de travail acharné pour un homme « tendu comme un arc sur son objectif ultime », comme me le résume l'un de ses proches. Car Bernard Arnault, à l'image des plus grands dirigeants, s'il peut se montrer souple sur la tactique, reste intraitable sur la stratégie.

Tout le monde connaît son style de management : il laisse toute latitude à chacune de ses 75 « maisons ». En même temps, il vérifie tout. Les Américains parleraient d'un *control freak*. Dans son dernier livre, *Thank You for Disrupting*, le grand publicitaire et président de TBWA Jean-Marie Dru confie que cette implication totale de Bernard Arnault lui rappelle celle de Jonathan Ive, le fameux Chief Design Officer (CDO) d'Apple jusqu'à la fin 2019, avec lequel il a également beaucoup travaillé. « Il m'est arrivé d'être en désaccord avec lui sur certains points, mais la manière dont il s'impliquait personnellement m'a toujours impressionné. Elle est révélatrice du niveau d'exigence requis dans les secteurs d'activité où opère LVMH. […] En un mot, je dirais que Bernard Arnault a donné au management de la créativité son véritable statut. »

Dernière acquisition en date, juste avant qu'éclate la pandémie de Covid-19, la marque américaine Tiffany, créée en 1837 et rendue mythique par Audrey Hepburn dans *Diamants sur canapé*, avec laquelle il espère reproduire le succès de Bulgari, repris en 2012.

Les années passent et se ressemblent. À 71 ans passés, Bernard Arnault ne recule toujours devant aucun obstacle.

L'homme a gardé son appétit d'ogre. Il achète, achète et achète encore.

Souvent très cher. Parfois trop cher, lui reproche-t-on.

Mais la faim, chez lui, justifie toujours les moyens.

Piano et sano

Lui-même le revendique : avec son groupe, sa famille est l'autre grande passion de Bernard Arnault. Après un premier mariage dont il aura deux enfants, Bernard Arnault a épousé en secondes noces Hélène Mercier, une pianiste canadienne avec laquelle il aura trois autres enfants. Dont un polytechnicien comme lui, pianiste émérite, avec lequel il lui arrive, parfois, de se produire en concert. « Les chiens ne font pas des chats », souligne l'un de ses proches. « Je m'occupe énormément de mes enfants », dit Bernard Arnault. Ce que confirme Claude Bébéar qui l'a vu justement aider Frédéric à préparer Polytechnique. Il lui confiera même, au passage : « Les mathématiques ont beaucoup évolué ! Je ne me souvenais pas que c'était si difficile... »

Autre caractéristique de « BA », comme l'appellent ses collaborateurs : sa discrétion. Sa fortune, immense, est aujourd'hui bien connue, mais il ne l'étale jamais et la montre encore moins. « C'est l'anti-bling-bling absolu », confirme tout son entourage. On ne voit jamais ses propriétés, son domicile, son yacht... Parfaitement conscient de son époque, il sait que le luxe est d'abord « un métier ». Certains se souviennent encore que, en 1987, une des unes de *L'Expansion* qui titrait « Cet homme vaut deux milliards » l'avait mis hors de lui ! Ce n'était pourtant, à l'époque, « que » deux milliards de francs... D'autres auraient été fiers, mais lui ne le supportait pas. Autant il aime que ses « chères » marques soient mises en avant, autant il déteste l'être lui-même.

Lui-même revendique volontiers d'être discret. Et même « austère ».

Le 30 novembre dernier, il a fait la couverture de l'Américain *Forbes* avec un titre équivalent : « The $100 Billion Man ». Une autre échelle ! Mais probablement était-il moins furieux que vingt-trois ans plus tôt. Car ce genre de unes marque sa consécration aux États-Unis, où il est encore peu connu. Comme l'explique à ses lecteurs Vanessa Friedman, la célèbre critique mode du *New York Times* : « Si vous ne savez pas qui il est, vous devriez le savoir. Il est français, et le parrain de l'industrie moderne du luxe. Sans exagérer, on peut dire qu'il en a pour ainsi dire inventé toute l'idée. »

Aux journalistes américains, d'ailleurs, il rappelle volontiers que « tout a commencé à New York », en montant dans un taxi jaune et en discutant avec le chauffeur : « Il n'avait jamais entendu parler du général de Gaulle, mais il me parlait de Dior ! »

Début 2017, d'ailleurs, il a été l'un des premiers à rendre visite au président Trump tout juste élu, qu'il avait croisé au début des années 1980.

« Aux États-Unis, il y a peu de librairies, mais toutes sont remplies de biographies d'hommes et de femmes qui ont réussi. Là-bas, ce sont toujours des héros. En France, il y a énormément de librairies, mais les livres qui se vendent le mieux sont les livres "à charge" contre les hommes politiques, contre les patrons, contre un peu tout… Même lorsqu'ils écrivent, les Français n'aiment rien tant que critiquer », me confie une grande libraire parisienne.

Sans surprise, en France, Bernard Arnault cultive toujours des relations compliquées avec les médias. Avec le temps, il se fait donc toujours aussi discret, choisissant avec beaucoup de précautions à qui il parle et de quoi il parle…

On se souvient de la une du quotidien *Libération*, qui avait fort élégamment titré « Casse-toi riche con ! » en apprenant que Bernard Arnault avait demandé la nationalité belge en plus de la nationalité française, par analogie avec le « Casse-toi pauvre con ! » lancé quelques mois plus tôt par Nicolas Sarkozy à un visiteur du Salon de l'agriculture qui l'avait apostrophé, en 2011. Une presse française moutonnière et humiliante qui « remettra ça » en titrant « Merci patron ! » à la sortie du documentaire (à charge...) de François Ruffin contre le patron de LVMH.

Mais rien, en revanche, le jour où l'on a appris que, pour la première fois de l'histoire, l'homme le plus riche de la planète était un Français.

Nulle part un « Merci, Bernard ! ».

Que n'entendrions-nous pas, pourtant, si LVMH devenait chinois, Vivendi américain ou BNP Paribas britannique !

Nul n'est prophète en son pays. Mais tout de même... Drôle de peuple, qui continue d'admirer Napoléon et ses millions de morts, ses footballeurs ou ses rappeurs et leurs millions d'euros, mais déteste Bernard Arnault, ambassadeur en chef du *made in France*, ses centaines de milliers d'emplois et son incroyable réussite...

Deux poids, deux démesures.

La France.

La solitude des sommets

Depuis le début de notre discussion, une question me brûle les lèvres. Pourquoi donc cet homme si discret, si secret, même, qui préfère la solitude ou le cocon familial, qui n'aime ni trop manger ni trop boire, qui n'aime pas le rugby, les virées entre amis ou les blagues parfois un peu lourdes qui peuvent émailler les fins de repas, est-il tellement attaché, aujourd'hui encore, à cette bande de copains un peu improbables ?

Non seulement il y est attaché, mais c'est peu dire que depuis tant d'années il n'a cessé de jouer le jeu. Recevant dans ses « maisons », Dior ou Yquem, et allant jusqu'à prêter gracieusement sa fondation LVMH à Claude Bébéar et à ses amis (pour l'Institut Montaigne, il est vrai).

Pierre Dauzier, le défunt président d'Havas, avait une explication pour justifier leur petit club : « Au fond, nous sommes un club d'admiration mutuelle. »

Un autre Cht'i, moins connu du grand public, l'ancien président de Carrefour Daniel Bernard, m'a lui aussi toujours dit : « Plus on monte dans les états-majors des grands groupes et plus c'est compliqué. Ne parlons pas des sommets ! Non seulement il n'y a plus grand monde, mais il fait froid. Et le vent souffle fort… »

Françoise Colloc'h, qui connaît par cœur tous les amis de Claude Bébéar, confirme elle aussi l'analyse : tous ces grands patrons sont seuls. Même les plus entourés. « À ses collaborateurs, on ne dit jamais "Je suis fatigué", "J'hésite" ou "J'en ai marre"... Là, ils étaient ensemble et tous sur le même plan. Nulle part ailleurs ils ne pouvaient avoir cette qualité de relations. »

Dit autrement : la meute se tient chaud.

Non seulement Bernard Arnault ne dément pas, mais encore il insiste lui-même sur cette hypothèse. « Quand vous êtes parfois attaqué, critiqué, alors même que vous êtes persuadé de faire ce qu'il y a de mieux pour votre famille, pour votre groupe, pour votre pays, c'est quand même réconfortant de pouvoir parler à d'autres patrons qui, tout en ayant leurs parcours, leurs points de vue sur le monde et sur la vie, ont les mêmes préoccupations que vous. Entreprise et Cité a été pour moi un lieu de débats constructifs et pas dogmatiques. Et surtout un environnement amical vraiment précieux. »

Là où sa famille est son « refuge personnel », Entreprise et Cité a donc été son « refuge professionnel ». Il en a plus besoin que jamais. Car le voici sur le « toit du monde ». Du luxe. De l'ambition. De la fortune.

Tout au début de son aventure, au milieu des années 1980, il confiait déjà à son ami Claude Bébéar son rêve ultime : être un jour « plus riche que Bill Gates ». Probablement n'avait-il jamais imaginé qu'il gagnerait cette course-là… mais qu'il serait obligé d'en disputer une nouvelle, avec Jeff Bezos, cette fois !

A never ending story…

Avec le recul, son parcours est impressionnant. Et le succès incontestable. Même ses ennemis le reconnaissent. Comme François-Louis Vuitton, arrière-arrière-petit-fils de Louis Vuitton, interrogé dans un numéro du magazine « Complément d'enquête » sur la façon dont sa famille avait été écartée sans ménagement de la gestion du malletier. « Ma famille nc méritait pas une sortie aussi spectaculaire… regrette-t-il, précisant : Vingt-cinq ans après, je ne reproche rien. Peut-être la façon dont ça s'est passé, mais pas le résultat final. Je n'ai pas honte de m'appeler Vuitton ! »

Les Américains ont une belle expression pour résumer ce type de jugement : « *You don't argue with success.* » Tous ceux qui ont « investi » sur Bernard Arnault disent la même chose.

Un succès qui se résume en quelques chiffres et en quelques dates.

En 2005, Bernard Arnault devient l'homme le plus riche de France.

En 2013, il reçoit le prix de « Manager BFM de l'année ».

En 2015, il est classé parmi les 10 premiers patrons du CAC 40.

En 2016, la très prestigieuse *Harvard Business Review* le classe numéro sept parmi les patrons les plus performants au monde. Et numéro un en France. Cette année-là, un sondage BVA le conforte en tête du classement des entrepreneurs préférés des Français.

En novembre 2019, le magazine *Challenges*, baromètre des grandes fortunes françaises, estime que, avec près de 109 milliards de dollars, il est devenu l'homme le plus riche du monde. Un classement que confirmera le magazine américain *Forbes* en janvier 2020.

Bien sûr, sa fortune est avant tout « professionnelle ».

Bien sûr, les classements évoluent, et, bien sûr, la comparaison est un jeu sans fin.

Bien sûr, la jalousie reste le moteur préféré des Français. Ce que résume l'un de mes meilleurs amis, économiste : « Aujourd'hui, je me suis appauvri : mon voisin vient de changer sa voiture. »

Bien sûr, Bernard Arnault a probablement médité sur cette pensée que le maréchal Lyautey rappelle dans ses mémoires : « Quand on ne fait pas tout pour être le premier, le devenir ou le rester, on ne demeure pas le deuxième. On tombe fatalement le dernier. »

Laisser une trace

Son ami Bébéar le lui a souvent répété : « L'économie ne laisse pas de trace. » Un constat puissant. François Mitterrand « restera » ainsi surtout pour avoir rénové le musée du Louvre et Jacques Chirac pour avoir imposé celui du quai Branly. Son meilleur ennemi, François Pinault, restera lui aussi pour son investissement dans l'art contemporain. Bernard Arnault sait également que son propre nom s'effacera, avec le temps, derrière celui de ses marques.

Alors, après avoir bâti le leader mondial du luxe dans un premier temps, être devenu l'homme le plus riche du monde dans un deuxième temps, Bernard Arnault travaille désormais, lui aussi, pour la postérité. En organisant sa succession familiale d'un côté, en bâtissant, de l'autre côté, sa Fondation Louis-Vuitton. Un assemblage de voiles de verre et d'acier, gonflées à l'imagination de l'architecte Frank Gehry, qui survolent désormais le bois de Boulogne. Une fondation, d'ailleurs, qui ne désemplit pas. Un autre formidable succès.

Voici donc Bernard Arnault solidement installé, sur tous les plans, parmi les « premiers de cordée des premiers de cordée ».

Lui qui vouvoie presque tout le monde tutoie plus que jamais les sommets.

À ce niveau, ils ne sont plus que quelques-uns.

Nul doute que ses grands-parents seraient fiers de lui.

En attendant, il fait toujours aussi froid « là-haut ».

Et le vent souffle de plus en plus fort.

Clap de fin

Ce matin du 13 juin 2001, Claude Bébéar est confiant. Il ne devrait pas…

Il roule tranquillement vers les locaux de la police judiciaire dans le XIIIe arrondissement de Paris, rue du Château…-des-Rentiers (ça ne s'invente pas). Sur place, les locaux sont décrépits et l'ambiance pesante, comme dans un bon (ou un mauvais…) film policier. Peu lui importe : il a prévu de n'y rester qu'une heure ou deux.

Quelques semaines auparavant, lui et Henri de Castries ont reçu une convocation à la brigade financière à propos d'une affaire obscure comme il s'en traite parfois dans les grands groupes.

Bien sûr, tout ne lui remonte pas en détail, mais cette fois, en février 2001, une information judiciaire a été ouverte par le parquet de Paris pour « escroquerie, vol, blanchiment de capitaux aggravé ». Pour faire simple, une filiale de l'UAP, PanEuroLife, proposait à des investisseurs des placements litigieux. Informé de ces pratiques au moment où il a absorbé l'UAP, Bébéar a tout de suite ordonné de les faire cesser immédiatement.

Elles ont cessé. Il a donc l'esprit tranquille. Surtout, il a déjà la tête ailleurs. En Afrique, très exactement. Car un avion l'attend l'après-midi même au Bourget. Sous son autre casquette de président du comité de soutien, il doit en effet effectuer une tournée des capitales africaines pour promouvoir la candidature de Paris aux Jeux olympiques de 2008, dont il a pris la présidence et pour laquelle il se démène sans compter.

Mais, ce matin-là, rien ne va se passer comme prévu. Dans les locaux, on croise du beau monde (des affaires). Les juges, qui n'en sont pas à une anomalie de procédure près, ont tout simplement « oublié » de convoquer l'ancien président de l'UAP, Jacques Friedmann, qui aurait pourtant dû être le premier interrogé ! Ils ont en revanche convoqué… son prédécesseur, Jean Peyrelevade, qui, comme Bébéar, son successeur, n'y est pour rien ! S'apercevant de leur méprise, les juges le laissent d'ailleurs partir. Avant de sortir, il croisera Bébéar par hasard : « Du coup, il m'a donné son sandwich, qu'il venait d'acheter, en me disant que j'allais peut-être en avoir besoin ! »

Il en aura besoin.

En attendant son audition, Bébéar fait remarquer aux policiers que les locaux ne sont vraiment « pas terribles ». Sans probablement comprendre à qui ils ont affaire, ils lui rétorquent : « Ça ne nous appartient pas. C'est à une grande boîte d'assurance : AXA. Vous connaissez ? »

« Je n'ai pas insisté », s'amuse Bébéar.

Menottés au moment de prendre l'ascenseur, Bébéar et Castries sont mis en garde à vue dans la foulée.

Les voici « au trou » !

En même temps qu'eux, la police a arrêté un couple de gitans (on ne disait pas encore « gens du voyage »). Pour des raisons de sécurité, le mari et la femme ont été séparés. Bébéar se retrouve enfermé avec la femme, qui ne cesse de hurler…

Il passe alors la première nuit de sa vie couché sur une banquette de prison. « Une expérience », commente-t-il aujourd'hui avec sobriété.

Le lendemain, on le conduit au pôle d'instruction, qui vient à peine de s'installer boulevard des Italiens, dans le bureau de Dominique de Talancé, une magistrate redoutable, qui passera dix ans comme premier juge d'instruction au pôle financier du tribunal de grande instance de Paris. En 1999, à la suite du naufrage du pétrolier *Erika*, elle a déjà renvoyé Total devant le tribunal correctionnel, en tant que personne morale, pour pollution maritime et complicité de mise en danger de la vie d'autrui. Cette même année 2001, elle commencera également à travailler sur l'affaire des frégates de Taïwan, aux côtés du dossier Renaud Van Ruymbeke. Plus tard, elle fera parler d'elle dans l'affaire Eurotunnel.

Alors qu'il attend encore de pénétrer dans son bureau, Simone Rozès, autre grande magistrate, qui fut notamment la première femme à occuper les fonctions de première présidente de la Cours de cassation (de 1984 à 1988), vient ostensiblement lui serrer la main. Devant les policiers sidérés, elle lui lance même quelques mots de soutien et termine par un « Bon courage ! » sans ambiguïté. Une façon de lui faire comprendre qu'elle n'approuve pas complètement la procédure dont il est victime.

De fait, longuement interrogé, Bébéar et Castries sont finalement « relâchés » le lendemain soir. Non sans s'être vu signifier leur mise en examen.

Françoise Colloc'h se souvient parfaitement de l'avoir vu revenir au bureau… en pleine forme ! Aujourd'hui encore, elle s'en étonne : « Le plus frappant, c'est que Claude donnait l'impression de prendre tout ça à la légère. Je savais qu'il était extraordinairement résilient, mais là, j'en avais la preuve. » Bébéar, lui, a une explication plus simple : « Franchement, j'avais trouvé tout cela plutôt rigolo ! Je voyais bien que quelque chose avait dysfonctionné, mais j'étais certain d'être dans mon bon droit. Au fond de moi, je savais que je n'avais aucune raison de m'en faire. »

La situation, en revanche, sera plus difficile à gérer pour Henri de Castries, arrêté en même temps que son « patron ». Les enfants de Bébéar, à l'époque, étaient déjà adultes. Pas les siens. « La femme d'Henri a vu, soudain, beaucoup de ses anciennes copines s'éloigner à la sortie de l'école. Pour eux, c'était à la fois injuste et pas facile à vivre… », se souvient Bébéar. D'autant plus injuste que les deux hommes finiront par être blanchis sur toute la ligne… près de dix ans plus tard !

Mais les mêmes journalistes qui en faisaient leur une en 2001 ne consacreront que quelques lignes en pages intérieures au non-lieu général prononcé en 2010.

Ainsi va la vie : les journalistes (comme les juges, d'ailleurs) ne sont jamais condamnés, même pour leurs erreurs. Entre-temps, les victimes d'erreurs judiciaires sont, elles, systématiquement jetées en pâture à l'opinion, qui s'embarrasse rarement de nuances, sans parler de la vérité, surtout lorsqu'elle est établie tardivement.

Découverte mutuelle

Bébéar s'efforcera pourtant de tirer le meilleur parti de cette « expérience » dont il se serait tout de même bien passé. Non seulement il est résilient, mais en plus il va se montrer… bienveillant. Plus que jamais, il a la conviction profonde que les mauvaises relations qui commencent à s'installer entre patrons et juges reposent avant tout sur un malentendu. Et sur une méconnaissance réciproque. Pour lui, les juges manquent notamment de la culture d'entreprise nécessaire pour juger équitablement une vie des affaires de plus en plus complexe. Il vient de le vérifier au prix fort. Il voudrait l'éviter aux autres.

« Dès les années 1990, Bébéar avait senti monter le péril, raconte Daniel Laurent. Je me souviens de déjeuners en tête à tête avec Jean-François Ricard, aujourd'hui patron du parquet national antiterroriste. À l'époque, il était, je crois, président du syndicat des magistrats instructeurs. Bébéar m'avait chargé d'échanger avec lui, de comprendre son métier et de lui faire comprendre les nôtres. »

Après l'affaire de la garde à vue, le patron d'AXA prend donc directement contact avec l'École nationale de la magistrature (ENM) : « Je leur ai proposé de venir voir comment fonctionnait une entreprise. Sur le terrain et jusque dans les états-majors. » Ces premiers échanges sont fructueux. À son initiative, deux magistrates viendront passer une semaine complète avec lui. Elles l'accompagneront du matin jusqu'au soir, en toute transparence.

Aujourd'hui encore, Bébéar garde un très bon souvenir de ces « découvertes mutuelles ».

À ces fonctionnaires biberonnées aux budgets rigides et à la note de service lapidaire, il explique les rudiments du management, de la gouvernance, des délégations de pouvoir, de la prise de risque… « Il ne s'agissait pas d'"acheter" d'un côté et de punir de l'autre. Il s'agissait de se comprendre mutuellement. Et de solliciter des conseils réciproques pour mieux progresser ensemble. »

Une anecdote, notamment, l'a beaucoup marqué, alors qu'il commençait à expliquer aux jeunes magistrates, effarées, la décentralisation extrême du groupe, obligatoire pour une entreprise à taille mondiale : « Eh oui, lorsque mes équipes en Australie achètent des millions de titres à la Bourse ou lorsque des millions de dollars sont investis quelque part, non seulement je ne signe pas le chèque, mais, souvent, je ne suis même pas au courant ! », leur explique le patron.

« Elles roulaient des yeux de billes en découvrant ce monde si loin du leur et, surtout, les sommes d'argent astronomiques qui étaient en jeu. »

Ni la justice ni les médias n'ont alors encore pleinement conscience des subtilités de la différence entre la « responsabilité » et la « culpabilité ».

Tout le monde apprendra très vite.

Juges rouges et robes noires

Drôle d'époque que cette fin de XXe siècle. Les journalistes ne savent pas lire un bilan d'entreprise (pour la plupart, ils ne le savent toujours pas...).

Ne parlons pas des magistrats...

Eux aussi confondent encore marge et chiffre d'affaires, honoraires et bénéfices, délégation, responsabilité et culpabilité. Un vrai micmac. Qui plus est, la justice et la presse sont déjà très politisées.

Journalistes et juges penchent souvent à gauche.

La plupart y tombent.

En plus de la haine des politiques qui ne sont pas de leur camp, la plupart des magistrats font toujours montre d'une ignorance crasse du monde des affaires en général. Presque tous, surtout, partagent la détestation de l'argent, de la réussite et donc... des patrons !

Rien de tout cela encore en 2001, au moment de la convocation de Claude Bébéar devant un juge d'instruction. Mais la haine des « puissants » pointe. Bien installée, même, au sein de ceux (et surtout celles…) que l'on appelle déjà les « juges rouges », allusion à leurs penchants politiques qu'ils camouflent tous plus ou moins habilement sous leurs robes noires.

Des journaux comme *Le Canard enchaîné* et, surtout, Mediapart, au-delà du journalisme « de dénonciation » pour le premier, journalisme « de persécution » pour le second, deviennent peu à peu, au-delà de leur utilité (réelle), les annexes décentralisées du service de communication du parquet en général et du parquet financier en particulier. En toute illégalité. Mais c'est ainsi : les journalistes s'abritent derrière le « secret des sources » des uns pour mieux dénoncer le « secret des sources » des autres.

Sans s'en rendre compte, justice et presse scient ainsi consciencieusement la branche fragile de la crédibilité sur laquelle elles sont encore assises.

La paille et la poutre, encore.

Décidément…

Justice des hommes

Maigre consolation pour lui : Bébéar ne sera pas le seul à passer, comme au Monopoly, par la « case prison », tout du moins par la « case garde à vue ».

Beaucoup de patrons et d'hommes politiques, grands ou petits, m'ont d'ailleurs expliqué qu'ils considéraient, hélas, la mise en examen comme une sorte de rituel de passage obligé dans une carrière. Une sorte de bizutage juridique quasiment impossible à éviter si l'on considère la complexité inouïe des lois et règlements en France.

Pour beaucoup, même si personne n'ose le dire en ces termes, la mise en examen est même une sorte d'« accident du travail » comme un autre. Certains dirigeants y seront indifférents et continueront d'aller de l'avant comme si de rien n'était. D'autres, au contraire, beaucoup plus nombreux qu'on ne le croit, le porteront comme une honte, ou tout du moins comme une injustice. Quelques-uns, enfin, le porteront comme une croix.

Les patrons d'Entreprise et Cité ne font pas exception à la règle : ne comptent-ils pas parmi les plus puissants, et donc parmi les plus exposés ? Au fil des années, plusieurs d'entre eux se frotteront, se piqueront parfois, à la justice.

Paul-Louis Halley, le tout-puissant patron de Promodès, sera ainsi emmené en voiture, sous escorte policière, depuis la Normandie jusqu'à Pau. En cause, un racket généralisé de commissions occultes autour de la grande distribution.

Au cœur du système, on retrouvera le député Jean-Pierre Destrade, ancien porte-parole du parti socialiste (et surnommé localement « l'homme aux cent chéquiers »...). Destrade fera bien un peu de prison, mais il sera le seul. Fait rarissime, Lionel Jospin, alors Premier ministre, sera interrogé à son domicile personnel par un juge d'instruction de Pau, Thierry Pons.

En fin de compte, toute la « cavalerie de gauche » sera relaxée...

Circulez, y a rien à voir !

Un autre fidèle du club, Jean-Louis Beffa, sera inquiété lui aussi. Et mis en examen après une perquisition au siège de son groupe, en 1994. Le juge Renaud Van Ruymbeke le laissera en liberté. Mais Beffa, échaudé, en gardera une expression pour qualifier une opération risquée devant ses copains : « Je mets mes mocassins » (une façon d'éviter d'avoir à ôter ses lacets en cas de garde à vue...).

Récemment, on s'en souvient, c'est Vincent Bolloré qui a été forcé de s'expliquer devant la justice sur un dossier africain.

Mais la plus violente confrontation « patron-justice » est probablement la terrible mésaventure – car c'en est une – qui est arrivée au début des années 1990 à Didier Pineau-Valencienne, le patron de Schneider.

Histoires belges

Claude Bébéar avait été accusé un jour de vouloir « piller la Belgique » et avait dû plier bagage. Il n'en avait gardé que des mauvais souvenirs.

Pineau-Valencienne, lui, gardera de vraies séquelles de ce qu'il faut bien appeler son « histoire belge ». Une histoire, pour une fois, pas drôle du tout.

Didier Pineau-Valencienne, « DPV » pour le monde des affaires, a été, on l'a un peu oublié aujourd'hui, l'un des chefs d'entreprise français les plus en vue des années 1980 et 1990. Il a lui aussi livré quelques-unes des grandes batailles industrielles et financières qui ont façonné le nouveau paysage du capitalisme français contemporain : mutation de Rhône-Poulenc, renaissance du groupe Schneider, bras de fer avec l'État et dépôt de bilan de Creusot-Loire, conquêtes de Télémécanique et de Square D : la première OPA hostile réussie par une entreprise française outre-Atlantique !

En 1980, le baron Empain, une autre institution belge, lui propose d'être son directeur général. Il relève le défi et transforme le groupe de fond en comble. « Le Schneider d'origine ? Il n'en reste plus rien ! », me rappellera-t-il. Sous son impulsion, l'ancien conglomérat Empain-Schneider a donné naissance à Schneider Electric, dont il prend la présidence. Un groupe fort de plus de 90 000 collaborateurs et plus de 50 milliards d'euros de capitalisation boursière.

Lui aussi remercie rétrospectivement… la gauche ! À part Laurent Fabius, « qui ne faisait que de la politique », il se félicite d'être tombé sur « des gens intelligents » comme Pascal Lamy (futur patron de l'OMC) ou Roger Fauroux (futur ministre de l'Industrie). Car l'accouchement du géant mondial s'est fait dans la douleur, avec notamment le dépôt de bilan de Creusot-Loire et la reconstruction d'un nouvel ensemble à partir de l'ex-Merlin Gérin. Non seulement la gauche a laissé faire, mais encore elle l'a accompagné. « Ils avaient tout compris ! C'est incroyable, mais tout ce que nous avons fait, nous n'aurions pas pu le faire si la droite avait été aux manettes. »

La réorganisation est un succès. Le développement international aussi. « Nous avons construit des usines en Chine dès 1985 ! Tout le monde ne pouvait pas en dire autant… »

En quelques années, DPV transforme donc un empire belge en déconfiture en champion français.

Les Belges, on l'imagine, ne le lui pardonneront jamais.

« L'affaire » à proprement parler a éclaté en 1993. Le 6 avril 1994, la section financière de la gendarmerie de Belgique l'appelle. Et lui demande, comme « un service », de se rendre à Bruxelles.

Officiellement, il s'agit de « classer la procédure en cours ». DPV, lui aussi, est confiant. Il se renseigne quand même auprès de son interlocuteur.

— Combien de temps allez-vous me garder ?

— Environ une heure.

— Aucun problème, j'arrive.

Là non plus, rien ne se passera comme prévu. À 10 heures du matin, l'interrogatoire commence. Il dure toute la journée. C'est là que DPV comprend que son tort principal est… d'« être français ». À partir de 20 heures, il est placé en garde à vue, sans aucune possibilité de communiquer avec qui que ce soit (collaborateurs, avocats, famille…). Conduit au palais de justice, il est interrogé par le juge qui aggrave encore son cas. « À ce moment-là, je comprends que je suis devenu une sorte de criminel, dangereux pour l'ordre public belge ! Et on me jette au trou… »

DPV sera le premier grand patron français à être ainsi emprisonné. Il y restera… douze jours, du 27 mai au 7 juin.

Ouvrant ce que les médias appelleront « l'affaire belge ».

En prison, ce grand chrétien relit l'Épître aux Philippiens de saint Paul : « J'ai appris à être content en moi-même dans les circonstances où je me trouve. »

Fou de littérature, il pensera aussi, sans cesse, au *Procès* de Kafka.

On passera d'ailleurs sur les détails, kafkaïens justement, de cette aventure rocambolesque. Car il s'ensuivra… vingt-cinq ans de procédures, d'humiliations diverses et de contraintes toutes plus pénalisantes les unes que les autres : lui qui dirige un groupe mondial n'a même plus le droit de quitter l'Hexagone.

Vingt-cinq ans !

Le temps pour ses deux avocats de mourir. Ils ne verront pas le bout de la procédure. Ce n'est en effet qu'en 2006 que DPV sera totalement blanchi, au civil et au pénal.

Les 142 préventions contre lui seront tombées une à une. Et la Cour de cassation belge rejettera le dernier pourvoi en 2008. « Les Belges voulaient que Schneider ait pillé la Belgique. Ils n'ont jamais compris qu'au contraire on a aidé la Belgique à s'en sortir… », analyse-t-il rétrospectivement, toujours amer.

Ironie du sort, DPV reçoit un jour, après ces vingt-cinq ans, en solde de tout compte de la justice belge, un misérable chèque de… 30 000 euros. Une somme symbolique qu'il souhaite, tout aussi symboliquement, reverser à Schneider.

Mais il découvre alors que l'assureur a « tout piqué au passage » !

L'assureur en question était… AXA !

Aujourd'hui, DPV se souvient aussi de la solidarité « formidable » de ses copains d'Entreprise et Cité alors qu'il croupissait dans les prisons belges. « Ils ont été formidables. Je ne l'oublierai jamais. »

« Nous avons tout de suite acheté une page dans *Le Monde* pour soutenir DPV, se souvient Daniel Laurent. Avec le recul, c'était une connerie… »

Vraiment ?

Sur le moment, bien entendu, le fait de voir ces patrons sortir de leur « entre-soi » pour soutenir l'un des leurs, attaqué par la justice, apparaît comme un « abus de position dominante », comme le commentera l'un de mes collègues du *Figaro* de l'époque, pourtant peu soupçonnable de sympathies gauchistes… Mais, trente ans plus tard, force est de constater… que « nous avions raison », estime de son côté Claude Bébéar.

N'en déplaise aux juges, rouges ou noirs, français ou belges, ni DPV, ni Bébéar, ni beaucoup d'autres ne sont les monstres de cupidité et d'ambition, prêts à tout pour réussir, que certains auraient vu en eux.

Qui veut gagner des milliards ?

Mais les Français, c'est plus fort qu'eux, détestent toujours autant la réussite et la richesse… des autres.

La jalousie reste un moteur national.

L'argent ? La richesse ? Bébéar n'est pas dupe. Il est même particulièrement lucide. « Ça m'amuse de voir tous ces riches qui disent : "La richesse ? Ça ne m'intéresse pas…" Bien sûr, c'est faux. Quand on travaille, on le fait en général pour l'argent. C'est une mesure comme une autre d'un certain type de réussite. Ne soyons pas hypocrites : ce n'est pas désagréable d'être riche ! Je suis content d'avoir de l'argent, mais il ne me fascine pas pour lui-même. Moi, ça me permet d'avoir une "générosité active", c'est-à-dire de "faire" des choses qui coûtent, et non pas seulement d'"être" riche. »

Souvent, lors de conversations, il séparera le pouvoir et l'argent, « qui permettent tous les deux de faire ce qu'on a envie de faire », mais pas de la même manière.

« Ce n'est pas la peine d'être riche pour s'emmerder à Genève », me répétera-t-il souvent. Je le surprendrai même un jour au téléphone, avec son grand copain Jean-René Fourtou, se moquant de l'un de leurs amis communs « en train de s'emmerder à Monaco »…

Depuis maintenant quinze ans, il n'a plus aucun lien opérationnel avec AXA, dont il reste simplement président d'honneur.

On a pu dire, écrire même, qu'il s'était « gavé » pendant toutes ces années au sommet de son pouvoir.

C'est faux.

Claude Bébéar est riche. Très riche, même. Mais pas immensément riche. Rien à voir avec ses amis milliardaires Vincent Bolloré ou Pierre Bellon, par exemple, solidement ancrés dans les quinze premières fortunes françaises, et propriétaires en famille de leur patrimoine professionnel. Ne parlons pas de Bernard Arnault, solidement ancré, lui, dans le club ultra-fermé des toutes premières fortunes mondiales. Bébéar, lui, n'est « que » multimillionnaire. On ne le plaindra pas. Lui-même, d'ailleurs, ne se plaint pas.

Tout au long de ce parcours pourtant exceptionnel, il n'a accumulé aucun « patrimoine professionnel ». AXA ne lui appartient pas. Lorsque nous aborderons ensemble le sujet, il me répondra toujours avec une étonnante franchise.

— Vous le regrettez ?

— Honnêtement… oui ! Mais, vous savez, je pense que ce n'était pas "dans mon ADN", comme on dit aujourd'hui. Ce n'était pas mon destin. Vincent [Bolloré], Pierre [Bellon] ou Bernard [Arnault] viennent tous de familles dans lesquelles on faisait des affaires. Ils ont baigné dedans ! Moi, pas du tout. Je viens d'une famille d'instituteurs. Mon destin était probablement de conquérir, pas d'accumuler.

Ce qu'il me résumera dans une belle formule : « J'ai toujours eu l'instinct du chasseur, pas celui du propriétaire. »

« Au moment de l'introduction en Bourse de Drouot, il aurait très facilement pu se réserver un bon paquet d'actions. Il serait immensément riche aujourd'hui ! confirme Daniel Laurent. Tout le monde trouvait ça incroyable, mais il a toujours préféré faire bénéficier ses collaborateurs des stock-options. Ce qui est encore plus difficile à croire, c'est que certains le lui ont reproché : ils en auraient voulu encore plus pour eux, sans comprendre que Bébéar, lui, n'en avait qu'un peu. »

« La culture de démarrage de Bébéar, c'est une culture mutualiste. Le gros avantage, c'est qu'on n'a pas de capital à contrôler, puisqu'il n'y a que des "sociétaires". Et donc pas de dividendes à dégager à tout prix, analyse pour sa part un ancien dirigeant d'AXA, aujourd'hui patron d'un groupe concurrent. En théorie, c'est dans ce genre de structure que l'on risque le plus d'abus de biens sociaux : au moment des assemblées générales, presque personne ne vote, surtout à distance, et c'est très facile, le reste du temps, de se mettre le conseil à sa botte. Je dois dire que c'est exactement l'opposé de Bébéar. Il avait une vraie éthique. Aujourd'hui encore, dans le milieu des assurances, il est toujours respecté pour ça. »

Une autre question me venait souvent à l'esprit en commençant cette enquête : comment Bébéar a-t-il, toute sa vie, gardé la tête sur les épaules en évitant de « péter les plombs », comme l'ont fait certains des patrons croisés dans les pages précédentes ?

Là où les empereurs romains avaient toujours à leur côté, pendant les défilés de parade victorieuse, un esclave chargé de leur répéter à l'oreille : « César, souviens-toi que tu es mortel… César, souviens-toi que tu es mortel… » (le fameux *Memento mori*), Bébéar, lui, n'a jamais quitté son Jiminy Cricket, le compagnon gai et plein de sagesse créé par Walt Disney.

Son Jiminy Cricket à lui est… une femme.

Une femme puissante

Je me souviendrai toujours de l'un des conseils – judicieux, et qui n'a pas pris une ride – des « vieux pros » du *Figaro* aux jeunes journalistes débutants : « Si tu veux comprendre l'homme, cherche la femme ! »

Chez Bébéar, elle n'est jamais très loin.

Officiellement, on l'a vu, aucune femme n'est membre d'Entreprise et Cité. L'une d'entre elles est pourtant étroitement liée à toutes les aventures de Claude Bébéar.

On aura reconnu Françoise Colloc'h, dont le rôle n'a cessé d'évoluer dans l'organigramme du groupe.

« J'ai toujours occupé un poste qui n'existait pas », explique-t-elle pour définir son rôle auprès de « CB », comme tout le monde appelait « le patron ». Une façon de dire qu'elle gravira une par une les marches d'un escalier… qu'elle bâtira elle-même. Du ras du sol… au plus haut du plafond !

À ses débuts, « Françoise » est officiellement assistante de Bébéar. À la fin de sa carrière, elle chapeautera également les ressources humaines et la communication. Même si elle-même ne le reconnaîtra jamais officiellement, elle sera une sorte de numéro deux officieux d'AXA. Ce que l'on n'appelle pas encore « une femme puissante ». Très puissante, même.

Rien, pourtant, ne la prédestinait à ce destin hors normes.

À 18 ans, elle se retrouve mariée à un futur polytechnicien… camarade de promotion de Claude Bébéar qu'elle ne connaît pas encore. Là où Bébéar s'occupe de « tout ce qui est sérieux » (le placement professionnel de ses camarades de promotion), le mari de Françoise, lui, s'occupe de « tout ce qui n'est pas sérieux » (les divertissements, les fêtes…).

Déjà mère de deux enfants à 25 ans, Françoise est une soixante-huitarde attardée et toujours un peu hippie dans les années 1970. Comme beaucoup d'idéalistes de sa génération, les rêves continueront… en entreprise.

AXA sera sa deuxième grande « utopie ».

La rencontre avec Claude Bébéar est un moment clé de sa vie. Elle a 37 ans, lui en a 45. Elle est alors secrétaire générale d'un petit groupe, créé par le Palois José Bidegain et baptisé… Entreprise et Progrès ! Difficile d'y voir un hasard…

« C'était à la fois un club de patrons, comme le sera Entreprise et Cité, mais également un petit institut de réflexion, comme le sera l'Institut Montaigne », s'amuse-t-elle avec le recul. L'histoire avant l'histoire, donc.

Lorsque son mari sort de Polytechnique, elle rencontre parfois son « copain » Bébéar. « C'était l'ambiance "trois pièces-cuisine". Chacun restait un peu dans son coin. Les hommes parlaient carrières, et les filles parlaient ménage et grossesses non désirées… Toute une époque ! », se souvient-elle.

Comme tous les étudiants qui basculent dans la « vraie vie », les amis se perdent de vue. Pendant plusieurs années, « Claude » et « Françoise » ne se croisent même plus. Ils se retrouveront en septembre 1980.

Ces retrouvailles seront les bonnes.

Ils ne se quitteront plus.

Confidente, boîte à idées, grognard jusqu'au-boutiste du patron, elle est à la fois en marge et au cœur du système. « Il suffit de regarder son bureau au cœur d'AXA ! », me fait remarquer l'un de ses anciens collègues. Une façon de rappeler… qu'elle n'a quasiment jamais eu de bureau. Installant à ses débuts une simple table de travail… dans le couloir du siège de Marly. Et s'installant, plus tard, au cœur des *open spaces*.

« Françoise se moque complètement des signes de puissance », poursuit cet ancien collègue. « Elle est de ceux qui, à toute heure, peuvent pousser la porte de Bébéar pour l'encourager… ou l'engueuler », confirme un autre familier du grand patron.

Qui se souvient que, en 1994, elle s'est amusée à passer les tests de recrutement interne d'AXA ? Elle était alors déjà directrice de la communication (dircom) et des relations humaines (DRH) du groupe. « Comme on l'imagine, elle a été… recalée ! » L'anecdote, aujourd'hui, fait rire celle qui a avant tout brillé, pour tous ceux qui l'ont croisée, par son caractère hors normes et son pragmatisme : « Elle avait un sens du réel et de l'efficacité hors du commun. » Bref, elle était faite pour s'entendre avec « CB ».

Comme Bébéar, elle s'impose par une capacité de travail et d'entraînement des équipes exceptionnelle. Elle sera de toutes les veillées d'armes, de toutes les batailles et de toutes les guerres.

Le séminaire dans le Ténéré de 1986 ? C'est elle.

La création de l'Université d'AXA ? Toujours elle.

Comme Bébéar, et même si elle n'est pas membre de son club de copains, Colloc'h elle aussi aime la bonne chère, les bonnes bouffes et les grands crus… Elle présidera d'ailleurs AXA Millésimes, la filiale viticole du groupe.

Provocatrice, culottée, courageuse, elle ne se fait pas que des amis. Mais, avec Claude Bébéar, elle forme un attelage indestructible. Pour ne pas l'avoir compris, certains ambitieux comme Pierre Barbéris, longtemps étoile montante du groupe, s'y brûleront les ailes. Aussi protestante que Bébéar est catholique, ils se complètent à la perfection.

Au quotidien, elle sait se montrer dure, brutale parfois. « J'étais le seul vrai mec de la bande ! », s'amuse-t-elle aujourd'hui. Ce que confirment tous ceux qui ont travaillé avec elle. « C'était comme avec Bébéar : on était avec elle ou on était contre elle », se souvient un jeune polytechnicien qui a fréquenté les deux.

Mais la réussite est là. Incontestable.

Au moment de son départ officiel à la retraite, le journal spécialisé de l'assurance (dont on imagine aisément qu'il est aux antipodes de *Match*, *Point de vue* ou *Gala*...) lui consacre un long portrait qui parle de lui-même.

« Françoise Colloc'h a puissamment contribué à transformer en une geste épique la croissance brutale d'un groupe ambitieux, incarné et conduit par le capitaine d'industrie Claude Bébéar. Cette muse a voulu changer les grands managers en héros, les collègues en compères, les acquisitions en conquêtes. »

Pour comprendre l'admiration, réelle, de toute une profession, il suffit de s'arrêter au titre de l'article : « La légende vivante d'AXA tire sa révérence ».

Claude Bébéar lui-même confie : « Sans le brin de folie de Françoise, je n'aurais jamais fait AXA. »

Faut-il en rajouter ?

Le parrain et les « frères »

Rajoutons-en un peu quand même. Car, pendant l'écriture de ce livre, une autre question reviendra sans cesse, lancinante, à l'évocation du parrain du capitalisme français, de son entourage et de sa réussite : « Ah oui, Bébéar ! AXA ! La franc-maçonnerie, bien sûr... »

La franc-maçonnerie ? La légende veut que le monde mutualiste soit « par nature » un repère de frères… Et, en parlant d'Entreprise et Cité, Didier Pineau-Valencienne me le déclarera franchement : « Il y avait un peu trop de frères à mon goût… »

Il n'en dira pas plus.

Bébéar serait donc à la fois parrain et frère ? J'ai longtemps, moi-même, formulé l'hypothèse. Et essayé de la vérifier. Sans succès. Au point de lui poser la question franchement. Et de la lui reposer régulièrement, à chacun de nos entretiens. Chaque fois, je l'ai vu franchement sourire. Et même rire. « Évidemment, je ne suis pas franc-maçon ! Je suis allé plancher deux ou trois fois devant eux, c'est vrai, pour des conférences. Et c'était d'ailleurs très intéressant. Mais cela ne fait pas de moi un frère… »

Mon insistance l'amuse plutôt. « Vous savez, de la même façon, beaucoup sont persuadés que j'appartiens à l'Opus Dei. C'est probablement le meilleur argument pour dire que je n'appartiens ni à l'un ni à l'autre. »

L'un de mes amis, spécialiste de la question, me prévient : « Tu n'y arriveras pas ! Tu sais bien que même leurs propres épouses ne sont pas au courant… »

Je le sais.

Pendant près d'un an, j'ai quand même posé la question systématiquement. Cherché un peu partout. J'ai même reçu quelques coups de téléphone mystérieux ou insistants d'amis proches : « Ce n'est pas la peine de chercher. Laisse tomber, tu ne trouveras rien… » Même Vincent Bolloré, que j'interrogerai bien entendu sur le sujet, bottera en touche. En rigolant, lui aussi. Oui, lui qui ne sort jamais assiste bien à quelques « dîners de Bretons ». Mais les francs-maçons, vous n'y pensez pas ! Et puis, non, il n'a jamais rien remarqué.

« La seule chose qui me vexe un peu, c'est que personne ne m'ait jamais approché pour en faire partie ! » Et il ajoute, malicieux : « Mais ça, c'est ce que disent tous les francs-maçons ! »

Je me contenterai donc du jugement de DPV : « Trop de frères… »

Je ne saurai jamais lesquels.

Ce qui m'oblige, à ce stade, à formuler ce qui n'est encore qu'une hypothèse de travail : et si, pour Claude Bébéar, Entreprise et Cité était sa propre franc-maçonnerie ?

Ses frères seraient ses amis. Ses amis seraient ses frères.

En relisant toutes mes notes, la seule loge véritablement importante que j'ai trouvée à ce jour, c'est la loge d'honneur… dans les stades de rugby.

Et, à ce titre au moins, Bébéar est bien le « grand maître » d'une loge prestigieuse !

Ma foi…

S'il est difficile, voire quasi impossible, de déterminer qui est franc-maçon et qui ne l'est pas, il ne faut pas creuser bien loin, en revanche, pour savoir qui est croyant et qui ne l'est pas.

Là encore, les plus croyants ne sont pas toujours ceux que l'on imagine. À commencer par Vincent Bolloré.

C'est un aspect peu connu, en tout cas très discret, de sa personnalité. Lui qui explique son souci de prolonger la tradition familiale le fait également en matière religieuse.

Certes, il est issu d'une famille qui a quasiment inventé le papier bible ! Cela ne fait de lui, bien sûr, qu'un chrétien de papier. Mais la devise des Bolloré, elle, ne laisse plus aucun doute : « À genoux devant Dieu, debout devant les hommes. »

Le fondateur de la dynastie, René-Guillaume Bolloré, était un « chef d'intelligence, chrétien austère, homme bon », comme dira plus tard de lui l'abbé André-Fouet, chantre inconditionnel de la famille Bolloré.

Son arrière-grand-père, Jean-René, « fut vraisemblablement un des derniers honnêtes hommes tels que les concevait Montaigne », écrit son descendant Gwenn-Aël Bolloré, l'oncle de Vincent. Jean Bothorel, biographe de la famille, souligne pour sa part que « pour ce catholique, un brin bigot, modèle du conservateur éclairé, la charité est un devoir, une obligation ».

Élevé à la fois dans la tradition et dans la foi, Vincent Bolloré est donc croyant. Très croyant même. Il ne manque jamais la messe du dimanche. Eh oui…

Foi de confort ? Foi de combat ? Ses ennemis, et il n'en manque pas, l'accusent de « tordre » la religion à son profit : « La semaine il accumule les péchés et le week-end il va à confesse. » Lui assume le contraire et en parle franchement : « La foi est quelque chose de simple, de facile chez moi. Et c'est une aide de chaque instant. »

Foi d'évidence, donc.

Au sein du petit groupe d'amis, beaucoup sont comme lui. Claude Bébéar le premier, même s'il en parle peu, pour ainsi dire jamais, sauf lorsqu'il me répète que, non, il n'appartient pas à l'Opus Dei !

« Mes parents n'étaient pas chrétiens, c'était même le contraire. Mais nous avons toujours baigné dans la tradition catholique. » Bref, les parents partageaient leur temps entre « bouffer du curé » et « inviter le curé à bouffer » !

Ambiance « Don Camillo dans le Périgord ».

« Au fond, peut-être sans le savoir, en tout cas sans le vouloir, mes parents défendaient, au quotidien, toutes les valeurs… chrétiennes. C'étaient, en quelque sorte, les valeurs chrétiennes… sans Dieu. Moi, je défends les valeurs chrétiennes, mais avec Dieu ! »

Une façon, là aussi, de poursuivre la tradition… tout en s'en démarquant.

Bébéar ira jusqu'à faire plusieurs retraites dans des monastères.

Au détour d'une conversation, il me racontera tout son intérêt pour Olivier Bonnassies, un jeune polytechnicien « qui n'avait pas la foi » et qui est aujourd'hui président du conseil de surveillance d'Aleteia, un agrégateur de contenus catholiques lancé en 2013 à Rome, traitant de la foi, de la vie et de la société. « Lui ne doute plus. Moi, je doute toujours. C'est ma limite… »

Ce qu'il me résumera un jour dans une affirmation-question touchante : « Le bon Dieu, je ne l'ai jamais vu. Et vous ? »

En attendant François

Ici encore, le témoignage le plus étonnant reste celui de Didier Pineau-Valencienne, autre grand chrétien devant l'Éternel, c'est le cas de le dire. « Quand j'étais en prison en Belgique, j'ai beaucoup prié Jean-Paul II, me raconte-t-il. Un matin, je me réveille, et me vient une idée : si je sors blanc-bleu de cette affaire, si je sors vivant, même, je me promets de construire une chapelle à la mémoire de Jean-Paul II. »

Il la construira.

À sa sortie de prison, il s'attelle à la tâche avec l'aide de son jardinier et de Jacques Loire, un célèbre maître-verrier de Chartres, dans sa propriété familiale en Vendée. « Une fois les travaux terminés, j'y ai installé une relique de Jean-Paul II. Le pape François m'a dit qu'il viendrait un jour la bénir. »

DPV, depuis, ne cesse de « ruminer » sur cette « affaire belge » qui l'a profondément meurtri. Pour le pire, et donc aujourd'hui pour le meilleur.

En attendant François...

Boules noires et boules blanches

Ainsi va la vie de la « bande à Bébéar », entre péripéties judiciaires, coups de cœur, coups de gueule, coups de blues et prières...

Avec le recul, il est intéressant de voir qu'Entreprise et Cité, comme les vrais lieux de pouvoir, compte autant par ceux qui en font partie que par ceux qui n'en font pas partie. Qui « en est » et qui « n'en est pas »...

Dès sa création, Claude Bébéar sait parfaitement que la qualité de ses membres est inversement proportionnelle à leur quantité. Sur ce point-là aussi, il tiendra parole. À son apogée à la fin des années 1990, le club ne dépassera jamais la trentaine de membres.

Il s'en explique : « Nous savions dès le début qu'il ne fallait pas être trop nombreux. Au-delà, nous n'étions plus un club et nous perdions ce qui faisait notre force : le contact direct et amical de chacun avec chacun. »

Ce ne sera pas, on l'imagine, faute de candidats, bien qu'il ne soit jamais question, ici, de « candidater » !

Ce n'est ni le Goncourt, ni l'Académie française, ni le Siècle, ni le Club des Cent, ni même l'Interallié.

En pratique, il y aura assez peu de *turn over*. Certains membres décéderont dans des accidents d'avion : Bernard Dumon, on l'a vu, mais aussi Paul-Louis Halley, le tout-puissant patron de la grande distribution française, qui rejoignait l'Angleterre avec sa femme dans un petit avion à hélices. Philippe Midy, lui, se tuera dans un accident de ski. Plusieurs autres décéderont de maladie : Pierre Dauzier, Michel François-Poncet ou Jean-Pierre Auzimour, le successeur de Jean-René Fourtou chez Bossard.

Lorsqu'une candidature est suggérée à Bébéar, à l'occasion d'un dîner, d'un petit déjeuner, la discussion finit toujours sur le thème : « Et si on demandait à Untel de nous rejoindre ? » Là, Claude Bébéar, lance un tour de table discret, l'air de ne pas y toucher, comme il le ferait pour se renseigner sur la conjoncture économique.

Pour que l'impétrant soit coopté, une seule règle : l'unanimité. Et surtout l'unanimité de Claude Bébéar...

Pas question en effet de provoquer des sous-bandes, des courants, des mises à l'écart dans son petit groupe qu'il veut le plus uni possible. Comme une équipe de rugby. Ou de mousquetaires. Après tout, « Un pour tous et tous pour un ! » n'est-il pas un cri du cœur gascon ?

Bébéar ne veut autour de la table que des amis qui se cooptent entre eux. Pas question pour lui de jouer les juges de paix, même si les circonstances, on l'a vu et on le verra, l'y pousseront parfois.

« C'était la stratégie des boules blanches et des boules noires, résume Henri Lachmann. Une seule boule noire, et l'impétrant ne sera jamais coopté. Il n'y a jamais de seconde chance. »

Ainsi va la petite bande. Qui se décompose et se recompose en fonction de la vie des affaires.

Et de la vie tout court.

Bisbilles

Les fauves qui mangent ensemble peuvent aussi parfois, bien sûr, se dévorer entre eux, selon le mot désormais célèbre de Vincent Bolloré.

Parfois, ils se contentent de coups de griffe...

Avec le temps, le système s'avère pourtant d'une réelle solidité, même si la vie des affaires pousse aux chamailleries en tout genre. Beaucoup, d'ailleurs, se chamailleront. Et ne s'en cacheront pas. DPV, encore lui, se souvient d'une ambiance « pas toujours si légère » : « Autour de la table, ça mentait beaucoup ! Entre Bolloré, Pébereau, Paribas, la Société Générale. Mensonge de fonction, de travail... J'étais toujours au cœur de ces discussions, avec Claude, Lachmann, Fourtou, Kampf et Bolloré. Mais, autour de nous, tous les banquiers de la tablée étaient en rivalité ! »

DPV finira par partir. Non sans faire la part des choses. Il me la redira : « Pendant toutes ces années, le fait de me confronter en permanence à tous ces amis m'a permis de me forger de vraies valeurs. En ce sens, et même si j'en suis parti, Entreprise et Cité était une expérience irremplaçable. »

D'autres claqueront franchement la porte. Comme Martin Bouygues, on l'a vu aussi, furieux contre Vincent Bolloré d'avoir voulu lui piquer son empire.

Ou Jean-Marie Descarpentries, furieux de voir qu'on lui avait simplement piqué… un cadre supérieur qu'il aimait bien (personne ne se souvient plus, d'ailleurs, des détails de l'histoire…).

Quelques-uns, enfin, seront virés, ou plus exactement n'y seront plus invités, ce qui sera une façon claire de les exclure. Ce sera le cas de Philippe Villin, on le verra dans un instant.

Le club des « sans »…

À feuilleter le classeur des assemblées générales d'Entreprise et Cité, seul vestige « officiel » du club, il est frappant de voir qu'y manquent quelques noms que l'on aurait pu s'attendre à y trouver.

François Pinault ? « Non seulement il n'y est pas, mais il n'a même jamais été envisagé », tranche Bébéar. Toute la petite bande le confirme : le patron breton se serait « mal comporté » avec le Vendéen Pineau-Valencienne. « À la fin d'une négociation entre les deux, Pinault est revenu sur sa parole en exigeant quelques millions de plus que ce qui avait été convenu. Et il a même commencé un chantage. Sans vergogne. Ce sont des choses qui ne se font pas. » On imagine que DPV n'a pas insisté. Surtout quand on connaît le « style » de négociation de Pinault. Lui-même ne reconnaît-il pas que sa spécialité, dans sa jeunesse, était « le coup de boule » ? En précisant : « Bien fait, cela ne laisse pas de trace. »

Pas de trace ici non plus. Et je n'en saurai pas plus. DPV s'en expliquera simplement (en creux) dans ses mémoires : « Mon père m'avait un jour emmené à la foire de Parthenay pour me montrer comment se faisaient les tractations. L'acheteur et le vendeur n'échangeaient aucun papier et, quand ils étaient d'accord sur le prix, ils se tapaient dans la main. La transaction était faite, et il ne serait venu à l'idée de personne de la remettre en cause, sous peine d'être exclu pour toujours des lieux. Je ne rencontrerai pas toujours par la suite une telle loyauté dans le monde des affaires français et international que j'ai connu… »

Bernard Tapie ? C'était un « voyou » et un « mauvais patron ». Bref, *bad boy* et *bad boss*. Sans compter qu'il était « trop proche de Mitterrand », me confieront certains.

Jean-Luc Lagardère ? Là encore, le flamboyant patron de Matra, d'Europe 1, fondateur d'EADS, avait tout, sur le papier, pour rejoindre la « bande à Bébéar ». Mais il était d'une autre génération, et Claude Bébéar me confiera qu'il ne l'aimait pas vraiment… Ici encore parce qu'il avait « manqué » à Sylvain Floirat, un autre Gascon…

La liste est longue… Mais c'est l'état d'esprit qui prime. « Et on a très vite vu qui le respectait et qui ne le respectait pas », se souvient Daniel Laurent.

« Rire, c'est perdre son temps ! »

L'unanimité souhaitée par Bébéar n'est pourtant en rien une garantie contre les erreurs de recrutement. Pour tous, le cas d'école sera Philippe Villin, le jeune et ambitieux patron qui m'avait embauché au *Figaro.*

Le cheveux ras, le menton volontaire, les yeux toujours perçants, le regard toujours plissé, il ne laisse personne indifférent. Aussi brutal que sa poignée de main est molle, il combine un « physique de para » et une « allure de yuppie », écrit *L'Express.*

Les Échos rappelleront, eux, dans un grand portrait en 2013, que, « pour lui, le monde est simple. Valeur numéro un : le travail, il permet tout. Valeur numéro un *bis* : l'argent, il mesure le prix des choses et le poids des êtres. Valeur numéro un *ter* : lui-même, à qui il porte une grande admiration. »

Au *Figaro*, il restera surtout dans l'histoire pour avoir expliqué un jour (sans rire) à Renaud Matignon, célèbre signature du *Figaro Littéraire* : « Rire, c'est perdre son temps ! » Peu compatible, on l'imagine, avec Entreprise et Cité, où l'on cultive, au contraire, les vertus de l'humour et où personne, aujourd'hui encore, ne manque d'anecdotes sur lui, toutes plus assassines les unes que les autres.

Même Guy Savoy, peu réputé pour sa méchanceté, est intarissable sur le sujet : « Il était régulièrement odieux avec moi ou avec le personnel. Un jour, il me fait appeler, devant tout le monde, pour baisser le radiateur… qui était à vingt centimètres de sa main ! Il refusait de le faire lui-même… » Un autre jour, Villin insulte Savoy qui a eu l'outrecuidance de proposer à un célèbre avocat la table qu'il occupait tous les jours ou presque. Le grand chef préférera arrêter les frais. « Je lui ai expliqué que ce serait une bonne idée, pour lui comme pour moi… qu'il ne revienne plus jamais ! D'ailleurs, il n'est plus jamais revenu. »

Ce que résume Bébéar avec ses mots et son sens du *straight to the point* : « Villin ? Il a réussi à se faire détester de tout le monde. Alors on l'a viré. »

Si l'on veut être précis, Entreprise et Cité l'aura même doublement viré. Une première fois, c'est Pierre Dauzier, un autre pilier du club, qui avertit directement Robert Hersant, propriétaire du *Figaro*, que son poulain est en train de monter (dans son dos…) un tour de table pour racheter lui-même le journal dont il avait fait sa « chose », au service de sa seule influence personnelle. Dans un conseil d'administration anodin mais désormais célèbre, Hersant en personne abaissera donc le pouce devant tous les barons du groupe.

Viré comme un vulgaire employé ! Villin ne s'en remettra jamais.

Il sera viré une seconde fois, on l'a vu, pour avoir trahi ses amis et prévenu son ami Jean-Marie (Messier) d'une conversation à l'Opéra censée rester secrète. Cette fois, c'est Claude Bébéar qui abaissera le pouce.

Aujourd'hui, la page est tournée. Villin et son ami Messier s'épanouissent tous les deux à la tête de leurs « boutiques » (comme on appelle, dans le milieu, les banques d'affaires indépendantes) dans ce qu'ils savent le mieux faire et qu'ils font d'ailleurs formidablement : gagner des millions sans s'encombrer des autres.

En gérant uniquement leur secrétaire.

Et leur chauffeur.

This is the end, my friends

Toutes les bonnes choses ont une fin.

Lassitude ? Envie de tourner la page ? Probablement un peu des deux. Même aujourd'hui, Claude Bébéar peine à trouver une explication précise. Mais, en cette fin d'année 2007, il a bien réfléchi. Et il en a la conviction : il ne veut surtout pas faire le « combat de trop ».

« Avec tous mes copains, je n'ai eu de cesse d'expliquer qu'il ne fallait pas s'accrocher à son siège, à son statut, à ses avantages. J'ai eu le sentiment que ce que j'avais fait individuellement, il fallait maintenant le faire collectivement. Après tout, après vingt-cinq ans, nous avions beaucoup fait. Il n'était pas question de devenir des anciens combattants... »

L'opération, brutale dans son exécution, ressemble à de l'autoflagellation. Ou un autosabotage. Elle est en réalité mûrement réfléchie.

Daniel Laurent se souvient : « Bébéar m'a appelé le matin même de ce qui allait être notre dernière réunion pour que nous relisions ensemble les statuts. Ce matin-là, j'ai compris que sa décision était déjà prise. Il restait à savoir comment il allait faire concrètement. »

Bébéar n'a prévenu presque personne de ses intentions. Seuls Jean-René Fourtou et Daniel Laurent sont dans la confidence. Laquelle confidence tient en trois lettres : FIN.

C'est exactement ce qui se passe ce 16 octobre 2007, à 19 heures, à la sidération de (presque) tous les participants.

Bébéar est un vrai chef de bande. Il aime, il adore même, consulter ses amis. Il ne refuse jamais le débat. Mais il aime encore plus décider. Pour lui-même et... pour les autres !

Sans surprise, ce jour-là, Bébéar fait donc... du Bébéar. Et ce qu'il prône pour les autres, il va se l'appliquer à lui-même : il « démissionne » tout le monde, lui le premier. À effet immédiat !

Devant cette annonce, inattendue, personne ne réagit vraiment, sauf Serge Kampf, furieux de ne pas avoir été dans la confidence.

Officiellement, une nouvelle équipe prend le relais. Bébéar transmet la présidence à Henri de Castries, comme il la lui avait déjà transmise hier chez AXA et comme il la lui transmettra demain à l'Institut Montaigne. Et il désigne la future relève : Paul Hermelin (Capgemini), Jean-Bernard Lévy (Vivendi) et Jean-Pascal Tricoire (Schneider), qu'il qualifie avec le recul (et non sans humour) de « meilleur d'entre nous ».

Le procès-verbal de l'époque précise, noir sur blanc : « À charge pour ces quatre membres de donner un nouveau départ à l'association. »

Seuls Bernard Arnault et Vincent Bolloré, « les plus jeunes anciens » de la « bande à Bébéar » sont autorisés à rester dans la « bande de Castries ». Pourquoi ces deux-là, d'ailleurs, resteront-ils ? Quand je leur poserai la question, ils répondront sans hésiter : « Par fidélité à Claude. » Par nostalgie aussi, peut-être ? « Pas du tout, insistera Bolloré. Cela ne me ressemble pas. Nostalgique, pas du tout. Mais fidèle, oui ! »

Après vingt-trois ans de bons et loyaux services, le club, qui a vécu dans l'anonymat, sera également enterré dans l'anonymat. Dans sa version « canal historique » en tout cas.

Il repose aujourd'hui dans la fosse commune de l'histoire du capitalisme français.

« Ci-gît Entreprise et Cité 1, 1984-2007 ».

L'ordre du jour

En réalité, démarre alors une « saison 2 » dont on comprendra très vite qu'elle n'a rien à voir avec la « saison 1 ».

Daniel Laurent lui-même reconnaît que la passion, en tout cas pour lui, s'est émoussée : « Ils ont eu la gentillesse de me garder. Je suis resté quelque temps, mais j'ai fini par partir. »

Quelques anciens, c'est de bonne guerre, ont la dent dure contre leurs successeurs : « C'est un match mené par des équipes de remplaçants. Ils portent les mêmes maillots, mais les équipes n'ont rien à voir et le niveau de jeu n'est plus le même », commente un fan de rugby… de la première équipe.

Un autre souligne le changement plus profond qui s'opère : « Quand Hollande est arrivé, les discussions ont changé de nature. Leur obsession, c'étaient plus les intérêts particuliers des entreprises et la fiscalité des grands patrons que le bien commun et la société… »

Claude Bébéar, lui non plus, ne pense pas que la nouvelle formule du club soit « fidèle » à l'idée qu'il s'en faisait avec tous ses amis du club « canal historique ». Il ne faut pas beaucoup le pousser dans la conversation pour qu'il dise cash ce qu'il en pense : pour lui, la « saison 2 » ne vaut pas la « saison 1 ».

Henri de Castries, lui, assume : « Du temps de Claude, les patrons voyageaient moins. Aujourd'hui, pour les faire venir et surtout pour les fidéliser, il faut qu'ils en retirent du concret. Alors c'est vrai que nous avons des invités, qu'on travaille sur des thèmes précis, que nous pouvons ensuite "pousser" au Medef ou à l'Afep. Mais tout cela reste quand même très convivial ! »

Henri de Castries a même profité de l'« incident Villin » pour faire ce que son prédécesseur n'avait finalement pas osé : virer tous les banquiers !

Mais, pour Bébéar, l'aventure n'est plus la même : « Ils se réunissent dans des salles à manger d'entreprise… Avec systématiquement un invité, ce qui fait qu'ils ne sont plus jamais seuls entre eux. Il paraît qu'ils font même des ordres du jour ! »

Décidément, c'est plus fort que lui : « Des ordres du jour pour des rendez-vous amicaux ! Vous imaginez ? »

On imagine.

Le bal des débutants

En cette journée un peu triste de décembre 2019, Pierre Bellon m'accueille dans son immense appartement, à proximité du bois de Boulogne.

Lui aussi est devenu « milliardaire » après un parcours extraordinaire d'entrepreneur. Cette année, le magazine *Challenges* le classe quatorzième fortune française avec 6,5 milliards d'euros. Nous allons parler de tout… sauf de ça.

À près de 90 ans, il a beaucoup vieilli. Il le sait. « Ce qui me sauve, c'est la piscine. J'y vais tous les jours. Mais les jambes me jouent des tours… », avoue-t-il, visiblement soucieux de me montrer que la tête, elle, fonctionne encore.

Assis dans son bureau au milieu de maquettes et de tableaux de bateaux, il me raconte de nouveau la saga de son groupe, qu'il a hissé au rang de leader mondial de la restauration collective et des services à la personne.

Sodexo (qui s'appelait encore Sodexho) est née « dans un hangar ». Pas à Palo Alto, autour de quelques copains chevelus, de composants électroniques et d'un fer à souder, mais « dans le hangar de l'oncle Fernand, qui vendait des anchois à Marseille au milieu des années 1960 ».

Une histoire bien française, donc.

« Avant d'être grand, il faut d'abord être petit », rappelle-t-il. Difficile de ne pas être d'accord.

Car Pierre Bellon est d'abord le roi du bon sens. Une « discipline » qu'il a toujours regretté que l'on n'enseigne pas à HEC, l'école toujours aussi chère à son cœur, dont il a commencé par rater l'entrée trois fois avant d'en être, aujourd'hui, l'une des plus belles réussites et l'une des plus grandes fiertés. Aujourd'hui encore, il ne cesse de me parler de « persévérance », « simplicité, « confiance », mais aussi de chiffres, croissance interne, croissance externe…

Les affaires, toujours les affaires. Son épouse, qui veille sur lui avec patience et affection, me confie discrètement : « Oh, vous savez, moi aussi, il me parle tout le temps… de Sodexo ! »

On ne se refait pas.

Sur le pas de la porte il évoque son dernier (petit) livre, à peine sorti de l'imprimerie, qu'il m'a montré furtivement et voudrait vraiment que j'emporte avec moi, mais qu'il préfère ne pas m'offrir tout de suite : « Je ne l'ai pas encore fait lire à ma propre famille… »

Quelques jours plus tard, j'en trouverai un exemplaire dans ma boîte aux lettres.

Le temps des mémoires

Pour Pierre Bellon comme pour beaucoup de nos grands fauves, après le temps de l'action, voici venir le temps de la « succession » et des « souvenirs ». Ces deux mots, qui riment souvent, riment aussi avec ces fameux mémoires que l'on écrit, que l'on fait écrire, que l'on dit que l'on écrira un jour, que l'on finit par écrire ou que l'on n'écrit jamais…

Rituellement, à peu près tous les « grands patrons » s'essayent quand même à l'exercice. Avec plus ou moins de bonheur. Certains éditeurs s'en sont même fait une spécialité. Nom de code : MVMO. Comprendre : Ma Vie Mon Œuvre…

Les préretraités ou retraités s'y prennent généralement en deux temps : d'abord un « livre bilan » avant de quitter l'entreprise. Et ensuite une sorte de « livre testament » (qui dit rarement son nom) avant… qu'il ne soit trop tard.

Dans le premier livre, on revient longuement sur la saga : les hommes, les équipes, les marques, les défis…

Dans le second, on essaye de prendre un peu plus de distance, de hauteur, de profondeur, parfois. Au prix, souvent, de quelques poncifs incontournables (sur « ces générations qui nous succèdent » qu'il est de bon ton de trouver « formidables » et dont, bien sûr, « nous attendons tellement »…). C'est le temps du « président d'honneur »… de leçons !

Mais on n'est jamais à l'abri d'une bonne surprise, et les leçons de management s'enrichissent alors, dans les meilleurs des cas, de quelques leçons de vie.

Claude Bébéar, lui, fait exception à toutes ces règles. Autour de lui, la plupart de ses copains d'Entreprise et Cité ont passé la main, avec plus ou moins de ferveur… ou de regrets. La plupart, aussi, ont écrit ou sont « en train d'écrire ». Tous continuent ainsi, à leur manière et avec leur style, à veiller sur l'œuvre d'une vie.

Claude Bébéar n'a jamais publié ni livre épopée, ni livre bilan, ni livre testament.

Rien.

Si l'on excepte quelques très rares confidences distillées dans des ouvrages de communication « interne » au groupe, dont l'excellent livre de commande de Caroline Desaegher, *L'Histoire d'AXA*, en 1996, très bien documenté (rappelé en référence et sur lequel je me suis largement appuyé pour croiser ou vérifier mes propres sources) et un livre d'entretien « prémonitoire », en 2003, avec Philippe Manière, *Ils vont tuer le capitalisme*, déjà cité, annonçant clairement la crise financière de 2008, le parrain du capitalisme est resté étrangement silencieux sur sa propre expérience.

Discret tout au long de son parcours, tout laisse à penser qu'il le restera jusqu'au bout.

S'il n'a, jusqu'ici, suscité aucune biographie, aucun portrait de lui autorisé ou non, il a également réussi un second exploit : ne susciter aucun livre « à charge » contre lui. Assurément une double bizarrerie pour celui qui, on l'a vu, a pourtant tenu en haleine toutes les rédactions françaises pendant plus de trente ans !

Lorsque j'évoque, en le rencontrant pour la première fois au printemps 2019, l'idée de rédiger ce livre autour d'Entreprise et Cité, sa réponse est on ne peut plus claire : « Pourquoi pas, mais ne faites surtout pas un livre sur moi ! »

La remarque aurait pu passer pour une coquetterie, pour la ruse ultime d'un ego déguisé en humilité. Au long des quelques rencontres qui ont suivi, j'ai vite compris qu'il était sincère : Bébéar dit souvent « nous ». Ce qui ne l'empêche pas de jouer le « je »… lorsqu'il s'agit de m'ouvrir les portes de son incroyable carnet d'adresses.

« Tu quoque »

Revenons un instant à Pierre Bellon, dont le cas, ici encore, est emblématique. Cet homme de terrain, qui revendique sans cesse de n'être « pas un intellectuel, mais un entrepreneur, un homme d'action », a quand même éprouvé le besoin, lui aussi, de se raconter deux fois, à l'automne et à l'hiver de sa vie.

Très classiquement, au moment de céder les rênes opérationnelles de son entreprise, son premier livre portait sur la saga Sodexho. Un peu moins classiquement, il l'avait intitulé *Je me suis bien amusé !*

Tout un programme… que ne renieraient pas ses copains d'Entreprise et Cité.

Mais c'est bien dans son second ouvrage, intitulé *Servir et faire grandir*, publié il y a quelques mois à l'aube de ses 90 ans et trouvé, donc, dans ma boîte aux lettres, que ce grand chef d'entreprise se livre de façon presque étonnante quand on connaît l'homme pudique qu'il n'a jamais cessé d'être.

Bellon y dévoile notamment un document rare : le « pacte » familial, signé le 22 mai 1988. Ce texte est à la fois un contrat juridique et une profession de foi. Sa femme et ses quatre enfants s'y engagent à garder Sodexo à la fois « indépendant » et « au sein de la famille ».

Malgré le poids des ans, le patriarche, qui n'a jamais caché qu'il exerçait son métier de chef d'entreprise « comme une mission », n'a rien perdu de son optimisme. Ni de sa détermination. En clair, à l'avenir, personne ne vendra jamais la moindre action du groupe en dehors du giron familial : non seulement Sodexo doit rester un groupe indépendant et familial, mais il doit le rester « pour l'éternité ». Qu'on se le dise !

Il y a quelques années, Bellon a donc réuni ses quatre enfants, tous administrateurs du groupe. Trois d'entre eux avaient manifesté leur intention de se porter candidat à sa succession. Jusqu'alors, il s'était contenté de leur dire : « Si vous avez l'ambition de prendre un poste important dans le groupe, vous pourrez y arriver à trois conditions : suivre les filières de promotion, avoir fait preuve de votre compétence, avoir été coopté par le management en place. » Ce jour-là, il a ajouté : « Les intérêts du groupe Sodexo, c'est-à-dire les clients, le personnel et les actionnaires minoritaires [l'ordre d'énumération en dit long] passent avant les vôtres. »

Difficile d'être plus clair.

Surtout, il en a tiré cette conclusion inhabituelle et pour le moins radicale : en aucun cas il ne choisirait lui-même entre ses enfants, laissant à quatre administrateurs de confiance la décision de trancher. Pas question de créer de la jalousie dans la famille ! (Pas certain, d'ailleurs, qu'il ait obtenu le résultat souhaité...) Enfin, et c'est peut-être le plus étonnant, cette décision ne devait absolument pas être motivée, encore moins explicitée ou détaillée.

C'est dans cet esprit que Sophie Bellon a été désignée à l'unanimité en février 2013. Et toujours dans cet esprit que la passation des pouvoirs a eu lieu en 2016 entre le père (Pierre, 86 ans) et sa fille (Sophie, 54 ans).

« Il ne faut jamais confondre organigramme et arbre généalogique », a toujours dit Pierre.

Bref, ici encore, à sa manière, « le contact et la distance »...

Le grand bain

Bernard Arnault, qui me répètera lui aussi à plusieurs reprises combien il est attaché à ses enfants et combien il les trouve « tous formidables », ne connaissait pas le détail de la succession de Pierre Bellon. Lorsque nous en parlons ensemble, il se montre très curieux du processus... pour mieux s'en affranchir :

— C'est intéressant. Mais ce n'est comme ça que je procéderai...

— Et comment procéderez-vous ?

— Nous verrons… J'ai plongé mes enfants dans le bain. Pour l'instant, j'observe leur façon de nager…

Il n'en dira pas plus. Mais, à sa façon d'évoquer – ou de ne pas évoquer – les uns et les autres, je me risque à un pronostic très personnel en faveur de l'avant-dernier de ses fils, Frédéric, polytechnicien et pianiste comme lui.

Comme nous parlons un instant piano, son œil s'allume soudain : « Il vient de jouer, en public, la première *Ballade* de Chopin, la *Sonate* de Liszt… et *Mazeppa* en *bis* ! Vous vous rendez compte ? »

Je me rends compte.

« Cela ne m'étonne pas de Bernard. Il reporte sur ses enfants la pression qu'il se met sur lui-même, mais je trouve cette situation un peu terrible. On dirait une famille de gladiateurs qui combat dans l'arène sous le regard du père ! », me confiera un autre habitué d'Entreprise et Cité, proche de tous les grands fauves. Qui ajoute : « Remarquez, il n'est pas le seul… Chez les Bolloré, c'est un peu pareil… »

Accident de poussette

Pas faux, même si, dans la dynastie bretonne, le contexte est différent et le dossier déjà bien avancé.

Un accident, on le sait, est vite arrivé. À ceux qui évoquent cette fatale hypothèse, Bolloré, comme à son habitude, répond par une pirouette et un bon mot, rappelant que son dernier accident connu était… « un accident de poussette » !

Il n'empêche. Lui aussi, au long de toutes ces années, a vu disparaître, accidentellement ou non, bon nombre de ses copains d'Entreprise et Cité.

« La vie, c'est tout ce qui arrive et qu'on n'avait pas prévu », dit le proverbe. Alors Vincent Bolloré, mis en examen en 2018 dans un imbroglio africain, a quand même été forcé – ce qu'il déteste… – d'accélérer un peu le mouvement.

Sur le papier, tout est réglé : ses quatre enfants Cyril et Yannick, Sébastien et Marie, se répartiront la fortune familiale. Mais seuls les deux premiers monteront vraiment en charge et en responsabilité au sein du groupe familial.

En 2018, il a donc installé son fils Yannick à la tête de Vivendi.

En mars 2019, il a confié à Cyrille les rênes du groupe Bolloré.

En réalité, personne n'est dupe. Comme on l'a vu, le (jeune) patriarche est toujours à la manœuvre. Omniprésent.

Tout le monde a remarqué, également, que Cyrille, à la tête du groupe, chapeaute Havas, Vivendi… et donc son propre frère !

Les deux frères s'entendront-ils ? C'est probablement, à ce jour, la seule question qui se pose encore. Car chacun, dans l'entourage du milliardaire breton, le reconnaît : il n'y a pas de plan B.

Au moins Vincent Bolloré peut-il se satisfaire d'avoir l'embarras du choix, ce qui n'est pas le cas de certains de ses copains déjà trop heureux de trouver un de leurs enfants qui accepte de prendre la suite. Parfois pour le meilleur, parfois aussi pour le… moins meilleur.

C'est le cas d'un autre membre d'Entreprise et Cité, Gérard Brémond, fondateur du groupe Pierre et Vacances. Le père fondateur avoue volontiers qu'il n'avait « aucune volonté dynastique », tout en reconnaissant qu'il n'a jamais cessé de pousser son fils à venir travailler avec lui. Ce qui a fini par arriver. Mais Olivier Brémond, auquel il a passé la main en 2018, a été incapable de redresser les performances d'un groupe systématiquement dans le rouge depuis 2012. Il a été remplacé, depuis, par un ancien dirigeant d'Accor, qui espère retrouver la rentabilité d'ici à 2021. Un pari quasiment perdu d'avance pour cause de Covid-19…

Pour qui en doutait encore, l'art de la transmission est décidément tout sauf une science exacte.

Certains patrons ont trop de successeurs possibles, d'autres (la majorité...) n'en ont pas assez. Aucun, pourtant, n'est jamais à l'abri... d'une bonne surprise.

Avec un peu de recul, le cas de la succession chez Schneider Electric est exemplaire.

Tout avait pourtant mal commencé, lorsque Didier Pineau-Valencienne, après avoir restructuré et sauvé le groupe, a eu tendance à s'accrocher à son fauteuil... À 65 ans, DPV refusait de partir comme Claude Bébéar l'avait fait lui-même : parmi ses amis, son exemple personnel faisait en quelque sorte jurisprudence...

Il a fallu tout le doigté et la force de persuasion de Bébéar pour qu'il finisse par céder son fauteuil à Henri Lachmann.

« Nous l'avons un peu forcé », reconnaît aujourd'hui, très pudiquement, Claude Bébéar.

L'Alsacien a succédé au Vendéen. L'amitié de Bébéar et de DPV n'a pas trop pris ombrage de l'incident. On ne peut pas en dire autant des relations entre DPV et Lachmann.

Lachmann, justement, qui aura lui aussi le nez creux en confiant à son tour son fauteuil, quelques années plus tard, à Jean-Pascal Tricoire, un fils d'agriculteurs du Maine-et-Loire qui gère désormais ce champion mondial depuis Hong-Kong, de façon totalement décentralisée, qui parle couramment le chinois et qui est, aujourd'hui, l'un des très rares patrons à faire la (quasi-) unanimité autour de lui.

Les cordonniers sont toujours...

Et Bébéar dans tout ça ?

Les cordonniers, on le sait, sont toujours les plus mal chaussés. Claude Bébéar ne fait pas exception à la règle. À l'unanimité ou presque, ses amis, qui lui parlent tous avec franchise et parfois avec une affectueuse rudesse, lui disent : « Tu as tout réussi... sauf ta succession ! »

De fait, Bébéar n'a pas d'enfant susceptible de reprendre le flambeau dans l'entreprise. Son fils et ses deux filles adoptives, d'origine coréenne, mènent leur vie bien loin des préoccupations professionnelles de leur père.

Chez AXA, lorsque la question de la succession commençait à se poser, quelques noms ont commencé à sortir du chapeau. Longtemps, le fidèle grognard de Bébéar, Claude Tendil, HEC, directeur commercial puis directeur général du groupe, aurait pu croire en ses chances. Mais il a fini par quitter le groupe, en froid avec Bébéar.

Un autre profil commençait aussi à faire l'unanimité : celui du jeune Philippe Donnet, que nous avons déjà croisé quand il était sherpa du président d'AXA au moment de la conquête d'Equitable, aux États-Unis. Entre Bébéar et lui, d'ailleurs, la similitude de parcours reste troublante : polytechnicien et fêtard comme lui, passé par le Canada comme lui, féru de chasse, de rugby – il sera au conseil de l'Union sportive arlequins perpignanais (USAP), le fameux club de rugby catalan –, fort caractère, meneur d'hommes et n'hésitant jamais à se retrousser les manches…

Dès le début, Claude Bébéar ne s'y trompe pas. Il l'envoie sur tous les fronts, en France (en Normandie, notamment, sur la terre de ses débuts…) et à l'étranger (il sera notamment patron d'AXA en Italie, au Japon…).

Je lui pose franchement la question :

— Il aurait pu être votre successeur ?

— Oui.

Il ne le sera pas.

À l'issue de ce formidable parcours du combattant, jugé encore un peu jeune, il finira par partir… à la concurrence.

« Les meilleurs de la maison sont partis les uns après les autres, confirme un proche de Bébéar. Denis Kessler, Dominique Senequier, Claude Tendil et surtout Philippe Donnet, qui était probablement son successeur naturel… »

Ironie du sort, Donnet occupe depuis 2016 les fonctions de président de l'assureur italien Generali (un poste longtemps occupé, on s'en souvient, par Antoine Bernheim). D'autant plus ironique quand on sait que le rêve ultime de Bébéar aurait été… de fusionner AXA et Generali !

Incontestablement, la succession d'AXA, comme dans beaucoup d'autres groupes, est surtout une succession de contrariétés. L'histoire officielle retiendra que Bébéar, après s'être séparé du brillant et tonitruant Denis Kessler (avec lequel il conserve pourtant d'excellentes relations), a finalement « intronisé » Henri de Castries. Triplement intronisé, même, puisqu'il lui a succédé à la fois chez AXA, à l'Institut Montaigne et à Entreprise et Cité.

Castries est donc, sur le papier, le successeur légitime et incontesté. Mais, en privé, Bébéar ne cache pas ses regrets : « Henri est quelqu'un de très bien sous de très nombreux rapports. Le problème, c'est qu'il reste fondamentalement un financier. Plus qu'un entrepreneur… »

Bébéar, qui avait laissé le cours d'AXA à 42 euros en juin 2000, l'a vu, impuissant, descendre jusqu'à 6 euros au plus fort de la crise financière… Pour les « financiers », justement, c'était une catastrophe. Bébéar, au contraire, en entrepreneur indécrottable, y voyait une formidable opportunité : celle de racheter à moindre coût ses propres actions, avec le trésor de guerre accumulé par la mutuelle, et de renforcer encore l'indépendance du groupe. « Mais les financiers ont persuadé le conseil que “les marchés n’apprécieraient pas”. Ils ont eu le dernier mot. Bébéar n’a pas voulu sortir de sa retraite, mais il était consterné », se souvient l’un de ses proches. Qui souligne aussi que de très nombreuses opportunités ont, depuis, été ignorées par le groupe, obligé au contraire de vendre quelques-uns de ses bijoux de famille… « Vous vous rendez compte : ils ont vendu l’Australie ! Et le Canada ! Philippe Donnet se passionnait pour la réassurance. Ils l’ont vendue aussi. »

Surtout, Castries empêchera le rêve ultime de Bébéar : « avaler » son concurrent Generali et transformer ainsi AXA en champion du monde « hors catégories ». Sur le papier, le géant de l’assurance aurait pu devenir un titan de l’assurance. Le dossier était quasiment bouclé. Antoine Bernheim, à la tête de Generali et qui siégeait au conseil d’AXA, était d’accord, et en parlait peu de temps encore avant sa mort. Mais Henri de Castries n’a jamais osé. « Il avait l’intelligence. Mais il n’avait ni le cœur ni les épaules… », me dira un (très) proche du dossier.

Aujourd’hui encore, ce « dernier secret » reste bien gardé. Par Bébéar, pour commencer, qui refuse de commenter, mais n’en pense pas moins. Il cache de moins en moins sa déception, même s’il n’est pas dupe du discours symétrique de Castries à son endroit.

« Allez voir Henri : il vous dira beaucoup de mal de moi… » Je suis donc allé voir Henri… qui ne m’a dit aucun mal de Bébéar !

J'ai quand même insisté. « Non, vraiment, je n'ai rien de mal à dire sur Claude ! »

J'ai insisté de nouveau : au-delà de considérations personnelles, le pouvoir serait aux financiers, qu'il a longtemps incarnés ? À l'argument du cours de Bourse, brandi par Claude Bébéar, Henri de Castries préfère répondre par celui des résultats d'exploitation. « Au début des années 2000, quand Claude m'a transmis la présidence d'AXA, nous avions à peu près 1 milliard de résultat, dont 90 % venaient de la finance et 10 % des assurances. Aujourd'hui, le résultat a été multiplié par 6,5. Et 90 % viennent des assurances, 10 % à peine de la finance. Donc, si la financiarisation est synonyme de "rigorisation", alors oui, j'assume ! », m'explique-t-il avec sérénité.

Bien sûr, entre les lignes, entre les chiffres surtout, on comprend que quelque chose s'est brisé entre les deux hommes.

Je comprends aussi que, à un moment donné, je ne saurai jamais lequel, les fils de la succession se sont emmêlés…

Je ne m'en mêlerai pas.

Tous ces regrets de part et d'autre confirment simplement, si besoin en était, la difficulté de « passer la main », et encore plus de « passer le flambeau ».

Henri de Castries lui-même en sait quelque chose. Son poulain à lui s'appelait Nicolas Moreau. Il était déjà patron d'AXA France, le navire amiral du groupe. De fait, pour légitimer sa décision, Castries a voulu la faire prendre collectivement. Il a donc commencé par ouvrir très tôt sa propre succession, dès octobre 2013, avant même d'être reconduit lui-même pour un dernier mandat.

Dans la plus grande discrétion, il a alors monté un comité de recrutement de haut niveau et entamé un processus sur la durée (plus de deux ans...).

Au grand oral, en mars 2016, à Château Pichon-Longueville, somptueuse propriété d'AXA dans le Bordelais, Nicolas Moreau s'est ainsi présenté, sûr de lui et de ses réseaux, face au dernier obstacle qui se dressait encore sur son chemin : l'Allemand Thomas Buberl, rescapé lui aussi des premières phases de sélection.

Buberl, lui, savait qu'il n'était qu'outsider. Il n'a donc rien laissé au hasard. Allant jusqu'à se faire coacher et écrire un livre dans lequel il exposait sa vision de l'avenir d'AXA.

C'est ainsi que, à la stupéfaction de la plupart des observateurs, l'outsider a coiffé le favori au poteau ! « Parce que Nicolas était X et parce qu'il était déjà le bras droit du patron, Henri a pensé que la succession n'était qu'une formalité, s'amuse aujourd'hui, avec le recul, un proche de Bébéar. À tout vouloir trop bien faire, il s'est planté, lui aussi ! »

Le monde à l'envers

Ainsi va la vie et ainsi va le monde : à l'envers !

À la fascination des « vieux » dans l'ancien monde a succédé la fascination des « jeunes » dans le nouveau.

Sur le campus d'HEC, dans les années 1980, une histoire drôle faisait fureur : celle du « financier qui n'avait rien compris à la finance ». À la lecture de son plan de financement, lorsqu'on lui faisait remarquer qu'il perdait de l'argent, il répondait : « Oui, je perds de l'argent sur chaque article… mais je me rattrape sur la quantité ! » Ridicule assuré. Et fou rire garanti dans tous les amphis.

Aujourd'hui, presque quarante ans plus tard, l'histoire du financier qui n'avait rien compris à la finance pourrait être rebaptisée l'histoire du financier… « qui a tout compris à la finance ». Car l'argument imbécile « Je perds de l'argent sur chaque article, mais je me rattrape sur la quantité » est devenu un argument… génial ! Le socle même du raisonnement des multiples *startuppers*. Avec la complicité coupables des professeurs, des investisseurs, des fonds, des médias… Les mêmes qui s'en moquaient hier voient aujourd'hui dans la course aux pertes et à l'endettement « une arme ultime de disruption massive ».

Aujourd'hui, on ne dit plus « Je perds beaucoup d'argent » à court terme, mais « J'achète des parts de marché » (peu importe qu'il n'y ait pas de marché...). Ou encore : « Je construis de la valeur » (peu importe que la valeur en question soit négative...).

Avant d'être des aberrations économiques, les bulles financières, on l'oublie trop souvent, sont au mieux des crises de bon sens, au pire des bulles de cynisme, souvent les deux. Il en faudrait plus pour décourager la nouvelle génération de « petits fauves », successeurs ou héritiers, qui grandit sous l'œil de leurs aînés.

De tous ces consommateurs hypocrites qui rêvent allemand, prêchent français et achètent chinois.

De tous ces financiers cupides qui continuent à penser, comme sous Reagan, que « *greed is good* ».

De tous ces *startuppers* qui vont de levée de fonds en levée de fonds en prêchant que « *green is good* ».

Et, bien sûr, de toutes ces entreprises décontractées au-dehors et impitoyables au-dedans.

Au milieu de quelques réussites éclatantes (il y en a, heureusement !), l'ensemble prend trop souvent l'allure d'une escroquerie planétaire : j'allume ma bougie à distance.fr ; je voyage dans l'espace.com ; je nourris mieux mon chien.com ; je sauve la planète.org...

Avec toujours, en toile de fond, ce culte abêtissant du jeunisme, que résume avec humour l'un de nos papys : « Quel monde va-t-on laisser à Michel Drucker ? »

CBO

Ainsi va ce « nouveau monde », avec ses icônes de papier ou de pixels, son discours politiquement correct, surtout, sorte de langue de bois bien-pensante qui ferait bien rire si elle ne faisait pas pleurer.

Car la folie des nouveaux modèles économiques va de pair avec celle des nouveaux métiers. Y compris chez AXA…

J'ai, un jour, théorisé le plus sérieusement du monde celui de CBO : le « Chief Bullshit Officer », bobo féru de novlangue et de « punchlines » marketing absconses.

Aujourd'hui, je partage d'ailleurs avec Claude Bébéar la lecture d'une « newsletter » de la « tech » qui, comme on le dit, « a fait ma journée ». Avec notamment l'interview d'un futur « champion du monde de CBO » qui travaille dans l'immobilier, comme on ne le comprendra pas…

Morceaux choisis :

« Nous allons débrancher tous les flux RTB en 2020. Nous avons été d'excellents élèves en proposant des Open Auctions *via* des flux RTB que nous avons optimisés grâce au Header Bidding pour un uplift dérisoire face à la valeur de notre data et de notre contexte. »

Dans cette interview surréaliste intitulée, sans rire, « Il nous dit tout » (*sic*), l'auteur de ces lignes (que je ne nommerai pas ici pour ne pas ajouter au ridicule…), nous dit surtout : « Nous réduisons drastiquement le nombre de formats en éliminant les anciens formats IAB de type pavés ou bannières, car il est clé de proposer une expérience utilisateur optimale qui ne soit pas détériorée par une accumulation de formats sans réelle valeur ajoutée, avec qui plus est des CPM faibles. »

Vraiment ?

C'était formidable !

C'est un fait : les nouveaux entrepreneurs ne font pas toujours le bonheur des anciens.

Les grands fauves, même s'ils l'avouent du bout des lèvres, se méfient de cette génération faussement décontractée, qui innove comme on respire, pour le meilleur et…

Eux ont bâti sur du dur et sur du long terme.

En 1999, beaucoup d'entre eux, Bernard Arnault le premier, s'étaient déjà brûlé les ailes sur la folie Internet. Avant l'éclatement de la bulle en 2000.

Fauve échaudé craint l'eau froide.

Didier Pineau-Valencienne, pourtant incorrigible optimiste lui aussi, et enthousiaste quand on parle des nouvelles générations, commence à en revenir.

À travers son fonds d'investissement Sagard ou même à titre personnel, il lui arrive souvent de miser sur de nouveaux projets portés par de brillants entrepreneurs : « Certains sont tellement désinvoltes que j'apprends leur échec par la presse ! Beaucoup n'ont même pas le courage ou l'éducation de venir me l'annoncer en face… se désole-t-il. Certains autres viennent quand même me voir. Et me disent en souriant, en rigolant parfois : “Bon, OK, on a perdu beaucoup d'argent, mais on a beaucoup appris. C'était formidable !” »

Ce qui met DPV hors de lui : « Je leur réponds que c'était peut-être formidable pour eux… mais pas forcément pour moi ! »

DPV qui, en homme sage, me cite quand même, comme il en a l'habitude, quelques vers de René Char et, aujourd'hui, de son recueil *La Parole en archipel* :

Le réel quelquefois désespère l'espérance.

C'est pourquoi, contre toute attente,

L'espérance survit.

Qu'on se le dise : les grands fauves en ont vu d'autres !

Conclusion

Un rêve français

Une dernière fois, Claude Bébéar est venu m'accueillir lui-même.

L'immense antichambre où je patiente, somptueusement surchargée de tableaux de maîtres, de tissus précieux, de meubles de prix et de dorures à l'or fin, ouvre sur le petit bureau de président d'honneur, splendide mais presque intimiste, qu'il occupe toujours au premier étage du cœur d'AXA, sur les lèvres des Champs-Élysées.

Bébéar me fera aussi visiter, à quelques mètres, le grand bureau de président qui était autrefois le sien. Il m'avoue qu'il n'y était pas retourné depuis des années. Détail amusant : personne, depuis son départ, n'a osé utiliser son bureau qui est donc resté « dans son jus » ! Comme tous les bureaux qu'il a occupés au long de sa carrière. L'ombre du Commandeur, toujours...

Nous sommes à La Vaupalière, l'un des plus beaux hôtels particuliers de Paris. Le bâtiment, néoclassique, a été édifié en 1768 au 25, avenue Matignon par l'architecte Louis-Marie Colignon, avant d'être remanié, au XIXe siècle, par un autre architecte : Louis... Visconti !

Visconti ? Difficile d'y voir une simple coïncidence. Car tout, ici, rappelle le fameux « Guépard » (les grands fauves, déjà...) et son fameux : « Il faut que tout change pour que rien ne change. »

La fameuse phrase du roman de Lampedusa, dont est tiré le film, pourrait aussi bien s'appliquer à l'histoire d'AXA et de son fondateur.

Ce jour-là, Claude Bébéar me parle pour la première fois en détail de ce bâtiment hors normes. Il était autrefois propriété de la Banque des Comores et de Madagascar, avant que celle-ci tombe dans le giron de la Soficam, banque du groupe Drouot, lequel est racheté en 1982, on s'en souvient, par les Mutuelles Unies, elles-mêmes rebaptisées AXA en 1985.

Le sort, toujours lui, fait que l'hôtel particulier a été loué au *Figaro* en 1979. Bien avant de rencontrer Claude Bébéar, je fréquentais donc déjà de temps en temps les salons de La Vaupalière. Ils abritaient alors la régie publicitaire du journal. C'est là que Philippe Villin recevait et bichonnait, sous les dorures, les fameux « annonceurs » qui faisaient la fortune du journal et de son propriétaire d'alors, le « papivore » Robert Hersant.

En 1995, Bébéar se décide à récupérer le bâtiment pour y installer le siège d'AXA. Il lui faudra deux années de négociations compliquées pour acquérir l'hôtel et reconstituer la propriété en l'échangeant contre l'ancien siège de la Compagnie du Midi (merci, Pagézy !) et un autre immeuble de l'avenue Matignon. Il en mènera la restauration (complète et somptueuse, jusque dans le moindre détail) avec Henri de Castries : un dossier concret sur lequel les deux hommes travailleront en toute intelligence et en totale harmonie ! En contrepartie, il obtient le droit de créer un immense atrium, signé par Ricardo Bofill, s'appuyant sur le vieil hôtel particulier et le réunissant, physiquement et symboliquement, avec les bureaux modernes.

Les visiteurs peuvent parfois s'étonner du côté ostentatoire, presque démesuré, de ce siège social qui allie, dans un geste architectural hétéroclite, « le plus somptueux de l'ancien et le meilleur du moderne », comme me l'explique l'un de mes amis qui y travaille depuis plusieurs années.

Bébéar, lui aussi, assume : « Au fond, ce siège incarne ce que l'on fait de mieux en France. Il symbolise également une volonté très profonde : celle qu'AXA reste français. » Il ajoute : « Après tout, on ne sait jamais ce que nous réserve l'avenir... Mais je ne vois personne démonter pierre à pierre un tel chef-d'œuvre pour le reconstruire à l'étranger ! »

Cette dernière phrase, anodine, en dit long sur l'aventure du groupe et l'état d'esprit de son fondateur.

« Made in France »

Au-delà de l'image d'AXA, La Vaupalière, qui abrita aussi le siège d'Entreprise et Cité et de l'Institut Montaigne, symbolise également, à sa manière, l'incroyable réussite de toute la bande d'amis de Bébéar.

Une réussite 100 % française.

Bernard Arnault, on l'a rappelé, a été profondément choqué que *Libération* ose titrer, en une de son édition du 10 septembre 2012, « Casse-toi riche con ! ».

La Belgique, au demeurant, n'avait rien d'un paradis fiscal. Elle est même au cœur de l'Europe dont elle abrite, ne l'oublions pas, les institutions les plus prestigieuses. Surtout, il n'a jamais été question, pour Arnault, de renoncer à la nationalité française ni à la France, où il continue à payer ses impôts et qui est, rappelle-t-il, « au cœur de mon identité personnelle et professionnelle ».

Difficile de ne pas le croire : si Bernard Arnault vend du luxe, il vend d'abord la France. Et son siège social, plus que jamais, est au cœur du cœur de la France du luxe : avenue Montaigne, elle aussi à deux pas des Champs-Élysées. Il me l'a répété : « Oui, je me sens, à ma manière, ambassadeur de la France. De sa culture, de ses valeurs, on pourrait dire de sa civilisation… »

Vincent Bolloré ne raisonne pas autrement : « J'aurais pu installer mon siège social au Luxembourg, dans je ne sais quel paradis fiscal. Le problème ne se pose pas. Le siège social du groupe Bolloré est en France. En Bretagne. Et il y restera. » Les jeunes générations préfèrent partir à l'étranger ? « Tout a été fait pour détruire la France. On critique son histoire, ses élites, on monte les Français les uns comme les autres, c'est vraiment dommage… »

Tous, sans exception, m'ont tenu peu ou prou le même discours, à la fois mondial et enraciné.

« Toute ma vie, je me suis fait une certaine idée de la France », disait le général de Gaulle.

Eux aussi.

Jusqu'à Didier Pineau-Valencienne, inquiet de voir que si le siège de Schneider Electric est toujours officiellement à Rueil-Malmaison, l'actuel président, dont il loue par ailleurs le parcours et la compétence, a selon lui envoyé un mauvais signal en allant s'installer... à Hong-Kong. « Quand on dirige un leader mondial français, on ne s'installe pas à l'étranger... », tranche DPV.

Qu'on se le dise aussi : nos papys flingueurs sont français jusqu'au bout des ongles !

« *French paradox* »

On connaît le fameux *french paradox* : les Gascons, encore eux, si friands de cuisine à base de graisse de canard et de vin rouge tanique, seraient ainsi protégés de certaines maladies cardiovasculaires ! Ce qui reste encore à démontrer...

Ce qui n'est plus à démontrer, en revanche, c'est l'autre *french paradox*, qu'incarnent à la perfection tous nos papys flingueurs. Car voici de bons élèves, très bons élèves, même, souvent issus des meilleures écoles, mais d'écoles « à l'ancienne » (Polytechnique de la rue de la Montagne-Sainte-Geneviève, HEC du boulevard Malesherbes...).

Tous parlaient anglais plus mal les uns que les autres. Tous ont été formés dans l'élitisme le plus frileux et le plus franchouillard, à une époque où, à l'exception de l'ex-empire colonial, les frontières de l'imaginaire s'arrêtaient souvent à celles de l'Hexagone. Ce qui ne les a pas empêchés de bâtir, brique par brique, des géants... mondiaux !

Prendre la liste de tous les membres d'Entreprise et Cité serait un peu laborieux, mais les faits sont là : AXA est leader mondial de l'assurance ; LVMH leader mondial du luxe ; Sodexo leader mondial de la restauration collective (et premier employeur français) ; Capgemini leader mondial des services informatiques ; Schneider Electric leader mondial des automatismes et contrôles industriels ; Vivendi, avec Universal Music, leader mondial de la musique ; le groupe Bolloré ou BNP Paribas dans le peloton de tête des plus grandes entreprises européennes et, pour certains de leurs métiers, eux aussi leaders mondiaux… Même Jean-Michel Cazes a vu à plusieurs reprises son vin classé « meilleur vin du monde » par le *Wine Spectator*. Et le restaurant de leur copain Guy Savoy classé plusieurs années consécutives « meilleur restaurant du monde ». N'en jetons plus !

La tentation est grande, bien entendu, de comparer les performances des générations précédentes avec celles des générations actuelles, pourtant multilingues et biberonnées à Erasmus et à la mondialisation, mais toujours coincées entre le low-tech chinois et le high-tech californien.

La comparaison est cruelle : là où leurs grands aînés ont bâti des champions du monde, eux ont du mal à bâtir des champions d'Europe. Tout se passe même comme si la France n'arrivait plus à produire que des champions… de France !

Il serait probablement un peu hâtif de conclure dès aujourd'hui qu'ils ont déjà échoué. D'autant, comme me le fera remarquer Alain Minc, que s'il est vrai que la France manque désormais de grands créateurs et bâtisseurs mondiaux, elle n'a pas à rougir du nombre de cadres supérieurs, parfois très supérieurs, qui irriguent le nouveau réseau mondial du pouvoir.

Voire.

En attendant, l'économie française « d'avant-hier » avait un parrain. Il s'appelait Ambroise Roux.

L'économie française « d'hier » avait un autre parrain. Il s'appelle toujours Claude Bébéar.

Et aujourd'hui ? Et demain ?

De tous les décideurs à qui j'ai posé la question, aucun n'a été capable de me répondre… Dans la « tech », on trouve bien quelques petits « parrains 2.0 », Xavier Niel en tête (qui a épousé la fille de… Bernard Arnault ! Tiens, tiens…), mais dont le prestige, là encore, traîne encore un indécrottable accent français. Pour le reste…

L'économie, d'ailleurs, a-t-elle vraiment besoin d'un parrain ?

Chacun se fera son opinion.

Capitalisme de bande

Encore une fois, ce monde dont nous parlons est un monde qui n'existe plus. Un monde où le néolibéralisme et son sabir anglo-saxon n'avaient pas encore imposé leurs normes contre-productives et irresponsables de *corporate governance*, de *compliance* ou de *reporting* court-termiste dont on commence aujourd'hui à peine à mesurer les dégâts.

Un monde longtemps sans CBO, sans réseaux sociaux, sans Internet et même sans téléphones portables, où l'on parlait anglais avec un accent français grotesque, où l'on prenait sans vergogne l'avion privé de la société pour aller soutenir l'équipe de France de rugby avec ses copains.

Un monde où l'on fumait encore de temps à autre le cigare, où l'on buvait parfois au-delà du raisonnable, où l'on mangeait énormément, probablement trop, sans vraiment se soucier de son tour de taille.

Un monde, comme me le rappellera Vincent Bolloré, « dans lequel une intuition ou un tuyau ne s'appelait pas encore un délit d'initié ».

Un monde dans lequel le capitalisme avait encore fière allure. Un capitalisme où la finance était encore un simple outil, qui ne se prenait pas pour le geste. Un capitalisme de construction et pas de transaction.

Un « capitalisme de bande », à la fois égoïste et partageur, soliste et polyphonique, gribouille et boute-en-train, porté par l'appétit sans bornes de monstres d'ambition et de convivialité.

Un monde dans lequel le futur avait encore un avenir.

Le monde à l'envers

Les temps ont changé.

Loin de moi pourtant l'idée de dire : « C'était mieux avant. » Disons simplement que c'est différent aujourd'hui. Très différent...

Au moment où j'ai commencé l'aventure de ce livre, la France vivait encore à l'heure des Gilets jaunes, et donc dans la haine, comme je le regrettais en introduction, du pouvoir, de l'argent, des patrons et de la réussite, tous mis dans le même sac.

« Le diable ne rentrera pas de sitôt dans sa boîte », ai-je noté dans mon journal dès le début du mouvement. Je le pense toujours. Le diable s'est calmé très provisoirement, le temps du confinement. Mais il rôde encore à chaque coin de rue...

J'écris donc ces lignes, qui s'annonçaient heureuses, alors que je suis moi aussi tristement confiné en ce printemps 2020, comme la plupart de nos « papys flingueurs ». Tous, il faut dire, naviguent dans la « zone à risque » : pour la plupart au-delà des 70 ans, et pour certains au-delà des 80 ans, Claude Bébéar le premier.

Cette épidémie de coronavirus viendra-t-elle sceller le passage de la mondialisation heureuse et insouciante qu'ils incarnaient à une mondialisation malheureuse et honteuse ?

Il est encore trop tôt pour le savoir.

En attendant, ne jetons pas les pépés avec l'eau du bain !

Le banquet final

Coronavirus oblige, je ne serre pas la main à Claude Bébéar lors de ce dernier rendez-vous, quelques heures avant le début officiel du confinement. Mais je lui glisse cette idée : pour lui qui incarne ce capitalisme tellement français, tellement gaulois, même, pourquoi ne pas rassembler une nouvelle fois tous ses copains qu'il ne voit plus jamais ensemble depuis la dissolution de leur club il y a maintenant plus de treize ans ?

Après tout, chez les Gaulois (Astérix en tête...), l'aventure se termine toujours par un banquet. Et, chez Bébéar, tout commence avec un bon gueuleton. Alors pourquoi ne se retrouveraient-ils pas tous, comme au bon vieux temps, pour fêter à leur manière une sorte de « déconfinement amical et gastronomique » ?

Bref, tous chez Guy Savoy !

L'œil de Bébéar s'allume instantanément.

« C'est une idée formidable ! me dit-il. Mais, dans l'ambiance actuelle, ne le répétez pas trop… »

Promis, on ne dira rien.

Paris, mai 2020.

Pour aller plus loin

La plupart des ouvrages cités ici (par ordre chronologique de parution) ont directement ou indirectement inspiré ce livre et permis de structurer de nombreuses conversations avec les protagonistes de cette aventure. Que leurs auteurs en soient ici chaleureusement remerciés.

Ancienne mutuelle (1817-1967), Éditions du SDE, 1967.

Saint-Guillaume, *Le Gaspillage des élites*, Robert Laffont, 1984.

Claude Bourg, *J'ai créé mon entreprise*, JC Lattès, 1986.

Nadège Forestier et Nazanine Ravaï, *Bernard Arnault ou le goût du pouvoir*, Olivier Orban, 1990.

Christine Kerdellant, *Les Nouveaux Condottieres*, Calmann-Lévy, 1992.

Caroline Desaegher, *L'Histoire d'AXA*, HM Éditions, 1996.

Nazanine Ravaï, *La République des vanités*, Grasset, 1997.

Bernard Arnault, la passion créative, entretiens avec Yves Messarovitch, Plon, 2000.

Marie-Christine Couwez et Jacques Bordet, *Carnets de route*, Direction de la communication du groupe AXA, 2002.

Claude Bébéar, avec Philippe Manière, *Ils vont tuer le capitalisme*, Plon, 2003.

Martine Orange et Jo Johnson, *Une faillite française*, Albin Michel, 2003.

Airy Routier, *L'Ange exterminateur. La vraie vie de Bernard Arnault*, Albin Michel, 2003.

Pierre Péan et Philippe Cohen, *La Face cachée du Monde*, Mille et Une Nuits, 2003.

Claude Bébéar, *Des entreprises aux couleurs de la France*, rapport au Premier ministre, La Documentation française, avril 2005.

Édouard Tétreau, *Analyste. Au cœur de la folie financière*, Grasset, 2005.

Pierre Bellon, avec la collaboration d'Émily Borgeaud, *Je me suis bien amusé ! Sodexho raconte…*, Éditions d'Organisation, 2006.

Jean Bothorel, *Vincent Bolloré, une histoire de famille*, Jean Picollec, 2008.

Christophe Deloire, *La Tragédie de la réussite*, Albin Michel, 2009.

Génération AXA, Direction de la communication du groupe AXA, 2011.

Pierre de Gasquet, *Antoine Bernheim. Le parrain du capitalisme français*, Grasset, 2011.

Nicolas Vescovacci et Jean-Pierre Canet, *Vincent tout-puissant*, JC Lattès, 2018.

Pierre Bellon, avec la collaboration de Bruno Dranesas, *Servir et faire grandir. Les convictions iconoclastes du fondateur de Sodexo*, Manitoba, 2019.

Didier Pineau-Valencienne, *Soleil et sympathie*, Le Cherche Midi, 2020.

Par ailleurs, de très nombreuses sources de renseignements sont aujourd'hui disponibles à la télévision, sur Internet ou en DVD. Il serait laborieux et probablement impossible de toutes les citer ici. On mentionnera notamment, toujours par ordre chronologique :

Quatre saisons pour un festin, par Jean-Paul Jaud, 2003 (DVD).

Les grands fauves

Bernard Arnault, l'enfance est un destin, par Gilles de Maistre et Guillaume Durand, Agit'Prod, 2012.

Bernard Arnault, l'homme qui valait 30 milliards, une enquête de Tristan Waleckx, « Complément d'enquête », France 2, le 24 avril 2014.

Vincent Bolloré, un ami qui vous veut du bien ?, réalisé par Tristan Waleckx et Mathieu Rénier, « Complément d'enquête », France 2, le 7 avril 2016.

Quelques repères

1935 – Naissance de Claude Bébéar (le 29 juillet à Issac, en Dordogne).

1975 – Claude Bébéar est nommé directeur général des Anciennes Mutuelles.

1981 – François Mitterrand est élu président de la République

1984 – Lancement d'Entreprise et Cité (le 8 octobre).

1985 – Création d'AXA.

1988 – François Mitterrand est réélu président de la République.

1988 – Claude Bébéar est élu « Manager de l'année » par *Le Nouvel Économiste.*

1989 – Chute du mur de Berlin (9 novembre).

1995 – Jacques Chirac est élu président de la République.

2000 – Henri de Castries succède à Claude Bébéar à la tête d'AXA.

2000 – Lancement de l'Institut Montaigne.

2002 – Jacques Chirac est réélu président de la République.

2007 – Nicolas Sarkozy est élu président de la République.

2007 – Fin d'Entreprise et Cité « canal historique » (le 16 octobre).

2012 – François Hollande est élu président de la République.

2017 – Emmanuel Macron est élu président de la République.

2020 – La France est frappée par la pandémie de Covid-19.

Remerciements

Par ordre alphabétique, merci à Caroline Babulle, Sofia Bengana, Pauline Bonvalet, Phousa Chantharath, Sophie Charnavel, Laure Cony, Marie-Laure Nolet, Clément Pelletier, Céline Thoulouze et à toutes les équipes d'Éditis, de Place des Éditeurs et de Plon, pour avoir cru en ce projet et pour l'avoir accompagné avec professionnalisme et enthousiasme.

Sauf mentions spéciales, les propos rapportés dans cet ouvrage proviennent de documents publics ou de conversations privées avec l'auteur.

Merci à toutes celles et à tous ceux qui, très nombreux, anonymement ou non, ont accepté, au fil des années, de m'apporter leurs témoignages.

Par ordre alphabétique, un merci très sincère, pour leur disponibilité, leur confiance ou leur amitié, souvent les deux, parfois les trois, à : Jean-Luc Allavena, Bernard Arnault, Jacques Attali, Bernard Barrère, François Bayrou, Vincent Beaufils, Claude Bébéar, Pierre Bellon,

Daniel Bernard, Antoine Bernheim, Laurent Bigorgne, Vincent Bolloré, Jean-Louis Borloo, Jean-Daniel Camus, Henri de Castries, Françoise Colloc'h, Jacques Chirac, Édith Cresson, Richard Descoings, Bruno Erhard, Mercedes Erra, Olivier Ferrand, Jean-René Fourtou, Franz-Olivier Giesbert, Valéry Giscard d'Estaing, Jean Huteau, Erik Izraelewicz, Gilles Kepel, Philippe Labro, Henri Lachmann, Christine Lamoureux, Claire Léost, Philippe Manière, Renaud Matignon, Denis Noël, Yves Messarovitch, Alain Minc, François Mitterrand, Olivier Mousson, Alain Papiasse, Michel Pébereau, Rémy Pflimlin, Didier Pineau-Valencienne, Henri Proglio, René Proglio, Arnaud de Puyfontaine, Georges Ralli, Nazanine Ravaï, Xavier Romatet, David de Rothschild, Édouard Tétreau, Agnès Touraine, Stéphane Treppoz, Guy Savoy, Alain Vernay, Philippe Villin.

Un merci tout particulier à Daniel Laurent. Avec rigueur, fidélité et discrétion, il a été le compagnon pointilleux de la reconstitution de cette belle aventure. Aujourd'hui encore, il est à la fois l'esprit et la mémoire d'Entreprise et Cité dont il fut, de 1985 à 2007, aux côtés de Claude Bébéar, l'infatigable et enthousiaste « metteur en coulisse ». Sans nos nombreux échanges, ce récit ne serait pas ce qu'il est. Qu'il soit ici très sincèrement remercié pour m'avoir, lui aussi, facilité le contact tout en maintenant la distance.

Table

Pour en savoir plus
sur les Éditions Plon
(catalogue, auteurs, vidéos, actualités...),
vous pouvez consulter
www.plon.fr
www.lisez.com
lisez!
et nous suivre sur les réseaux sociaux

Editions Plon

@EditionsPlon

@editionsplon

MIXTE
Papier issu de
sources responsables
FSC® C003309
FSC
www.fsc.org

L'éditeur de cet ouvrage s'engage dans une démarche
de certification FSC® qui contribue à la préservation
des forêts pour les générations futures.

Pour en savoir plus :
www.editis.com/engagement-rse/

CET OUVRAGE
A ÉTÉ ACHEVÉ D'IMPRIMER
SUR ROTO-PAGE
PAR L'IMPRIMERIE FLOCH
À MAYENNE EN MARS 2021

N° d'impression : 97892
Imprimé en France